债券投行业务白话系列

解构城投

徐 嘉 著

你知道城投的历史，才会预见城投的未来

与城投和债券有关的那些事没你想象中那么复杂，
也绝没有表象上那么简单
抛开规则、条款、指标和模板，债券投行业务你需要理解的只是逻辑。

中国金融出版社

责任编辑：张怡姮
责任校对：潘　洁
责任印制：陈晓川

图书在版编目（CIP）数据

解构城投／徐嘉著 . —北京：中国金融出版社，2022.11
ISBN 978-7-5220-1825-6

Ⅰ.①解…　Ⅱ.①徐…　Ⅲ.①城市建设—投资公司—企业管理—研究—中国　Ⅳ.①F299.23

中国版本图书馆 CIP 数据核字（2022）第 208080 号

解构城投
JIEGOU CHENGTOU

出版
发行　中国金融出版社

社址　北京市丰台区益泽路 2 号
市场开发部　（010）66024766，63805472，63439533（传真）
网上书店　www.cfph.cn
　　　　　　（010）66024766，63372837（传真）
读者服务部　（010）66070833，62568380
邮编　100071
经销　新华书店
印刷　河北松源印刷有限公司
尺寸　169 毫米×239 毫米
印张　22.25
字数　309 千
版次　2022 年 11 月第 1 版
印次　2024 年 6 月第 3 次印刷
定价　96.00 元
ISBN 978-7-5220-1825-6
如出现印装错误本社负责调换　联系电话(010)63263947

请不要把你们的努力只用于一己输赢，不要把你们获得的得天独厚的环境与能力，用来贬低那些没有你们那么幸运的人，而是要用来帮助他们。请不要逞强，而是承认自己的弱点，互相扶持着生活下去。

——上野千鹤子　2019 年东京大学入学式致辞

笔者开始有想法将工作中的一些理解和思考汇总成文是来源于一个年轻下属。他从事债券投行的时间并不是很长,在债券承做的基础工作上算是个"半熟手"。由于现在债券投行主要的业务对象就是城投公司,在一次闲聊之中,他谨慎地表达出想寻求投行"老司机"的帮助来解开横在他心中有关城投公司的一些困惑,比如,城投公司为什么要做代建业务?城投公司净资产的增加为什么可以那么快?城投公司的转型方案为什么要上升到地方主官召集全辖政府职能部门一起讨论?为什么不同的城投公司融资负责人对未来的预期差别那么大?因为担心自己的问题过于"幼稚",所以他问得格外小心翼翼。这时我才发现,也许是错过了城投公司的成长,债券投行新人才会对现在的城投公司充满了疑问和好奇,笔者第一次有了想通过纸张和语言去传递知识的冲动。

其实笔者在动笔之前很犹豫,不确定是否有能力把有关城投公司的事情说清楚,也担心自己的理论框架无法撑起这样一个题材,更加顾虑长期从事债券投行工作产生固有思维会使某些观点和结论有失偏颇。恰逢笔者所在公司对于债券投行进行战略调整,让笔者觉得差不多到了对近十年的债券投行业务做一个总结和梳理的时候,其中也不乏为自己鼓励的因素存在。另外,不少笔者曾经服务过的城投公司客户,除了用标准化工具重复着单调的融资行为外,在金融机构的营销话术下和地方政府微妙的关系中无法辨别改革和调整的方向。笔者也看到从事债券投行工作的年轻员工越来越多且不可避免地被工具化,投行本应有的专业行为被营销化,专业技能被经验化成了思考的替代品,让人忧心忡忡。在这些因素的共同作用下,笔者才最终将此写书的想法付诸实践。

本书分为五章。第一章主要是回顾城投公司的诞生背景和发展历程,从不长但快要被遗忘的历史中重新认识和理解城投公司,希望这一章能为未来要面试债券投行的实习生加深行业认知,为已经进入债券投行但对于照抄募集说明书模板感到迷惑的新员工厘清思路；第二章主要是通过财税体制、土地金融、基础设施的投融资行为来更加深刻地理解我们经常提到的城投信仰，希望这一章有关城投公司的进阶内容，能够给已经有一定经验的债券承做人员、债券销售人员或是负责城投公司融资的人员给予思想上的启发和延展，更加清澈地面对现在的行业和工作；第三章是围绕着城投公司的财务报表，来理解政府的支持和监管的压力如何具象化，希望这一章能让尽职调查不得其法的债券投行年轻人找到工作上的核心逻辑，为城投公司负责融资的人员更好地理解融资的基础；第四章是用非常规的思维脉络将所有融资工具串起来的产品大全，可以看成是债券投行人员的入门手册，这对于准备债券投行面试时的年轻人和对初入职场但又无法表述清楚产品逻辑关系的债券投行年轻员工会给予一些帮助，对于城投公司来说，这章更像是一个褪掉融资工具神秘色彩的超大号融资方案；第五章主要是笔者对城投公司转型的思考，希望能够对城投公司的融资负责人和未来进阶的债券投行人员给予思路上的启发。

笔者要特别感谢为本书作出贡献的团队成员：付智鹏对于城投公司发展内在逻辑的思考给予了笔者很大帮助，在第二章、第四章和第五章都有他的贡献；翁冬冬在财务领域的专业能力让第三章更加饱满；本书的绝大部分数据和图表，以及第五章转型政策的梳理出自年轻的解文昭之手。另外，还有为本书默默作出贡献的其他朋友，感谢你们。

徐　嘉

2022 年 5 月 3 日于武汉

目 录 CONTENTS

第一章

城投公司的起源与发展

我们踏进又踏不进同一条河，我们存在又不存在。

——赫拉克利特

第一节　城投公司的定义与内涵

刚进入债券投行工作时，笔者很疑惑为什么我们做的品种是"企业债"，而给申报材料上写的又是"公司债券"募集说明书，而在各种各样的分析材料里提到的又是"城投债"市场。当笔者几个月后才搞明白了其中的区别后，就乐此不疲地在这一行去厘清"想当然"的概念，并且对概念项下的内容做分类和对概念的历史做回溯，并从中获得知识体系化的满足感。本节的目的很简单，让我们重新认识一下城投公司。

一、城投公司 ≠ 地方政府融资平台

城投公司是"城市建设投融资公司"的简称，从字面上理解是为城市基础设施建设承担融资、建设及运营等方面职能的经营载体。不少人认为"城投公司"是"地方政府融资平台"的俗称，因为"地方政府融资平台"有官方给出的注脚："由地方政府及其部门和机构等通过财政拨款或注入土地、股权等资产设立，承担政府投资项目融资功能，以及

1

承担政府投资项目融资的职能并拥有独立法人资格的经济实体。"① 但其实城投公司的出现要远远早于"地方政府融资平台"定义的出现，虽然没有官方的定义，但正因为如此含义也更为宽泛。

城投公司在设立上有"政府发起"和"通过财政现金出资或国有资产（土地、国有股权或其他资产）作价注资"的表象特征，在职能上除了传统的工程性基础设施建设以外，还包括与房地产业关联度较高的社会性基础设施和与产业发展息息相关的功能性基础设施，以及地方国有资产的运营，其目的是提高城市承载能力、改善民生公共服务水平、调整地方政府产业布局和拉动地方经济发展。

因此，笔者更愿意将"地方政府融资平台"称为是在特定时期承担起政府某些职能的城投公司，因为早在国务院给出定义以前，中国人民银行就提出"支持有条件的地方政府组建投融资平台，发行企业债、中期票据等融资工具，拓宽中央政府投资项目的配套资金融资渠道"②。彼时适逢中国正在遭受全球信用扩张所引起的非常严重的输入型通胀，城投公司就这样承载起了特殊的历史使命，也揭开了地方政府融资平台10年爆发式发展的序幕。

在笔者从事债券融资工作的近10年时间中，由于城投公司的政府信用属性和隐含的政府性职责，从内涵上基本等同于地方政府融资平台，之所以笔者还是在本书范围内称其为城投公司，是因为随着未来城投公司的逐步转型，承担政府性职能的角色会慢慢蜕变，但城市建设的投融资属性还在，因此城投公司从定义上来说将会是更为宽泛和长久的存在。

二、第一批城投公司的出现

1992年，还有一件在当时来看并不算起眼的事件，但却极具标志性

---

① 2010年6月，国务院发布的《关于加强地方政府融资平台公司管理有关问题的通知》。

② 2009年3月，中国人民银行联合银监会发布的《关于进一步加强信贷结构调整促进国民经济平稳较快发展的指导意见》（银发〔2009〕92号）。

意义，上海市成立了名义上的我国第一家专门从事城市基础设施建设投资的城投公司——上海城市建设投资开发总公司。

1988年以前，上海的城建资金是由市财政部门统一管理，而城市建设则由市建设部门管理，事权与财权分离，很大程度上制约了城市建设的发展。1998年4月，上海城市建设基金会成立，市财政局将城建资金转交城建"基金会"收取，城建资金包括三大类：一是每年经市政府批准财政安排的政策性资金；二是各类规费，如公路养路费、排水费、跨江大桥过桥费及附加费等；三是其他资金，主要指公用事业附加、市财政每年返还给市建委的折旧基金等。具备了资金筹措来源的城建"基金会"，遵循"量入为出"原则，承担起上海市、区、县基础设施建设项目的投资和实施的职责。

在"收"和"支"统一到城建"基金会"层面后，城建"基金会"就基本具备了城投公司的基本功能，但基金会不是经济法人，无法利用财务杠杆和经营杠杆充分提高自有资金的使用效力。时任上海市市长的黄菊在1992年市计划工作会议上提出，"开拓思路，多方筹措资金，以委办为口子，一个基金会、一个投资公司，实行'自借、自用、自还'"的改革思路，同年7月，上海市城市建设投资开发总公司成立。城建"基金会"更名为上海市城市建设基金管理办公室，与上海市城市建设投资开发总公司合署办公。这种兼具经营或非经营收入来源、资金筹措渠道、城市投资建设职责、掺杂行政色彩和政策优势的地方国有企业，成为全国城投公司的启蒙模板。

但是，在更早以前，同样是在上海，另外一家公司更像是城投公司的雏形，那就是1987年经上海市人民政府批准，在上海计划经济委员会下设的国有独资企业——上海久事公司，初始注册资本为人民币8.7亿元（其中人民币5亿元，美元1亿元）。国务院批准了上海以自借自还担保的方式到国际金融市场贷款32亿美元，并以此成立94专项基金，"久事公司"由此谐音而来。1989年，上海久事公司首次以举债的方式修建了南浦大桥等重大工程，这被认为是上海投融资体制改革的尝试性突破。

但笔者之所以把上海久事公司认为是城投公司的萌芽状态，是因为其在成立之初目的主要是作为获取外资贷款的载体，而贷款偿还的资金源自专项募投项目未来的收益。其结构更像是项目收益债券的结构，用较少的资本性支出和募投项目的潜在收益，筹措项目建设资金，因此上海久事公司更像是我们理解的项目公司，城投的关键性要素还不完整，仅是地方政府的"贷款中介"，但不管怎么说，在城市基础设施建设的迫切需求下，城投公司正在慢慢孕育孵化出具体形态。

三、城投公司的业务属性

为了替当时缺乏融资手段的地方政府筹集项目建设资金，所以城投公司在诞生的那一刻就被打上了"平台"的烙印。仅仅为了投资项目而履行融资职能的存在，使城投公司缺乏项目建成后的运营管理能力，这也就是官方将城投公司狭义的定性为"投融资平台"的历史由来。在城投公司成立后的很长时间内，投资项目基本上都局限于城市基础设施建设，其公益性特征非常明显，建设项目缺乏或根本不具备盈利能力；由于先天存在的政府职能性，城投公司不能自主地以项目收益回报能力来选择投资项目，如果说有选择权也是在一堆政府待建的公益性项目中挑选出更好融资的那个。

这样我们就不难理解在国务院首次给予地方政府融资平台明确定义的1个多月后，财政部、国家发改委等四部委就对地方政府融资平台公司的定义进行了修正，"政府投资项目"加上了定语——"公益性"，即地方政府融资平台公司须具有"政府公益性项目投融资功能"[1]，这就把地方政府融资平台公司与同样是地方政府注资成立、划入经营性资产的产业类地方国有企业区分开来，使得融资平台承担的责任导向更加明确。并且，将地方政府融资平台界定为综合性投资公司和行业类投资公司两

---

① 2010年7月，财政部、国家发改委、人民银行、银监会四部委联合发布的《关于贯彻国务院〈关于加强地方政府融资平台公司管理有关问题的通知〉相关事项的通知》（财预〔2010〕412号）。

类，前者的名称特征如建设投资公司、建设开发公司、投资开发公司、投资控股公司、投资发展公司、投资集团公司、国有资产运营公司、国有资本经营管理中心等，后者则诸如交通投资公司、水务投资公司等。

市场经济改革的初期，城市基础设施的概念是以城市内部道路、桥梁、隧道为主，但随着城镇化进程加快，面临城市与城市之间的高速路网互通，也面临城市人口快速增长后地下管网的改造和新建，还面临住房货币化后公有住房等国有资产的运营和维护等，城市建设的概念逐渐外溢。在城投公司的内涵演变中，又出现了产投、工投、旅投、水投、农投、交投、高投等行业类城投公司。比如上海，早在2000年就先后成立上海市政资产经营发展有限公司、上海水务资产经营发展有限公司和上海交通投资集团有限公司，它们与上海城市建设投资开发总公司共同形成上海城建资金筹措与管理的"1+3"构架。

行业类城投公司的出现，除了地方政府的资源倾斜和融资统筹之外，其积极的一面是从传统基建类城投公司的"纯公益性"向产业经营的思想转变。不过遗憾的是，在城投公司的发展历程当中，传统综合性城投公司与行业类城投公司的界限并不明显，如果有发展较好的行业类城投也是得益其资源的先天优势和资产的轻装上阵。而区分行业城投公司和产业类地方国有企业，主要是看"建设属性"是否强于"经营属性"。如果"建设"是主责，尤其是在投资规模比较大的情形下，民生类工程项目的投资回收期会被羸弱的盈利能力拉的非常长，城投公司的营利性掩盖不住其内在的公益性，这些行业类城投公司就具备了广义地方政府融资平台的内涵。

虽然城投公司在从事"建设"过程中，项目收益对成本的覆盖度不高，"经营属性"更像是"建设属性"微不足道的附带物，但是国家发改委在2010年还是对地方政府融资平台再次修订了注脚，认定为地方政府融资平台的标准从承担"公益性项目"追补成"公益性或准公益性项目"。这样的修正还有另外一层含义，国家发改委除了审批建设项目外还要审批城投公司的企业债券，如果城投公司所建设的项目都是公益性的，那么企业债券募集资金投向建设项目的收益平衡就无法自圆其说，打上准公益性的补丁也是给企业债的审批保留了政策依据。

四、城投公司的"初心"

可能细心的读者会发现，为了政府筹资建设公益性项目而生的城投公司，却正在因政府隐性债务的管控而逐渐凋零。我们明知，城投公司的融资功能对于政府来说，就好像海龟身上寄生的藤壶，威胁生存却又无法轻易地被移除。而随着城镇化进程的推进与深化，城投公司积累起来债务负担成为中央政府无法忽视的沉重。我们不禁要想，城投公司在设计之初就是用来滚雪球的吗？若想获得答案，我们还是要回到市场经济萌生的20世纪90年代。

在上海城市建设投资开发总公司成立之前，走在改革前沿的上海，就提出了"以地养城"和"以业养业"的发展思路。"以地建城"是推行"土地批租"①，出让土地使用权为城市建设和改造筹集资金，再通过基础设施水平的提升，提高房地产综合开发的收益，进而带动区域土地升值，缓解城建资金不足的发展压力。"以业养业"则是通过征收城建税费，推行市政公用设施的有偿使用，并逐步提高公用事业收费价格，通过累积留存收益和出让收益权筹集公用设施建设资金，破解公用设施落后和财政负担过重的矛盾。这两种措施，一方面能够充实地方政府的财政收入，另一方面可以降低财政支出的压力，地方政府可以以财政收入作为信用杠杆的基础，扩大城建资金的筹措渠道和规模，继续提升城镇化水平，一条"自筹、自用、自还"的资金链条就形成了闭环。

回溯历史我们不难发现，城投公司的诞生，是为了解决因城市基础

---

① 土地批租，指的是土地所有权人一次性出让（租）若干年限的土地使用权，并一次性收取整个出让期限内各个年度地租的贴现值总和的一种土地租赁制度。

设施建设落后导致的社会经济发展动力不足的问题，在推进社会主义市场经济改革的前期，被赋予了解决城建资金短缺的历史使命，其成长有着清晰明确的时代逻辑。不管是狭义的基建类城投，还是广义的行业类城投，本身就跟政府密切地绑定在了一切，"二财政"的角色定位深深地烙印在了城投公司数十年的发展历程当中。但在城投模式设计之初，其"自借、自用、自还"的指导思路又与当下政府对城投公司提出的发展要求并无二致。

五、重新认识城投公司

我们可以认为城投公司是在政府投融资体制变革的大背景下诞生，以政府信用为核心、债务为主要驱动，为解决地方基础设施建设融资和其他政府职能发挥，并促进经济增长的一种特殊政府治理工具。

一是城投公司是依托于地方政府存在的，即政府拥有的对所有地区经济要素的调配权力是城投公司的生存之本。由于其政治属性较强，存续严重依赖地方财政，缺乏市场化竞争力和经营决策自主权，这也是导致城投公司发展陷入瓶颈的最主要的原因。

二是城投公司是地方政府在资金不足的情况下拉动经济发展的变通之道，也是地方政府权力和责任的一种转换形式。地方政府利用城投公司的载体作用绕开了中央政府对地方政府融资的限制，也将其社会职能赋予了城投公司。

三是城投公司的主要经营模式是依靠借贷投资，获得可持续、低成本的债务资本是城投公司发展的力量源泉。涉及投融资的金融、产业环境以及地方财力支撑对城投公司的持续发展有重要影响，因此，优化投融资模式、提升投融资效率是城投公司的主要诉求。

四是城投公司本质上是一种政府治理工具，随着央地财税关系、政府投融资体制改革的深化，城投公司服务于地方发展的方式也将发生变化，其政府治理工具属性的强弱决定了转型为普通市场化经营国企的难度。

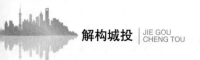

六、小结

由于地方政府要在经济发展的浪潮下推进城镇化进程，那么就需要资金投资于基础设施、社会服务等带有公共服务属性的领域，这些必要的建设项目虽然具有较强的社会效益，但是因为经济效益薄弱，社会资本难以参与。地方政府选择以城投公司作为载体突破财政预算约束进行投资，通过城投公司形成的负债积累推动城镇化进程所需要的资产，以加杠杆的方式促进地方经济快速增长。可以说中国城市面貌的提升，城投公司功不可没。

第二节　城投公司发展的背景与内因

如果说城投公司的诞生是在当时历史背景下偶然性选择，城投公司的发展却不是单一因素的选择性结果，而是多种因素叠加的结果性选择。可能城投公司在诞生之初，也不曾想到其在经济发展中会成为如此重要和特殊的存在，也无法料到其在时代的变革中有如此强的适应性能够进行自我进化。那这一节我们就回到城投公司变成我们现在所看到的模样之前，看看时代在城投公司发展的背景板上都刻下了怎样的符号。

一、分税制改革：财权与事权的不匹配

就像提及地方政府融资总离不开城投公司一样，说到城投公司的发展，大多数文章和著作也都逃不开分税制改革这个话题（对于财税体制的更迭和变化，笔者会在第二章展开）。

1978 年后，与"解放思想"一起解放的还有中央对经济运行的调整思路，中央采用财政包干的方式调动起了地方政府对推动经济增长的热情，因为对于地方来说，经济增长与财政收入留存正相关，而口袋里有

钱就意味着能做更多事情，地方上的投资性支出慢慢跟了上来。反观中央政府，财政收入占比一直徘徊在较低的水平，承担的财政支出压力却不小，虽然在20世纪80年代中后期中央把大量的支出责任下放给地方，但也无法改变国家可支配的财力越来越薄的现实（如图1-1所示）。随着改革开放进程的深化，中央政府认识到对于应对国内外危机和实施重大改革决策，口袋里还是要有银子。1994年的分税制改革使得中央政府和地方政府的财力分配瞬间逆转，财政收入迅速向中央集中，与之相对应的是，地方收入的占比则大幅下滑，然而由于投资惯性的存在，地方政府的公共事务支出责任却没有显著降低（如图1-2所示），这就形成了地方政府财权与事权不匹配的状态。这种不匹配所撕裂的资金缺口必然需要靠外部的融资渠道来填补，城投公司恰恰就成了堵住裂隙的那块石头，仿若浑然天成。

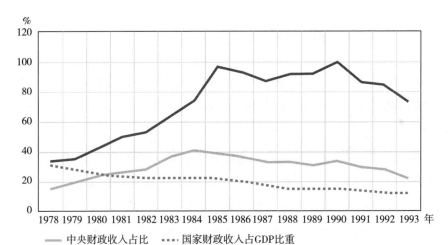

图1-1　1978—1993年中央财政收入占比、中央财政收入对

中央财政支出的覆盖比例及国家财政收入占GDP比重

（数据来源：国家统计局、Wind）

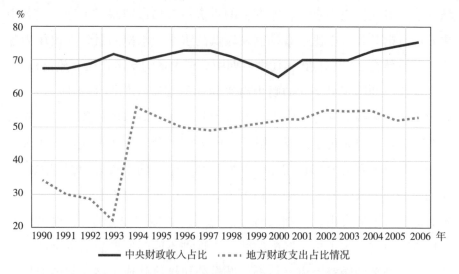

图 1-2　1990—2006 年中央财政收入占比、地方财政支出占比

（数据来源：国家统计局、Wind）

二、　1994 年《预算法》：地方政府的直接融资受限

按道理，地方政府财政收入和财政支出之间的裂缝应该有更合适且合理的填补方式，为什么偏偏要用城投公司横梗其中？那就不得不提及历史。

随着改革开放初期财政包干制的推行，地方政府财政自主意识的觉醒期撞上了政府债务管理的真空期，像极了刚刚告别高中的大一新生，固定资产投资增速就像脱缰的野马冲击着脆弱的货币市场。然而，彼时的经济硬条件并不足以支撑这种近乎疯狂的投资热情，地方政府开始诉诸赤字预算和举债融资，为了防止债务以显性的方式向政府蔓延，1985年国务院发布《关于暂不发行地方政府债券的通知》，浇灭了地方政府发行地方政府债券融资继续扩大固定资产投资的幻想。不让地方政府发行地方政府债券，不代表地方政府不能通过其他方式筹措资金，20 世纪80 年代后期，地方政府的融资手段真是"百花齐放"，有一边放大投资一边叫喊穷困列支财政赤字的，有控制地方商业银行和人民银行官员任命来通过银行体系直接行政干预的，有对当地企业进行隐性担保放大贷款规模的，各种"旁门"层出不穷。为了遏制和规范地方政府的融资行为，1994年《预算法》出台，对地方政府不得发行地方政府债券做了制度上的明确；1995年，《担保法》出台，规定地方政府不能为债权人提供担保；1996年，人民银行发布《贷款通则》，规定地方政府不能直接向商业银行借款。这一套组合拳下来，地方政府融资的正门倒是差不多都堵住了，可聪明的地方政府巧用城投公司给自己留足了后门，融资规模并不停歇，融资行为却更加隐蔽了。

三、城镇化进程：基础设施建设的投资压力

正如前文所述，城投公司的诞生是为了解决基础设施建设历史欠账。可能有读者会问，整个20世纪80年代的地方政府不都在一边享受财政包干制的红利一边想尽办法举债融资大搞投资建设么，何来欠账一说？让我们重新回到"承包"继续说。

承包制其实是一种分账方式，"交够国家的，留足集体的，剩下的都是自己的"，就是对承包制的经典概括，1978年改革开放之后，全中国都在搞承包，农户搞承包、企业搞承包、政府也在搞承包。承包制的本意是通过向下放大的激励效应来保证经济发展的"效率传导"，在一开始政府的主要任务是保证必需品以更有效率的方式向社会供给，但就像任何一种绩效考核制度都有BUG一样，地方政府恰恰利用了"承包制"和"利改税"的规则弊端大办企业，拉升规模，做多流转税的税基。地方政府关心的是产品的生产与流通，毕竟这关系到能落入地方政府口袋里的银子，至于基础设施，那对地方政府来说边际收益太少了，而中央政府又没有太多的财力去统筹基础设施的建设。

1988年土地转让被立法明确和全国逐步推开住房制度改革后，地方政府开始把眼光瞄向了预算外收入，但是各类基础设施和公共服务设施等土地配套上不去想要卖个好地价也绝非易事，进而有了本书前面上海城市建设投资开发总公司成立前上海市政府发力基础设施建设的战略决策，不仅大城市如此，县级政府也提出了"要想富，先修路，少生孩子

多种树"的口号，可见到了 20 世纪 80 年代末期，基础设施的"欠账"成了制约地方政府发展的瓶颈。

分税制改革后，虽然地方政府的收入变少了，但城镇化的进程却停不下来，叠加土地出让收入和基于建筑业链条的营业税，反而加重了地方政府投资基础设施的偏好。当地方政府的可支配财力不能满足城镇化的资本性支出的时候，组建城投公司进行筹措资金就成为缓解基础设施建设和巨大资金需求矛盾最现成的方式。

四、土地资源：地方政府融资的放大器

如果让城投公司能够运转起来实现融资功能，地方政府可是要准备启动资金的，然而对于 20 世纪 80 年代末 90 年代初的地方政府来说，几乎没有可以能拿得出手的陪嫁，"玩转"土地资源就成了地方政府膨胀债务的关键。

"八二宪法"将城市土地和农村土地划出一条泾渭分明的线，即城市土地是国家所有，农村土地是集体所有。不过在这条线出现之前，政府就已经在过去数十年的经验里总结着城市发展与土地开发的关系，虽然一直在小心翼翼地采用有偿的方式征收建设用地，但以前毕竟城市小农村大，政府在土地问题上的调剂空间比较大，随着城镇化进程的提速，城市土地越过农村土地的边缘越深，征收土地的综合成本也越高。从 1987 年深圳率先探索城市土地使用权出让，到 1988 年上海在土地批租市场上的尝试，再到修正后的《土地管理法》确定土地转让的基本原则，地方政府的土地逻辑逐渐清晰起来。尤其在城市基础设施快速提升的加持下，从集体土地征收到国有土地出让，地方政府不仅在覆盖土地支出有余还通过土地性质的转变悄悄地放了第一层杠杆。

对于地方政府来说，除了土地可以通过出让兑现成可支配的财政资源，土地也可以通过收储形成潜在信用资源。打一个不怎么恰当的比方，如果把土地征收类比为生产环节，土地出让则可以类比为销售环节，那么在土地征收和土地出让之间的时滞则会形成库存，这些"批而未供"的土地则可以作为抵押物获取新一轮土地征收的资金，地方政府通过土

地储备中心的先天职能放了第二层杠杆。

地方政府除了收储土地可以利用，还捏着一把历史存量的划拨地，没有太多抵押价值的划拨地和已经被抵押的储备地撑起了城投公司的资产端，在城投公司的蛮荒年代，甚至部分地方的土地储备中心跟城投公司就是一套人马，地方政府用土地的"剩余价值"所传递出的政府信用构筑了城投公司获取信贷资金或发行债券的基础。随着信用标的物从土地延伸到公用事业、公有住房、矿产资源等国有资产，地方政府把以土地为代表的国有资源用到极致的过程，也是地方政府债务放大的过程，城投公司则成了"土地信用"杠杆的载体。

五、小结

城投公司的出现是历史在特定发展阶段的选择，由于财税体制改革造成的口袋里的钱变少，而借钱的方式又因历史教训而被约束，但是城镇化进程对投资建设的压力却不轻，官员的政治诉求则让这种压力在地方政府层面进行了自我强化，地方政府需要在财政外另辟蹊径。土地财政与城投公司相互配合成为放大资金来源的新途径，这也使城投公司在承担政府的投融资职能的过程中和监管政策的空隙下也背负了巨额债务。并且随着地方政府拉动经济发展的竞争越来越激烈，债务规模和经济效益的强烈反差使积累形成的债务风险也越来越明显。

第三节 城投公司的发展历程

在城投公司30多年的发展历程中，笔者主观地将其分为萌芽期、成长期、爆发期、成熟期、调整期、转型期六个阶段。笔者是在城投公司企业债红利末期时进入的债券投行领域，到目前也经历了好几轮针对城投公司松紧交替的宏观调整，所以对于处于调整转型期的城投公司格外

有感触，因此希望通过分析城投公司在时代变迁过程中的底层逻辑，让读者更加清晰地重新审视城投公司。那么，本节我们就顺着时间长河的轨迹，重走一遍城投公司的发展之路。

一、城投公司的萌芽期：20 世纪 80 年代末至 90 年代中期

20 世纪 90 年代初期出现的城投公司主要是政府投融资体制变革的一种尝试，虽然城投公司整体融资规模的体量不大，但确实为城市建设探索出了新的路径。比如上海城建，它在成立后的 3 年时间里共为上海市的基础设施建设筹资 200 多亿元，这对于注册资本不足 10 亿元的城投公司来说，确实是个令人瞩目的成绩。但是上海城建当初设立时"自借、自用、自还"的美好画面并没有一起出现，因为基础设施的产权问题、土地综合开发利用的归属问题、成本收回的机制问题，在萌芽状态的城投公司差点被急剧膨胀的债务负担压垮。

虽然靠着财政拨款救命和借新还旧展期将偿债高峰后置，但上海城建的债务压力让地方政府重新思考基础设施建设和资金运行机制的平衡问题。当时提出的很多观点让笔者觉得就真的像是对着历史照镜子，比如：以项目本身的未来收益筹措项目建设资金像极了现在的项目收益债，放弃基础设施的产权而谋求建设资金像极了现在的 PPP 模式，盘活存量的基础设施像极了现在的基础设施公募 REITs。不过在当时的历史背景下城投公司要想从政府的"出纳"这个角色中跳出来成为"投资经营主体"并不那么容易。

二、城投公司的成长期：1998 年至 2007 年

为了对冲 1997 年亚洲金融危机对我国经济的影响，避免因通货紧缩造成的经济萧条继续蔓延，中央政府开始采取积极的财政政策，并加大基础设施建设投资力度。为了降低中央政府的支出压力，地方政府不得不为这场拉动经济的基建投资热潮准备资金（基础设施投资由中央和地

方共同投资的模式始于 80 年代末①）。而 1998 年的国家开发银行陷在不良贷款率节节攀升的困境里，时代对国家开发银行从政策性金融向开发性金融转型提出了要求。在地方政府资金需求和国家开发银行转型诉求的双重推动下，"芜湖模式"就在这样的背景下诞生了。

"芜湖模式"是国家开发银行与芜湖市合作的创举，即首先由芜湖市设立一家城投公司——芜湖建设投资有限公司，随后芜湖建投将财务质量参差不齐的 6 个市政项目捆绑在一起打包向国家开发银行申请贷款，由芜湖建投统借统还，芜湖市财政局建立的"偿债准备金"作为还款保证。"芜湖模式"正式将城投公司"融资平台化"，这种操作不仅避开了 1994 年《预算法》禁止地方政府举债的限制，也躲过了 1995 年《担保法》对于地方政府不能违规担保的约束，并且，"打捆贷款"的模式解决了财务质量较差项目难以融资的问题，换个角度也可以理解为坏账处理前置化。

"芜湖模式"一经推出马上获得了其他地方政府和商业银行的青睐，并迅速在全国推广开来成为城投公司最主要的融资路径。2002 年，国家开发银行在"打捆贷款"的基础之上又推出了土地收益权抵押品模式，即芜湖市政府授权芜湖建投"以土地出让收益质押作为主要还款保证"向国家开发银行申请贷款，是为"先贷款后开发"模式。这一系列的操作将城投公司的投融资方式彻底改变，地方政府"高投资、高负债、高增长"的发展模式也逐渐成形，在 GDP 连续多年保持两位数的高增长下，中国经济也出现了产能过剩和资本过剩的结构性失衡。终于在 2006 年中央政府决定下手整治地方政府违规举债的乱象，给过热的经济增长降温，"要求整顿和规范银行各类打捆贷款"②，在这样的背景下，那些

① 1988 年 7 月，国务院发布的《关于投资管理体制的近期改革方案》（国发〔1988〕45 号），明确"面向全国的重要的建设工程，由中央或中央为主承担；区域性的重点建设工程和一般性的建设工程，由地方承担。即实行中央、省区市两级配置，两级调控"。

② 2006 年 4 月，国家发改委、财政部、建设部、人民银行、银监会联合下发《关于加强宏观调控整顿和规范各类打捆贷款的通知》（银监发〔2006〕27 号），要求银行"停止与各级地方政府和政府部门签订新的各类打捆贷款协议或授信合作协议"，并且"严禁各级地方政府和政府部门对《担保法》规定之外的贷款和其他债务，提供任何形式的担保或变相担保"。

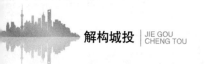

纯粹作为地方政府融资平台的城投公司首次面临生存挑战。

三、城投公司的爆发期： 2008 年至 2010 年

城投公司的命运很是奇妙，危急时刻遇上的危机总是能变成发展的转机，这也就是为什么大部分债券投行从业人员对城投公司有一种发自心底的笃定。中央才叫停这种财政兜底的地方政府隐性融资的行为，2008 年的国际金融危机又使中国面临较为严重的输入性通胀，中央政府采取应对上次经济危机类似的做法，用财政投资刺激经济增长，如果说 1998 年应对经济危机是地方政府和银行体系的一拍即合，那么本次经济危机就是自上而下地货币宽松，放水总是需要载体来配合的，城投公司的角色就这样又重新被重视起来。

但是为了避免城投公司再次跟银行玩起违规信贷的老把戏，2008 年国家发改委在拓宽城投公司发行债券融资路径的同时，让其在监管之下有条件地放大债务规模①。紧接着在 2009 年，人民银行和银监会以"设立合规的政府融资平台"为城投公司正名，并通过"发行企业债、中期票据等融资工具，拓宽中央政府投资项目的配套资金融资渠道"②。同年，财政部也明确地方政府可"利用政府融资平台通过市场机制"筹措配套资金③。

这一系列的文件为地方政府组建城投公司进行融资提供了政策支持，并用"平台"的概念系紧了城投公司与地方政府的纽带，城投公司既是债务规模放大的载体，又是基础设施建设的执行者。城投公司被政策"收编"后，不仅新设数量再次迎来小高峰，而且区县级城投开始试水公

---

① 2008 年 1 月，国家发改委发布《关于推进企业债券市场发展、简化发行核准程序有关事项的通知》（发改财金〔2008〕7 号），允许"具有法人资格的企业申请发行企业债券"，并明确了发行条件、约束机制、申报流程。

② 2009 年 3 月，人民银行、银监会发布的《关于进一步加强信贷结构调整促进国民经济平稳较快发展的指导意见》（银发〔2009〕92 号），"支持有条件的地方政府组建投融资平台，发行企业债、中期票据等融资工具，拓宽中央政府投资项目的配套资金融资渠道"。

③ 2009 年 10 月，财政部发布《关于加快落实中央扩大内需投资项目地方配套资金等有关问题的通知》（财建〔2009〕631 号），要求"统筹地方财力，确保地方政府配套资金落实到位"。

开市场进行债权融资（如图 1-3 所示），狭义城投公司的直接融资规模从 2008 年的 759 亿元暴增至 2009 年的 2362 亿元（如图 1-4 所示）。

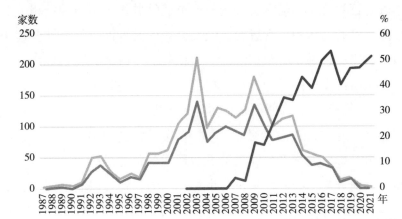

图 1-3　1987—2021 年城投公司（狭义）当年成立数量、区县级城投

公司（狭义）公开发债占比

（数据来源：Wind）

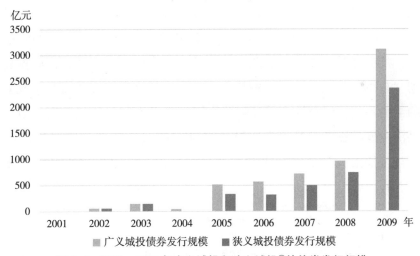

图 1-4　2001—2009 年广义城投和狭义城投①的债券发行规模

（数据来源：Wind）

① 广义城投和狭义城投：笔者将单纯从事或主要从事基础设施、土地开发，城市或园区建设的城投公司定性为狭义城投，它们融资平台的属性更强，广义城投则是 Wind 对城投债发行主体的标识，因为在后期城投公司内涵延伸的情况，其中不乏一些偏产业类的公司，对城投公司的分类在后文会继续展开。

四、城投公司的成熟期：2010 年至 2014 年

不管是证券公司的债券投行业务人员还是城投公司与融资相关的负责人，应该都有这样的直观感受，城投公司的间歇性爆发后就会迎来监管政策的收紧，这种"一放就乱、一乱就收、一收就死"的弊病，不仅困扰着我国经济发展的进程，也困扰着城投公司的发展。然而就是在这样的政策波段调整下，城投公司变得越发成熟。

2010 年，中央政府开始轻点刹车，避免城投公司陷入不可控的疯狂之中，中央开始对融资平台和融资平台形成的债务进行分类管理，公益性项目走政府预算，经营性项目走市场化渠道，通过限制融资平台的资金投向来防范地方政府的过度融资①。7 月，财政部、国家发展改革委、人民银行、银监会快速做出响应，对融资平台的债务清理和融资规范做出了界定和解释②。同年末，国家发改委对融资平台的收入结构、资产性质、偿债资金来源做出硬性约束，限制不符合条件的融资平台继续举债③；银监会以规范内部制度的方式收集融资平台贷款的发放，并对贷款进行风险分类以加强监管的方式防范风险④。对比从上到下的一系列文件，其中有意思的是，中央政府是以较为严格的姿态努力让城投公司回到"自筹、自用、自还"的初心上，希望能够把地方政府和城投公司划的清楚一些，但是发改委和银监会则先是在肯定了城投公司对地方政府经济发展的贡献，然后为城投公司设定游戏框架让其在规则之下为地方经济服务。在监管政策逐步收紧的情况下，之前因为经济刺激政

① 2010 年 6 月，国务院下发《关于加强地方政府融资平台公司管理有关问题的通知》，要求"对融资平台公司进行清理规范"，并"妥善处理融资平台公司债务"。

② 2010 年 7 月，财政部、国家发展改革委、人民银行、银监会联合发布《关于加强地方政府融资平台公司管理有关问题的通知相关事项的通知》（财预〔2010〕412 号），对《关于加强地方政府融资平台公司管理有关问题的通知》各项条目做出详细解释。

③ 2010 年 11 月，国家发改委发布《关于进一步规范地方政府投融资平台公司发行债券行为有关问题的通知》（发改办财金〔2010〕2881 号），"支持符合条件的投融资平台公司通过债券市场直接融资"，比如，"其偿债资金来源 70% 以上（含 70%）必须来自公司自身收益"；"融资平台公司所在地政府负债水平超过 100%，其发行企业债券的申请将不予受理"。

④ 2010 年 12 月，银监会发布《关于加强融资平台贷款风险管理的指导意见》（银监发〔2010〕110 号），要求"审慎发放和管理平台公司贷款"。

策而出现爆发性增长的城投债发行进入横滞状态。

不过，为了抵消城投公司在基础设施建设等公益性项目融资受限对地方经济的影响，中央打开了地方政府发行债券的口子，财政部发布《关于印发〈2011 年地方政府自行发债试点办法〉的通知》（财库〔2011〕141 号）标志着地方政府不用再由中央政府代劳发行地方政府债券，能够以地方政府的名义发债使得城投公司在功能性上有了替代的解决方案。虽然功能性有了削弱的隐患，但是在放大债务的能力和便捷度上城投公司还没办法能够被轻易取代，比如被写进了"十二五"规划的保障性住房建设任务，成了地方政府能够最容易撬动建设资金的融资项目。对于拉动基础设施建设有要求的国家发改委发布了"发行企业债券的城投公司募集资金应优先用于各地保障性住房建设"的政策①（如图 1-5 所示），城投公司找到了为地方政府融资的新方向（2013 年和 2014 年分别也出台了旨在支持保障房建设的文件②）。

2012 年底，国家发改委意识到企业债规模攀升和发行主体资质下沉对债务风险的影响，对发行主体的资产负债率和弱资质主体的担保要求予以条款式的细化③。但财政部对城投公司膨胀的债务没有像国家发改委那么客气，要求地方政府不能回购融资平台的建设项目、不能给融资平台提供担保、不能将公益性资产和储备土地注入平台公司，融资平台的资产注入要符合法定程序④。文件中所述及的问题大多数都是老生常谈，再次把"地方政府和融资平台公司脱钩"的信号传递出来，如果说

---

① 2011 年 6 月，国家发改委办公厅发布《关于利用债券融资支持保障性住房建设有关问题的通知》（发改办财金〔2011〕1388 号），"支持符合条件的地方政府投融资平台公司和其他企业，通过发行企业债券进行保障性住房项目融资"。

② 2013 年 8 月，国家发改委办公厅发布《关于企业债券融资支持棚户区改造有关问题的通知》（发改办财金〔2013〕2050 号），"凡是承担棚户区改造项目建设任务的企业，均可申请发行企业债券用于棚户区改造项目建设"。2014 年 5 月，国家发改委办公厅发布《关于创新企业债券融资方式扎实推进棚户区改造建设有关问题的通知》（发改办财金〔2014〕1047 号），明确"适当放宽企业债券发行条件，支持国有大中型企业发债用于棚户区改造"，并鼓励用"项目收益债券"和"债贷组合"的方式用于棚户区改造项目。

③ 2012 年 12 月，国家发改委发布的《关于进一步强化企业债券风险防范管理有关问题的通知》（发改办财金〔2012〕3451 号）。

④ 2012 年 12 月，财政部、国家发改委、人民银行、银监会四部委发布的《关于制止地方政府违法违规融资行为的通知》（财预〔2012〕463 号）。

中央以前关注更多的是因为成本收益不能平衡的项目造成地方政府的债务无规则膨胀，而这次是通过对项目融资的载体下更重的手，力图通过对城投公司的规范性要求来收窄地方政府融资行为。

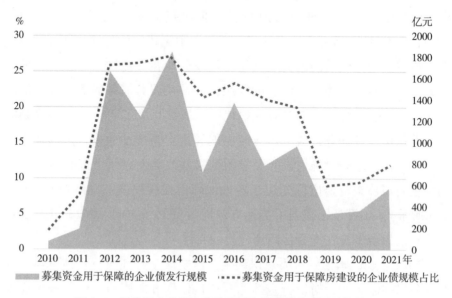

图1-5 已发行企业债中募投项目为保障房建设项目的情况

（数据来源：Wind）

但如果顺着监管文件的脉络就会发现十分有意思的现象，部委对于城投公司的定位和发展思路有着不同的看法。财政部认为地方政府通过城投公司举借债务的行为很容易失控，影响财政政策的制定和执行，在负债和发展之间保持平衡，就像是在煤气泄漏的厨房做饭，稍有不慎可能会引起火灾，因此，希望加码通道管控来限制债务生长的惯性。而发改委是经济发展的战略宏观调控部门，要承担起重大项目的战略布局，也要对产业投资做出引导，城投公司作为民生类基础设施投融资载体对地方政府来说是一个补充，因此，发改委并不想一棍子打翻一船人，它在地方政府和城投公司的边缘上寻求平衡，将通过把控募投项目来去指引城投公司发展的方向。从国家发改委对企业债的分类管理可以看出其对城投公司折中的态度，对于"好"城投、"好"项目予以支持，对于

"差"城投、"差"项目进行限制①。

2010 年至 2014 年上半年针对城投公司政策的调整，就像是 20 世纪 50—70 年代财政政策，中央有困难了，财政政策就往中央收一收，地方没积极性了，财政政策就往地方放一放，经济发展的压力会直接作用于财政政策上。而分税制改革后，财政体系框架已经相对稳定，在 GDP 一直保持高速增长的背景下，那么原来由经济发展向财政政策传导的压力就开始变为向政府债务转移，城投公司作为政府债务的载体，就成了中央政策的着力点。在国家经济发展和地方政府融资的博弈中，城投公司就像皮筋一样，国家经济弱了就会被拉伸，地方债务高了就会被压缩，不过在拉伸和压缩的反复运动过程当中，它的弹性系数却没法回到初始状态。因此，虽然在中央政府的调控下，与城投公司有关的政策处于盘整阶段，城投公司的债券发行规模却不声不响地不断被推到新高（如图 1-6 所示）。

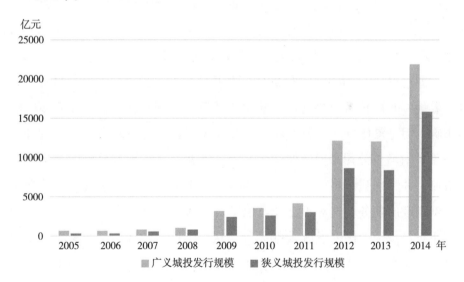

图 1-6　2005—2014 年广义城投和狭义城投的债券发行规模

（数据来源：Wind）

---

① 2013 年 4 月，国家发改委办公厅发布的《关于进一步改进企业债券发行审核工作的通知》（发改办财金〔2013〕957 号），对企业债券发行申请，按照"加快和简化审核类""从严审核类"以及"适当控制规模和节奏类"三种情况进行分类管理。

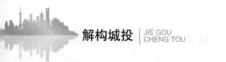

五、城投公司的调整期： 2014 年至 2019 年

总体来说，2009 年至 2014 年上半年是城投公司发展的黄金时期，地方政府在使用城投公司进行大规模融资拉动基础设施投资的操作上日臻完善。虽然城投公司拉高了地方政府的隐性债务水平，但也要看到基础设施水平提高对改变城市面貌的促进作用。笔者刚入行时，跟随带教老师到发行人所在的城市做项目，刚出火车站他就指着站前广场说，你看，这就是用咱们 3 期企业债的资金修的，在去城投公司的路上，经过一大片安置房小区时他接着说，这其中有咱们 2 期企业债的募投项目，那种自豪拉满的感觉在表达着债券承销从业者对城市建设发展的亲历和见证。诚然，那段时期对于债券承销从业者也是一段黄金时期，行业还不像现在这么内卷，城投债的需求大于供给，获取批文的难度大于销售的难度，作为从业者最大的挑战是如何使城投公司及其募投项目能够符合监管的要求。然而就当笔者还在想着开动脑筋跟审核老师智斗时，到了 2014 年下半年几乎所有的项目都进入了至暗时刻。

如果说 2014 年 8 月成文的新《预算法》允许地方政府发债融资，标志着地方政府债务显性化的政策取向还感觉不到对城投公司能有多大的影响，但是紧接着 9 月国务院出台的《关于加强地方政府性债务管理的意见》对城投公司来说就像晴天霹雳，该文规范了地方政府的举债融资机制，并特别强调剥离城投公司政府融资平台的职能，融资平台公司不得新增政府债务。这对于已经习惯了自己融资平台身份的众多城投公司和审批城投债的国家发改委都无所适从。仅仅几天之后，国家发改委财金司就下发了《关于全面加强企业债券风险防范的若干意见的函》以稳定城投公司的军心。文件在重申企业债券申报条件的同时传递出其内层含义，对于能够在收入来源和资产构成上反映出经营性特征的城投公司有别于地方政府融资平台；同时，提高发行主体分类的认定标准和加强债券担保措施，以控制债务风险的严格要求来保留城投公司发行债券的希望。在针对城投公司的政策收紧力度空前的背景下，国家发改委对城投公司真可谓用心良苦，但即便如此也无法阻挡企业债的获批量和发行量急速下滑。笔者在那段时间感受到了债券承销业务前所未有的冷清。

2015 年初，国家对融资平台和存量项目的性质做出了界定，替地方政府融资的才是融资平台，并且要在把控风险的前提下保证项目投资不过快失速①。同月，国家发改委的相关政策也快速跟上，区域内发债企业数量指标正式作古，并且口子一直开到区县，鼓励城投公司发债用于重点领域、重点项目融资②。国家发改委前前后后发布的六个专项债品种（战略性新兴产业、养老产业、城市地下综合管廊、城市停车场、双创孵化项目、配电网建设改造）变相地给城投公司指明了城投公司转型和业务发展的方向。好像是生怕支持城投公司的力度不够大，同年 6 月，国家发改委又快速对上个月的文件打了补丁，不仅把一般企业债补充流动资金的比例破天荒的开到了 40%，并且还允许置换已经开工建设项目的高成本融资③。11 月，国家发改委继续变相放松，虽然政策文件中要求规范发行人信息披露和压实中介机构责任，但大家都更关注其中所传递出来的另外两个关键信息，一个是"效率"，不仅精简了申报材料，而且还给自己加上了审核时间约束；另一个是"灵活"，申报程序和募集资金用途都在框架范围有了灵活的空间④。

不仅如此，2015 年 1 月，证监会发布《公司债券发行与交易管理办法》，对公司债的发行体制进行改革，并将公司债的发行主体从上市公司扩大到所有公司制法人，虽然证券业协会在负面清单中排除了地方政府融资平台发债的可能性，但界定地方政府融资平台的标准很快就被久经政策考验的债券承销业务人员破解，本来打算用以刺激产业经济的融

---

① 2015 年 5 月，国务院办公厅向财政部、人民银行、银监会转发《关于妥善解决地方政府融资平台公司在建项目后续融资问题意见的通知》。

② 2015 年 5 月，国家发改委办公厅发布的《关于充分发挥企业债券融资功能支持重点项目建设促进经济平稳较快发展的通知》（发改办财金〔2015〕1327 号）。

③ 2015 年 6 月，国家发改委办公厅发布的《对发改办财金〔2015〕1327 号文件的补充说明》。

④ 2015 年 11 月，国家发改委办公厅发布的《关于简化企业债券审报程序加强风险防范和改革监管方式的意见》（发改办财金〔2015〕3127 号）。

资方式又被体量庞大的城投公司或准城投公司借道了。同年 5 月，中央开始推广 PPP 模式①，并有意用其取代城投模式接续地方政府重大项目的融资需求，但在实际运作过程当中，城投公司的戏码一点都没见少，要么成为项目公司的出资方，要么成为 PPP 产业基金的 GP，投资压力的存在又加大了城投通过各路渠道筹集资金的力度。

这一套组合拳下来，城投公司标准化债券的发行规模在 2016 年再次创造新高（如图 1-7 所示），但是需要说明的是这还只是精确统计的标准化债券的规模，如果算上银行贷款、非标等融资手段城投公司的负债规模可能会更高。原本以为被逼上绝路的城投公司又活跃了起来，不过对"地方政府融资平台"这个角色根深蒂固的城投公司也慢慢回过神来，中央厉声叫停的是与地方政府具有明显纽带关系的融资平台，比如政府承诺的担保行为、对建设项目的回购行为等，但是对于城投公司"自主"的投资开发建设行为所需要的融资是被允许的，地方政府只要

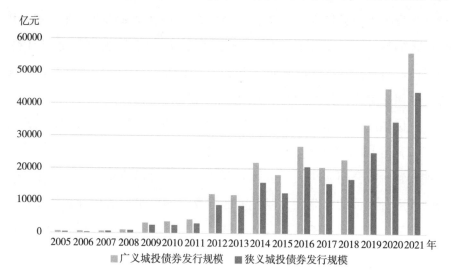

图 1-7　2005—2021 年广义城投和狭义城投的债券发行规模

（数据来源：Wind）

---

① 2017 年 5 月，国务院办公厅向财政部、国家发改委、人民银行转发《关于在公共服务领域推广政府和社会资本合作模式指导意见的通知》。

换一种支持方式就可以。不让承担土储职能可以只做土地整理业务，以前是政府回购的那就改成委托代建业务，注入土地资产要缴纳土地出让金就通过"先收再返"的方式操作，不让地方财政兜底可以让政府通过实物注资的方式提高净资产规模和信用等级来保证城投公司的融资续航能力。这种取巧式的解题思路当然不是监管部门的初衷，它们希望城投公司既能够履行城市建设的投资职能，又能够用"自筹、自用、自还"约束地方政府债务的无序扩张。

因此，当2017年财政部发布文件①重申政府职能转变和融资平台市场化运作、不得将公益性资产和储备土地注入城投公司、不得将土地出让收益作为城投公司的偿债来源、不得将政府购买服务偷换概念用于工程建设，不得将申报企业信用与地方政府信用挂钩，城投公司的态度相比2014年要淡定得多，经历过政策的反复洗礼，城投公司已经有了很强耐药性。

六、城投公司从调整期到转型期的隐含逻辑

不管是城投公司还是依靠城投公司吃饭的债券承销人员，都笃信这样一套逻辑，只要债务规模持续增大，那么只要举借债务所推动的经济增速出现下滑，政府扛不住就必然会倒逼监管部门放开政策束缚，至于雪球会滚下去变多大，谁也不敢去想。之所以本章称为调整期，是因为笔者认为2014年之后虽然城投公司的债务继续在膨胀，但是城投公司的底层逻辑在悄悄发生变化。让我们来梳理一下在城投公司债务规模膨胀这条明线背后城投公司逻辑改变的暗线。

我们先来看城投公司的资产基础——土地。2015年以前，土地证的管理较为松散，证载信息也不互通，大多数地方国土部门手上都有不少空白土地证，国土部门在地方政府的授意下是可以将新鲜出炉的土地证

---

① 2017年4月，财政部发布的《关于进一步规范地方政府举债融资行为的通知》（财预〔2017〕50号）；2017年6月，财政部发布的《关于坚决制止地方以政府购买服务名义违法违规融资的通知》（财预〔2017〕87号）。

交给城投公司作为地方政府出资或增资的依据，并且土地资产注入城投公司的方式也比较简单粗暴，不管是划拨地还是未缴纳土地出让金的出让地，只要评估公司能出具正式的评估报告，审计机构就可以认可其资产评估额，至于在发债时有效净资产的计算，城投公司可以接受在评估值上的折让对发债规模的影响。2014 年底，国务院公布的《不动产登记暂行条例》规范了土地登记行为，并将土地登记信息联网，城投公司的股东们向城投公司注入土地资产就收敛了很多，并且重新将现金注资方式替代土地注资方式"绕"出资本金，但净资产提高的效率上却比用土地资产降低了不少。

我们再来看看政策对城投公司收入模式的影响。大多数城投公司是委托代建业务形成的营业收入，即政府出钱委托城投公司对项目进行建设。这种委托代建模式本质上是合规的，不过一般的委托代建达不到政府放大杠杆的诉求，缺钱的政府通过"先拿货后付款"的"垫资代建"方式让启动资金不足的项目提前开工上马，但让政府苦恼的是包工头家里的余粮也不多，那么就产生了"融资代建"模式，而城投公司存在的意义就是让项目建设走在地方财力前面。虽然城投公司的"自筹、自用、自还"是个名义上的资金闭环，但在业务上，它必然存在与政府的工程结算，也就是说"自还"的前提是政府有足够的资金与城投公司进行结算，政府放大杠杆的过程就是拉长结算周期的过程，结算周期越长，城投公司因缺少足够的现金流出现债务风险的可能性就越大。当政府购买服务这个概念被提出来的时候，因为能够合法性的拉长付款周期，因此"融资代建"项目政府购买服务化快速泛滥，这也才有了财政部《关于坚决制止地方以政府购买服务名义违法违规融资的通知》（财预〔2017〕87 号）的出台，这个文件的初衷是遏制国家开发银行和中国农业发展银行用城投公司与地方政府形成的政府购买服务协议作为棚改贷款发放的桥梁，但也因此引来各地财政部专员办在 2017 年对城投公司收入形成的方式进行专项排查，城投公司略有些擦边球意味的委托代建业务也从此逐渐收缩。如果说地方政府债务的膨胀来自非公益性项目向公益性项目代建的扩延，那么目前中央就在极力让经营性项目收入回到城投公司的报表上，使后者成为业主方而不是代建方，那么"自筹、自用、自还"在业务逻辑上也能够自洽。

我们继续往下看城投公司融资的额外成本。对于大多数城投公司来说委托代建收入就像是维持城投公司运行的粮草，而粮草消耗也是城投公司的成本。在2016年"营改增"之前，营业税作为地方税种，可以由地方税务局出具暂缓征收或免予征收的说明，虽然后者的效力有待商榷，但只要审计机构能够认可，审批债券发行的监管机构也没有那么较真。但是"营改增"之后，如果城投公司的代建收入是"做"出来的，没有进项税额可以抵扣的城投公司会面临较高的运行成本，虽然大多数城投公司可以靠着小规模纳税人差额计征的政策"合理"利用规则，但依然有3%的增值税"成本"。除此之外，还有缴纳土地出让金的损耗。地方政府的土地财政循环内嵌到城投公司的资产循环中，是城投公司资产体量能够持续扩张的保障，就算各种监管文件要求注入城投公司的土地资产要足额缴纳土地出让金，但是土地出让金是留存地方的，虽然要缴纳印花税、上解上级财政的部分契税和向省里缴纳的各项基金[①]，但对于本就是一家人的城投公司和地方政府，这些损耗倒也是能够接受。虽然城投公司在土地出让收入划转税务部门征收的背景下，依然保留了沿用老办法的心理预期，但省级政府层面对土地出让收入的统筹毕竟比不上地方财政层面非税收入的灵活处理，地方政府靠土地出让金做财力或是以土地支持城投的方式就越发困难了。

我们向外把视角延展到城投公司的信用扩张上来看。2017年8月，国务院发布《融资担保公司监督管理条例》，其中规定"融资担保公司的担保责任余额不得超过其净资产的10倍"，以及"融资担保公司对同一被担保人的担保责任余额与融资担保公司净资产的比例不得超过10%"，不仅限制了担保公司放大杠杆的比例，而且收窄了对单一发行人

---

① 包括农业土地开发资金、廉租住房保障资金、教育资金、农田水利建设资金、被征地农民保障资金、国有土地收益基金等。缴纳比例和缴纳政策各省有所差别。

的担保金额。担保公司的应对是通过提高担保费率来对冲缩减担保规模对收益的影响，即便担保费的提高会影响融资成本，依然不影响担保额度成为整个公开融资市场的稀缺资源，担保公司一下子从卖方市场变成买方市场。这对于加担保才能成功发行债券的弱资质城投公司简直就是噩耗，除非市场宽信用，否则弱资质城投公司公开融资的道路会因为无法找到风险承受能力匹配的投资者而被切断。

我们最后看看作为纯乙方的中介机构和金融机构。2018 年 2 月，国家发改委办公厅、财政部办公厅发布《关于进一步增强企业债券服务实体经济能力　严格防范地方债务风险的通知》（发改办财金〔2018〕194 号），除了再次重申城投公司需要规范运作和市场化融资以外，其中对因涉地方政府违法违规融资的承销机构及主要负责人加大处罚力度的表述，让主要客户是城投公司的债券承销业务人员瑟瑟发抖。同年 3 月，财政部发布《关于规范金融企业对地方政府和国有企业投融资行为有关问题的通知》（财金〔2018〕23 号）其中的总体要求就是，要求国有金融企业除购买地方政府债券外，不得直接或通过地方国有企事业单位等间接渠道为地方政府及其部门提供任何形式的融资。4 月出台的《资管新规》通过卡位资金借道来抑制城投公司的融资冲动，从而减弱宽松货币政策对投资刺激效果。从政策的导向可以看出，以前政策都是围绕着城投公司自身做限制，现在对于支撑城投公司的中介机构和金融机构都要一并限制，从约束城投公司放大地方政府债务的协助者来解决隐性地方政府债务滋生的土壤问题（如图 1-8 所示）。

城投公司的转型是个漫长的过程，推进城投公司转型的政策也是一个底层逻辑逐渐变化的过程，在城投公司的融资平台功能没有被完全开发的时候，政策管控的导向主要是依托融资平台取得的公益性项目融资，后来由于民生类建设项目的泛化以及募集资金在使用上的灰色可能性，政策开始逐渐向建设项目的载体——城投公司提出更高的标准和要求，意图通过对项目发起端的约束来控制债务不断膨胀的风险。虽然中央政府从 2014 年起就开始对城投公司有了市场化转型的要求，希望其提高经营效率和改变经营模式，但城投公司有着极高的政府黏性和极强的可塑性，使其能够不断改变自己的形态在监管的指缝中游走，在反复地尝试和摸索中，作用于城投公司的直接政策也逐渐过渡到调整影响城投公司存在基础的间接政策上，"屡教不改"的城投公司在"釜底抽薪"般的政策规范下，就算有多勉强也只能踏上转型之路。

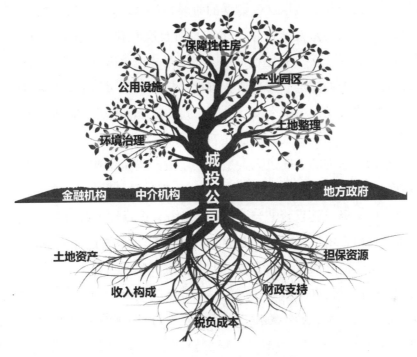

图1-8 城投公司转型的底层逻辑

七、城投公司的转型期：2019年之后

政策基本性框架的篱笆开始扎紧的时候，中央就开始着手通过界定"隐性债务"来掐断地方政府和城投公司的"物理"纽带。2017年7月，中央政治局会议首次提出"隐性债务"这一概念强调，并要求"有效规范地方政府举债融资，坚决遏制隐性债务增量"。2018年10月，中央下

发文件明确了隐性债务的定义和特征①，并对隐性债务的表现形式进行分类，标志着隐性债务监管正式开启。随后，《地方政府债务统计监测工作方案》《地方全口径债务清查统计填报说明》《政府隐性债务认定细则》等文件陆续下发，各地政府需要将当地截至 2018 年 8 月 31 日的隐性债务余额填报至财政部设立的地方全口径债务监测平台。不过有意思的是，当城投公司们填报这些数据的时候并不知道财政部的用意，搞不清楚对于区域内的隐性债务是"多"报对自己有利还是应该"少"报，有些地区就选择"多"报隐性债务，为了赌一把政府债的置换额度对债务进行较宽范围的认定，但当债券审批机构在未来引用财政部的隐债数据来管控城投公司的申报和发行之后，城投公司的融资功能被大幅限制。

就像我们前面述及的那样，中央政府也在尽力去拿捏政策的尺度，担心隐性债务清理的力度过大会造成固定资产投资增速的快速下滑，在 2018 年第三季度经济数据公布没多久，就开始给地方政府敲黑板，限制隐债≠不搞基础设施投资②，中央政府意图有选择性地推进基础设施建设，诸如交通、水利、能源、农业等短板领域列出来让地方政府补课，保持投资整体的有效性。除了项目上有侧重，项目主体也有区分，国家发改委就按定量标准把资质较高的"好学生"分到"快班"，这些"好学生"会享有"一次核准额度，分期自主发行""加快和简化审核""申报时不用确定具体的募投项目"等"特权"③，这种通过正向鼓励向城投公司们传递的信号再明显不过，"不是不让城投公司发债，而是限制慢班的城投公司发债，限制非政策导向的领域融资"。中央政府给你关上一道门，就会给你打开一扇窗，毕竟适度举债对拉动地方的经济发展是大有裨益的。因此在 2019 年，国家在反复强调一个观点——"规范"

---

① 2018 年 10 月，中共中央、国务院发布的《关于防范化解地方政府隐性债务风险的意见》；2018 年 10 月，中共中央办公厅、国务院办公厅发布的《地方政府隐性债务问责办法》。

② 2018 年 10 月，国务院办公厅发布的《关于保持基础设施领域补短板力度的指导意见》。

③ 2018 年 12 月，国家发改委发布的《关于支持优质企业直接融资进一步增强企业债券服务实体经济能力的通知》（发改财金〔2018〕1806 号）。

和"疏导"①，地方政府融资有可以通行的"前门"，不是封了作为"后门"的城投公司就无路可走。但其实，"后门"并没有想象中能堵得那么严严实实。

我们一直再说国家发改委的政策调整对城投公司的影响，这种影响更像是一种意识形态的导向，国家发改委在城投公司的界定上没有太过于纠结，而是对城投公司发行债券的正向条件或者反向条件给出了相对量化的标准，以此在一定范围内控制企业债的发行规模。真正让政府隐性债务承压的是证监会/交易所主导的公司债、中国银行间市场交易商协会（以下简称交易商协会）主导的非金融企业融资工具以及大量的非标准化债务产品。以公司债作例，虽然交易所在负面清单上限制了融资平台发行公司债券的可能性，但是如何界定融资平台却犯了难，一开始是将银监会融资平台名单内的企业列入负面清单（2015年1月），后来因为考虑到一些新成立的平台不在这个名单内或者没有被纳入名单但是从事融资平台之实的情况，就通过窗口指导推行"双50%"②来甄别融资平台（2015年7月），后来又发现现金流指标比较容易在财务层面操控，就调整成了"单50%"③，然而就像前文所提及的，这种界定城投的标准很容易被券商攻略。因此，公司债就这么不知不觉地在货币政策对经济刺激下、券商对城投公司的鼓噪下和交易所窗口指导的平衡下，到了规模数倍于企业债的位置。再加上本就起步早于公司债的非金融企业债务融资工具，其与公司债调控的策略和细节虽有所差别，但思路和方向非常相近，再加上承销商还可以协助城投公司在两个监管机构之间进行政

---

① 2019年3月，财政部发布的《关于推进政府和社会资本合作发展规范的实施意见》（财金〔2019〕10号）；

2019年6月，中共中央办公厅和国务院办公厅联合下发的《关于做好地方政府专项债券发行及项目配套融资工作的通知》。

② 双50%是指最近三年来自所属地方政府的现金流入与发行人经营活动现金流入占比平均超过50%，或者最近三年来自所属地方政府的收入与营业收入占比平均超过50%，则公司不能发行公司债。

③ 单50%取消了现金流指标，要求发行人报告期内来自所属地方政府的收入与营业收入的占比的算术/加权平均值小于50%。

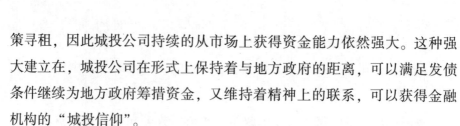

策寻租，因此城投公司持续的从市场上获得资金能力依然强大。这种强大建立在，城投公司在形式上保持着与地方政府的距离，可以满足发债条件继续为地方政府筹措资金，又维持着精神上的联系，可以获得金融机构的"城投信仰"。

当这种情况持续到 2019 年下半年的时候，交易所开始考虑总量限制了，即窗口指导私募公司债也需按"净资产 40%"来衡量发债规模，这个政策背后所反映的是监管开始要约束城投公司不断膨胀的规模。然而一场突如其来的疫情打破了监管既定的收缩计划，为应对经济下行的压力，财政政策和货币政策双管齐下，城投公司顺势将手上的存量批文快速变现，不仅原来募资困难的债券瞬间吃香了，而且发行利率还不断向下创新低。不仅如此，国家发改委、交易所、交易商协会几乎是同时发布了在疫情防控期间对债券审批工作和债券发行工作的支持，其中夹杂着新《证券法》的实施，尤其是删除"累计债券余额不超过公司净资产的 40%"更是让人更浮想联翩，敏锐的债券投行人和同样敏锐的城投公司怎会放过政策放水的大好机会，不管是否涉及疫情防控题材，抓住债券审批的时间窗口成了甲方和乙方共同的目标。在融资环境如此宽松的大背景下，地方政府的显性债务和隐性债务一起迅速向上飙升。

2020 年下半年经济刚刚开始好转，监管部门就开始酝酿衔接 2019 年下半年的监管政策。2020 年底，交易商协会和交易所根据地方债务率分档情况并按照募集资金用途对城投公司债券进行分档审理。对于债务率高的地区只能够偿还存量债券和存量有息债务，债务率低的地方才可以将募集资金用途设为补充流动资金，监管部门以窗口指导的方式在有意识地控制债务新增。那种隐隐的担忧很快就被坐实了，针对地方政府显性债务和隐性债务同时迅速上升的情况，继 3 月份的国务院常务会议提出了"保持宏观杠杆率基本稳定，政府杠杆率要有所降低"的要求后，中央防范化解地方政府隐性债务风险，遏制增量，处置存量的导向越来越明确①。鉴于此，沪、深交易所也跟城投公司"打明牌"了，分别设定了发行债券的细化标准，对债务结构、有息负债增速、非经营性往来占款等做了定量要求，同时结合"红橙黄绿"分类监管政策，从前端限制城投公司债务的供给②。而银保监会更像是从城投公司债务的需求端卡位，要求"银行保险机构要打消财政兜底幻觉"，"严禁新增或虚假化解地方政府隐性债务"，对"负有责任的个人依法从严处罚"③，此文一出，银行保险们像当头遭了一闷棍，虽然经发酵之后，银行对政策的解读开始走向分化，但也让一众银行明白，监管部门遏制地方政府债务扩张的决心和改变。

当然，感受到压力的不仅仅是投不出去钱的银行和找不到资金的城投公司，还有不断下调心理预期的券商，限制弱资质城投新发公司债、对于融资规模较大的城投给出限额，被磨出只能"借新还旧"的共识下，对于债务率过高的地区或信用债余额过高的发行主体就连借新还旧都还要打折，到了 2021 年下半年，已经不是找不找得到资金的问题了，而是在手的批文能不能备案发行的问题了，再到后来已经没有显性规律了，因此券商的债券承销人员开玩笑说，"是否能获批全凭运气"，2022 年初，交易商协会的债务产品也无法独善其身，多只短融中票发行被叫停更换募集资金用途，压降城投公司融资规模的锁扣又紧了几分。

笔者在行文时，不少城投公司把新增融资需求从公司债和银行间债务融资工具的主战场向企业债、美元债分流，加大向信托贷款、融资租赁等非标融资的下沉力度。因为城投公司很清楚不管是经济数据走弱，还是城投同行违约，甚至是外部危机出现，都会让监管那只"扼住城投公司咽喉的手"稍微松一松，而放松则意味着生机，所以城投公司都在

---

① 2020 年 4 月，国务院发布的《关于进一步深化预算管理制度改革的意见》。

② 2021 年 4 月，深圳证券交易所发布的《深圳证券交易所公司债券发行上市审核业务指引第 1 号——公司债券审核重点关注事项》（深证上〔2021〕430 号）；2021 年 8 月，上海证券交易所发布的《上海证券交易所公司债券发行上市审核规则适用指引第 3 号——审核重点关注事项》（上证发〔2021〕24 号）。

③ 2021 年 7 月，银保监会发布的《银行保险机构进一步做好地方政府隐性债务风险防范化解工作的指导意见》（银保监发〔2021〕15 号）。

咬牙支撑，等待监管政策放松。就算监管政策在中期来看没有放松迹象，自己也绝不能成为先绷不住的那个，因此城投公司及所在的地方政府拼起了耐力和韧性。笔者也在工作中经常被城投客户和券商同行问及对政策何时放松的看法，笔者很难去做预测，因为经验主义下的预测往往会被"打脸"，笔者撰写本书的目的也不是为了预测，而是告诉读者城投公司发展以及其发展的逻辑，我们用更加理性的角度去认知城投公司。如果读者能从笔者的文字中归纳出预测框架而对城投有更深层的理解，笔者自然会非常开心笔者的文字对您有帮助。笔者用一段量化投资的经历来为城投公司的发展做一个小结："我们从不判断趋势，我们需要做的是在趋势来临时抓住它。"

八、小结

笔者梳理城投公司的政策变迁，其实是想从城投公司的发展轨迹中向读者传递一种思考方式，我们要辩证地去看待城投公司。城投公司其实并无对错好坏之分，它只是被多种因素和多种关系所挤压出的政府职能外挂，地方经济发展遇到困难，城投公司承担了放大杠杆的职责，地方政府的债务风险过高，板子则又打到了城投公司身上。笔者并不是作为证券从业者偏袒城投公司，而是希望我们在看到城投公司自身弊端的同时，也看到它在时代大背景中所起到的积极作用。在长达三十年的发展历程中，城投公司一直在政策的夹缝中生存，它通过改变自己的形态和方式来获得发展的喘息，虽然惯性的力量和出身的秉性使其很难在根本上做出剧烈的调整，但政策的传导需要时间，观念的改变需要时间，实践的探索需要时间，我们要相信城投公司的可塑性和坚韧性，在时代的变革下，唯一不变的就是一切都在改变，城投公司、控制城投公司的地方政府，服务于城投公司的我们都需要接受改变，毕竟城投公司的转型是个无命题作文，在路还没有成为路之前，我们需要做的是通过对城投公司的理解去改变背后的意义，并做好准备改变自己去适应这种改变。

附表 1　与城投公司有关的政策梳理

时间	发布单位	文件名称	简要内容	政策导向
2009年3月	中国人民银行、银监会	《关于进一步加强信贷结构调整促进国民经济平稳较快发展的指导意见》（银发〔2009〕92号）	明确提出鼓励城投公司发展，提出"鼓励地方政府通过增加地方财政贴息、完善信贷奖补机制，设立合规的政府投融资平台等多种方式，吸引和激励银行业金融机构加大对中央投资项目的信贷支持力度"，并提出"支持有条件的地方政府组建投融资平台，发行企业债、中期票据等融资工具，拓宽中央政府投资项目的配套资金融资渠道"	松
2009年10月	财政部	《关于加快落实中央扩大内需项目资金配套资金等有关问题的通知》（财建〔2009〕631号）	明确了地方政府配套资金可利用政府融资平台通过市场机制筹措	松
2010年6—7月	国务院、财政部、国家发展改革委、中国人民银行、银监会	《国务院关于加强地方政府融资平台公司管理有关问题的通知》《关于贯彻国务院〈关于加强地方政府融资平台公司管理有关问题的通知〉相关事项的通知》（财预〔2010〕412号）	构建早期城投监管框架，提出对城投公司及其债务进行分类监管，以监管银行信贷为主要抓手，监管思路包括：（1）将城投公司的债务分为公益性债务、经营性债务、准公益性债务三类，第一类债务不得再继续通过城投平台融资。（2）将城投公司融资平台分为三类，只承担公益性项目融资任务的平台，对承担公益性项目融资+建设运营任务的平台，对承担准公益性项目融资任务的平台、承担经营性融资任务的平台，第三类要求充实充实资本金、完善第一、二类平台要求不再承担融资任务，第三类要求实现商业运营等	紧
2010年8月	银监会	《中国银监会办公厅关于地方政府融资平台贷款清查工作的通知》（银监发〔2010〕244号）	拉开城投公司贷款清查工作的序幕。城投公司贷款清查评估、重新核对、整改保全，是在上次银行业金融机构按照"逐包打开"的平台贷款自查整改的基础上，进一步清查数据，逐户建立台账，进而对不同类别的贷款进行定性甄别，分类处置，以有效缓解和化解风险。文件还对贷款清查工作的步骤和职责分工进行了明确	紧

续表

时间	发布单位	文件名称	简要内容	政策导向
2010年11月	国家发展改革委	《关于进一步规范地方政府投融资平台公司发行债券行为有关问题的通知》（发改办财金〔2010〕2881号）	收紧企业债券发行条件，要求偿债资金来源70%以上必须来自公司自身收益，公益类项目收入占比超过30%的平台公司须提供本级政府债务余额和综合财力充足信息；禁止地方政府违规担保；不得将公益性资产作为资本注入城投公司，已注入的公益性资产在计算发债额度时将予扣除；发行人应按照核准的投向使用企业债券募集资金，不得擅自改变资金用途；债券市场中介服务机构应认真履职，不得弄虚作假等	紧
2010年12月	银监会	《中国银监会关于加强融资平台贷款风险管理的指导意见》（银监发〔2010〕110号）	加强融资平台贷款风险管理。（1）融资平台贷款严格落实"三查"制度（贷前调查、贷时审查和贷后检查）。（2）准确进行融资平台贷款风险分类，对融资平台贷款进行准确分类和动态调整。（3）加强对融资平台贷款的监管，金融机构融资平台贷款拨备覆盖率及贷款拨备率不得低于一般贷款拨备水平	紧
2011年3月	银监会	《关于切实做好2011年地方政府融资平台贷款风险监管工作的通知》（银监发〔2011〕34号）	以降旧控新为目标，进一步加强地方融资平台贷款风险监管。（1）严格加强新增平台贷款管理，建立平台类客户的"名单制"信息管理系统，严格信贷准入条件。（2）推进存量平台贷款整改，平台贷款整改为一般公司类客户收至总行，以各种方式借新还旧。（3）强化平台贷款本息，对于到期的平台贷款，一律不得展期和以各种方式借新还旧。（4）统一实施平台贷款现场检查。（5）严格监测"整改为一般公司类贷款"的规制约束，满足贷款现场检查，"定性一致"和"三方签字"原则上可退出平台贷款管理（6）加大平台贷款问责处罚力度	紧

续表

时间	发布单位	文件名称	简要内容	政策导向
2011年6月	国家发展改革委	《国家发展改革委办公厅关于利用债券融资支持保障性住房建设有关问题的通知》（发改办财金〔2011〕1388号）	支持城投公司发行企业债券用于各地保障性住房建设。具体要求为：（1）地方政府投融资平台公司发行企业债券应优先用于保障性住房建设；（2）支持符合条件的地方政府投融资平台公司和其他企业，通过发行企业债券进行保障性住房项目融资；（3）企业债券募集资金用于保障性住房建设的，优先办理核准手续；（4）强化中介机构服务，加强信息披露和募集资金用途监管，切实防范风险	松
2012年3月	银监会	《关于加强2012年地方政府融资平台贷款风险监管的指导意见》（银监发〔2012〕12号）	"禁新增"改为"减存量、禁新建、严监管，及时化解存量增"。（1）严格贷款本息全覆盖，"控新建"改为"按照自身现金流风险。（2）按照缓释存量能否100%切实缓释存量风险。（3）实现到期处置分类退出，加强退出动态管理。（4）审债退出，有效控制新增贷款。（5）完善制度，深化平台贷款管理。（6）明确职责，强化监管约束	松
2012年7月	国家发展改革委	窗口指导意见	无论是否纳入银监会"黑名单"，只要有地方银监局出具的"非平台证明"文件"即可发债。同年9月发改委审批地类城投债，对绿色通道类企业实行即报即审、简化程序、尽快发行，对重点支持企业债实行分类排队，加快审核	松
2012年7月	交易商协会	窗口指导意见	放松可发行债务融资工具的城投公司范围（高速、铁路等真实现金流）。①产业类城投公司，按六真原则将发债企业分为四类。具体如下：①产业类企业；②全民所有制企业；③保障房建设，铁路等真实现金流的项目；④地铁轨交项目	松

37

续表

时间	发布单位	文件名称	简要内容	政策导向
2012年12月	国家发展改革委	《关于进一步强化企业债券风险防范管理有关问题的通知》（发改办财金〔2012〕3451号）	根据企业债券发行主体的资产负债率情况和主体信用等级细化偿债保障措施要求；支持保障房类项目融资，并对保障房项目手续条件进行了规定；具有完全公益性的社会事业项目不宜通过企业债券筹集建设资金；进一步规范企业债券担保行为；规范信用评级、防止评级虚高；加大对主承销商尽职工作的监管力度；加强对城投公司注入资产及资产及重组的管理	松
2013年4月	国家发展改革委	《国家发展改革委办公厅关于进一步改进企业债券发行审核工作的通知》	对企业债券发行申请，根据各主体、项目之间的资质差异，按照"加快和简化审核类"、"从严审核类"以及"适当控制规模和节奏类"进行分类管理。加快审核和简化审核程序类：1.项目属于国家重点支持范围的发债申请，其中包括国家重点在建续建项目，关系全局的重点结构调整或促进区域协调发展的项目，节能减排和环境综合治理及生态保护项目，公共租赁住房、廉租房、棚户区改造，经济适用住房和限价中高品商品房等保障性安居工程项目及小微企业增信集合债券信用集合债券的发债申请；2.信用审核类：从严审核类用于产能过剩、高污染、高耗能等国家产业政策限制领域的发债申请，偿债措施不完善、资产负债率较低、负债率较高、债券余额较大或运作不实、偿债措施较弱的发债申请。除符合"加快和简化审核类"、"从严审核类"两类条件的债券外，其他均为适当控制规模和节奏类	松

续表

时间	发布单位	文件名称	简要内容	政策导向
2013 年 8 月	国家发展改革委	《关于进一步改进企业债券发行工作的通知》（发改办财金〔2013〕1890 号）	多措并举完善企业债券发行，其中包括：将地方申请发行企业债券预审工作委托省级发展改革部门负责，限时办结，进一步优化企业债券审核程序；对发行人债券发行计划的合理性、中介机构的选聘过程、信息披露的真实规范、对承销、评级、会计、法律、资产评估等类中介机构的执业行为提出自律要求	松
2013 年 8 月	国家发展改革委	《关于企业债券融资支持棚户区改造有关问题的通知》（发改办财金〔2013〕2050 号）	企业债券支持棚户区改造，具体要求为：（1）凡是承担棚户区改造项目建设任务的企业，均可申请发行企业债券用于棚户区改造。（2）企业债券范围围原则上应是纳入棚户区改造规划和年度计划的项目。（3）对企业债券发行申请，按照"加快和简化审核程序"，"从严审核分类"以及"适当控制规模和节奏类"三种情况进行分类管理，有保有控，支持重点，防范风险。（4）鼓励企业发行"债贷组合"专项债券并使用于棚户区改造项目建设。（5）棚户区改造项目可给予使用不超过投资70%的企业债券资金，鼓励有条件的市、县政府对棚户区改造项目给予债券贴息	松
2014 年 3 月	交易商协会	主承销商通气会	对城投类企业所在地方的行政级别不进行限制，发行主体只需符合六真原则，并满足地方政府级债务率不超过100%或负债率不超过60%的条件	松
2014 年 5 月	国家发展改革委	《关于进一步做好支持创业企业发展相关工作的通知》（发改办财金〔2014〕1044 号）	促进创业投资行业健康发展，加大对小微企业创新创业工作下放企业注册所在地省级备案管理部门；一是积极发挥创业投资引导基金作用，吸引社会资本设立创业投资企业；二是对新创业企业的具体备案年检工作下放企业注册所在地省级备案管理部门，加大对小微企业创新创业工作下放力度。一是进一步简政放权，将创业投资企业的具体备案年检工作下放；二是促进小微企业发展和结构调整，吸引社会资本设立创业投资企业及其股东或其合伙人发行企业债券	松

续表

时间	发布单位	文件名称	简要内容	政策导向
2014年5月	国家发展改革委	《关于创新企业债券融资方式扎实推进棚户区改造建设有关问题的通知》（发改办财金〔2014〕1047号）	进一步加大企业债券融资对棚户区改造建设的支持力度。具体通知包括：（1）认真开展棚户区改造项目资金需求测算分析，逐省研究融资方案，支持条件的地区增加企业债券发行规模测算指标。（2）适当放宽企业债券发行条件，支持国有大中型企业发债用于棚户区改造。（3）推进企业债券品种创新，研究推出棚户区改造项目收益债券。（4）与国有发债政策相衔接，扩大"债贷组合"用于棚户区改造范围。（5）优化棚户区改造债券品种方案设计，科学合理设置债券期限和还本付息方式	松
2014年8月	中华人民共和国预算法（2014年修正版）		拉开了中国建立现代财政制度的改革序幕，化解地方政府债务、风险防范化解等多方面因素，重新构建了新的债务管理框架，赋予地方政府举债的权利，为地方政府"开正门"，同时，也设置了若干安全阀来"堵偏门"	紧

续表

时间	发布单位	文件名称	简要内容	政策导向
2014年9月	国务院	《关于加强地方政府性债务管理的意见》	后续城投公司监管的纲领性文件，围绕建立规范的地方政府举债融资机制，就举债主体、举债方式、举债规模、举债程序等方面提出了具体要求：（1）明确举债主体。经国务院批准的省、自治区、直辖市政府可以适度举债，市县确需举债的只能由省、自治区、直辖市政府代为举借。政府债务只能通过政府及其部门举借，不得通过企事业单位等举借，剥离融资平台公司政府融资职能。（2）规范举债方式。地方政府举债采取政府债券方式。对没有收益的公益性事业举借的一般债务，发行一般政府债券融资，主要靠一般公共预算收入偿还；对有一定收益的公益性事业发展举借的专项债务，发行专项债券融资，以对应的政府性基金或专项收入偿还。同时，积极推广使用政府与社会资本合作模式（PPP模式），吸引社会资本参与公益性项目建设并获得合理回报，既拓宽社会资本投资渠道，也减轻政府举债压力。（3）严格举债程序。地方政府在国务院批准的分地区限额内举借债务，必须报本级人大或其常委会批准	紧

续表

时间	发布单位	文件名称	简要内容	政策导向
2014年9月	国家发展改革委	《关于全面加强企业债券风险防范的若干意见》	对于融资平台公司进行了进一步的区分和限制，强化债务风险安排和保障措施和有效性。具体意见：(1) 严格发债企业准入条件（重点审核申请发债企业贯彻国家有关政策规范运作情况，发债城投类企业营业收入来源，申请发债企业资产构成和利润率等财务指标的真实性，申请发债企业土地资产有效性，提高企业资产分类审核标准，申请发债企业应收款项情况）；(2) 规范和强化偿债保障措施；(3) 进一步加强企业所在地偿债券存续期监管；(4) 严格控制企业高成本融资行为；(5) 强化企业债券存续期债务的综合监管；(6) 加强信用体系建设；(7) 完善信用债发行机制；(8) 创新有利于防范风险定期债券发行工作；(9) 加强对违规行为的综合惩戒	紧
2014年10月	财政部	《地方政府存量债务纳入预算管理清理甄别办法》（财预[2014]351号）	通过PPP模式转化为企业债务的，不纳入政府债务；项目没有收益，计划偿债来源主要依靠一般公共预算收入的，甄别为一般债务；项目有一定收益，计划偿债来源依靠项目收入或专项收入、能够实现风险内部化，甄别项目收入偿还的政府性基金收入、专项收入全覆盖的，无法完全覆盖的部分列入一般债务，其他部分列入专项债务。同时，还要求统计本级政府可偿债财力，可变现资产、在建项目、本级融资平台公司名录等情况一并报送	紧
2014年12月	交易商协会	《关于进一步完善债务融资工具注册发行工作的通知》	加强了对城投项目发债的管理，如要求募投项目应为具有经营性现金流的非公益性项目，排除审计署，银监会以及财政部的融资平台各单内企业，新增融资平台资格，债务甄别，与政府相关的市场化安排，财政性资金流入等内容，并完善了《地方政府说明性文件要点》	紧

续表

时间	发布单位	文件名称	简要内容	政策导向
2015年1月和7月	交易所	《公司债券发行与交易管理办法》（中国证券监督管理委员会令第113号）	文件明确了公司债的"发行人不包括地方政府融资平台"，也制定了甄别"融资平台"的标准：一是被列入银监会地方政府融资平台名单（监管类）；二是最近三年（非公开发行的为最近两年）来自所属地方政府的现金流入与发行人经营活动现金流入占比平均超过50%，且最近三年（非公开发行的为最近两年）来自所属地方政府的收入与营业收入占比平均超过50%。"双50%"的标准中只要有一条满足比例低于50%即可。即，能够避过上述条件限制的城投公司或类城投公司，可以发行公司债券	松
2015年2月	交易商协会	主承销商通气会	放松城投公司债务融资工具发行要求。如果注册发行企业在2013年债务审计名单内及2013年审计后有新增纳入政府融资责任（简称"一类债务"）的需要额外出具说明；而企业在名单内，但申请注册时已无存量债务纳入一类债务，以及关联企业（子公司或担保公司）在名单内但发行企业不在名单内的可在注册发行材料中进行披露，并由主承销商出具专项尽职调查报告。在募集用途方面，可用于项目、补充流动资金和偿还银行贷款的，可用以用于偿还银行债务的银行贷款；用于偿还的银行贷款不可以用于偿还债务为地方政府负有担保责任或救助责任的债务，另有特殊规定	松

续表

时间	发布单位	文件名称	简要内容	政策导向
2015年4月	国家发展改革委	《战略性新兴产业专项债券发行指引》（发改办财金〔2015〕756号）	鼓励节能环保、新一代信息技术、生物、高端装备制造、新能源、新材料、新能源汽车等领域符合条件的企业发行战略性新兴产业专项债券融资；该类债券发行申请，比照"加快和简化审核类"债券审核程序，提高审核效率；优化审核及发行方案设计，可灵活设计债券期限、选择权及还本付息方式，允许企业使用不超过50%的募集资金用于偿还银行贷款和补充营运资金，允许用于战略性新兴产业领域兼并重组、购买知识产权等	松
2015年5月	国务院	《国务院办公厅转发财政部人民银行银监会关于妥善解决地方政府融资平台公司在建项目后续融资问题意见的通知》	对银行业金融机构支持地方政府融资平台在建项目作出了系统要求，要求地方各级政府和银行业金融机构要妥善处理融资平台公司在建项目后续融资，依法合规进行融资，切实满足促进经济发展和防范财政金融风险的需要，对在建项目为国发〔2014〕43号文件成文日期（2014年9月21日）之前，经相关投资主管部门依照有关规定完成审批、核准或备案手续，并已开工建设的项目。重点任务包括拓宽在建项目的存量融资需求，规范在建项目的增量融资，切实做好在建项目后续融资管理工作，完善配套措施等	松
2015年5月	国家发展改革委	《关于充分发挥企业债券融资功能支持重点项目建设促进经济平稳较快发展的通知》（发改办财金〔2015〕1327号）	简化企业债券审核审批程序，扩大企业债券融资规模，支持企业以各种形式参与基础设施投资建设。（1）鼓励优质企业发债用于重点领域、重点项目融资；（2）支持县域经济发展；（3）科学设置企业债券风险监测预警线；（4）合理确定和把握企业债券融资条件；（5）简化企业募集资金投向变更程序；（6）鼓励企业发债用于特许经营等PPP项目建设	松

续表

时间	发布单位	文件名称	简要内容	政策导向
2015年11月	国家发展改革委	《关于简化企业债券审报程序加强风险防范和改革监管的意见》（发改办财金〔2015〕3127号）	进一步简化企业债券审报程序，加强风险防范和改革监管方式。（1）简化申报程序，精简申报材料，提高审核效率；（2）分类管理，鼓励信用优良企业发债融资；（3）增强债券资金使用灵活度；（4）做好企业债券偿债风险分解；（5）强化信息披露；（6）强化中小机构责任；（7）加强事中事后监管；（8）加强信用体系建设	松
2016年9月	交易所	窗口指导意见	上交所对地方融资平台的甄别标准进行了修订：（1）将"双50%"（最近三年政府收入占比均超过50%）调整为"单50%"（所属地方政府的收入超过50%）。（2）调整指标计算方法。发行人计算政府收入占比，除了可采取"加权平均法"（各年度源自地方政府的收入占比的算数平均值外，也可采取"加权平均法"（各年度报告期内各年度政府的收入总额/各年度营业收入总额）。从监管角度而言，现金流指标容易被粉饰，被人为调整，"一变一"上调门槛是为防范地方政府债务风险，进一步规范公司债券市场发展	紧
2016年9月	交易商协会	主承销商座谈会	提出进一步优化非金融企业债务融资工具注册发行工作流程，优化募集资金用途等事项。 关于募集资金用途的限制：①优质企业可将债券募集资金用于偿还各类信用债券及金融机构借款等。②行业竞争力不强，资产负债率较高，经营财务状况一般，市场认可度不高的企业公开发行各类债券，并加强其募集资金用途范围的管理。 关于发行主体范围方面：新规则对于经济基础较好，市场化运作意识相对较强的省会城市及计划单列市，支持其下属的区县级基础设施建设类企业注册发行债务融资工具	松

续表

时间	发布单位	文件名称	简要内容	政策导向
2016年10月	国务院	《地方政府性债务风险应急处置预案》	明确提出建立健全地方政府性债务风险应急处置工作机制，以快速响应、分类施策、各司其职、协同联动、稳妥处置为主要原则，牢牢守住不发生区域性系统性风险的底线，切实防范和化解金融风险，维护经济安全和社会稳定	松
2016年下半年	财政部	《关于开展部分地区地方政府债务管理存在薄弱环节问题专项核查工作的通知》（财办预〔2016〕94号）	组织各地财政专员办对违法违规举债担保问题进行专项核查，核查的主要内容包括违规举债、政府出具违规担保函等	紧
2017年5月	财政部、司法部、人民银行、银监会、证监会	《关于进一步规范地方政府举债融资行为的通知》（财预〔2017〕50号）	六部门联合发文，要求地方政府清理违规担保并保持限期整改，推进融资平台的市场化转型，规范PPP的运作方式，明确地方政府只能以地方政府债务的方式举债，建立跨部门联合检测和防控机制，推进地方政府举债融资和政府购买服务的信息公开等	紧
2017年6月	财政部	《关于坚决制止地方以政府购买服务名义违法违规融资的通知》（财预〔2017〕87号）	针对一些地区存在违法违规扩大政府购买服务范围、超越管理权限延长购买服务期限等问题，加剧财政金融风险的现象，对政府购买服务行为进行规范，明确政府购买服务改革的方向、实施范围、预算管理、信息公开等事项，严禁以政府购买服务名义违法违规举债	紧
2017年12月	审计署	《财政部关于坚决遏制违法违规举债遏制隐性债务增量情况的报告》	财政部首次揭露地方政府违法违规举债的四大主要原因，包括一些地方党政领导干部政绩观不正确、项目实施责任不落实、金融机构推波助澜、违法违规融资行为问责不到位等方面；明确财政部将坚决刹住无序举债之风，有效遏制隐性债务增量，坚持谁举债、谁负责，严格落实地方政府属地管理责任，债权人、债务人依法合理分担风险，积极稳妥处置隐性债务存量，坚决打好防范化解重大风险的攻坚战	紧

续表

时间	发布单位	文件名称	简要内容	政策导向
2018年2月	国家发展改革委、财政部	《关于进一步增强企业债券服务实体经济能力严格防范地方债务风险的通知》（发改办财金〔2018〕194号）	文件针对防范地方债务风险，坚决遏制地方政府隐性债务增量，对企业债券工作提出了具体要求，主要包括：严禁党政机关公务人员未经批准在企业兼职（任职），严禁将公益性资产及储备土地使用权计入申报企业资产，严禁涉及与地方政府信用挂钩的虚假陈述、误导性宣传，严禁申报企业以各种名义要求或接受地方政府及其所属部门为其市场化融资行为提供担保或承担偿债责任，不允许纯公益性项目作为企业债券募投项目申报，严禁采用PPP模式违项目取得财政资金支持的程序和内容必须依法合规，严禁采用PPP模式违法违规或变相举债融资，建立健全责任主体信用记录等	紧
2018年3月	财政部	《关于规范金融企业对地方政府和国有企业融资行为有关问题的通知》（财金〔2018〕23号）	督促金融企业加强风险管控和财务管理，要求国有金融企业除购买地方政府债券外，不得直接或通过地方国有企事业单位等间接渠道为地方政府及其部门提供任何形式的融资，不得违规新增地方政府融资平台公司贷款，不得要求地方违法违规提供担保或承担偿债责任，政府投资基金或PPP项目资本金，并在资本金审查、还款能力评估、投资基金、资产管理业务等方面做了明确规定	紧
2018年10月	国务院办公厅	《关于保持基础设施领域补短板力度的指导意见》	就确保基础设施领域补短板力度提出意见，主要内容包括：以聚焦短板、分类施策、防范风险为基本原则，以脱贫攻坚、交通基础设施建设、水利能源、生态环保、农业民生等为补短板重点领域，提出加强基础设施方政府专项债券资金管理，加大对在建项目和补短板重大项目的金融支持力度，合理保障融资平台公司正常融资需求，调动民间投资积极性，推进政府和社会资本合作（PPP）项目等配套措施	松

续表

时间	发布单位	文件名称	简要内容	政策导向
2018年12月	国家发展改革委	《关于支持优质企业直接融资进一步增强企业债券服务实体经济能力的通知》（发改财金[2018]1806号）	支持信用优良、经营稳健、对产业结构转型升级或区域经济发展具有引领作用的优质企业发行企业债券；明确了优质企业条件，优化了发行管理方式，实行"负面清单+事中事后监管"模式，规范了优质企业信息披露要求	松
2018年10月	中共中央、国务院	《中共中央 国务院关于防范化解地方政府隐性债务风险的意见》	未公开发布，但说明中央对化解地方隐性债务已展开具体部署	紧
2018年10月	中共中央办公厅、国务院	《中共中央办公厅 国务院印发〈地方政府隐性债务问责办法〉的通知》		紧
2018年	财政部	《地方政府债务统计监测工作方案》《财政部地方全口径债务清查统计填报说明》《政府隐性债务认定细则》	要求各地政府依规将截至2018年8月31日的隐性债务余额、资产等相关数据，填报至财政部设立的地方全口径债务监测平台	紧
2019年3月	财政部	《关于推进政府和社会资本合作发展规范的实施意见》（财金[2019]10号）	采取正、负面清单相结合的方式，细化了规范的PPP项目的具体表现形式；对规范的PPP项目加强规范管理和分类指导，对重点领域、重点项目加大政策支持力度	松
2019年3月	沪深交易所	窗口指导意见	沪深交易所窗口指导放松了地方融资平台发行公司债券的申报条件，对募集资金用于偿还存量公司债券的发债申请，可以不受发行主体来自政府收入的比例限制	松

续表

时间	发布单位	文件名称	简要内容	政策导向
2019年6月	中央办公厅、国务院办公厅	《关于做好地方政府专项债券发行及项目配套融资工作的通知》	明确提出地方政府专项债券发行及项目配套融资工作要以供给侧结构性改革为主线，以结构性去杠杆为基本思路，进一步健全地方政府举债融资机制，推进专项债券管理改革，做好相关支持工作并完善配套管理措施，实现专项债券规模较大幅度增长	松
2019年6月	国务院	《关于防范化解融资平台公司到期存量地方政府隐性债务风险的意见》	在不新增隐性债务的情况下，允许金融机构进行隐性债务借旧还新或展期。指导地方、金融机构开展隐性债务置换	松
2019年10月	沪深交易所	窗口指导意见	2019年9月19日以后受理的非公开发行公司债券，其募资规模超过公司债存量的部分只能用于偿还存量公司债券；同一发行主体公开发行和非公开发行公司债券分别独立按净资产40%测算额度，体量资产40%的部分可用于偿还存量公司债券	紧
2020年2月	国家发展改革委	《关于疫情防控期间做好企业债券工作的通知》（发改办财金〔2020〕111号）	多措并举支持疫情防控相关领域，允许募集资金用于债券发债企业的债券融资需求，包括支持企业债券募集资金用于受疫情影响产生的项目贷款，放宽小微企业增信集合债券募集资金使用限制，允许受疫情影响严重的企业发行新的企业债券专项用于偿还2020年内即将到期的企业债券本金及利息，最大限度简便疫情防控期间债券业务办理等	松
2020年2月	交易商协会	《关于进一步做好债务融资市场服务疫情防控工作的通知》	支持受疫情影响较重企业及参与疫情防控企业债券融资，建立债务融资工具注册发行绿色通道，延长企业债券注册和发行环节相关时限，缓解其流动性压力	松

49

续表

时间	发布单位	文件名称	简要内容	政策导向
2020年3月	证监会	《关于公开发行公司债券实施注册制有关事项的通知》（证监办发〔2020〕14号）	自2020年3月1日起，公司债券公开发行实行注册制。公司债券公开发行方面，删除了"累计债券余额过公司净资产百分之四十"的条件方面，取消了最低净资产规模要求等；在公司债券申请上市交易方面，删除了"公司债券的期限为一年以上"等条件	松
2020年3月	国家发展改革委	《关于企业债券发行实施注册制有关事项的通知》（发改财金〔2020〕298号）	明确企业债券发行全面施行注册制，中央国债登记结算有限责任公司为受理机构，并与中国银行间市场交易商协会同为审核机构；简化企业债券发行条件；取消企业债券申报中的省级转报环节，转为要求省级发展改革部门对募投项目专项意见，并承担相应责任	松
2020年8月	国家发展改革委	《县城新型城镇化建设专项企业债券发行指引》（发改办财金〔2020〕613号）	推出县城新型城镇化建设专项企业债券，重点支持领域包括县城产业平台公共配套设施、县城新型基础设施、县城其他基础设施等；允许使用不超过50%的债券募集资金用于补充运营资金，允许偿还前期已直接用于募投项目建设的银行贷款；支持县城特别是县城信用建设示范地区内主体信用评级优良的企业，以自身信用发行县城新型城镇化建设专项债券	松
2020年11月	证监会	《上海证券交易所公司债券发行上市审核规则适用指引第1号——申请文件及编制》	要求主要从事城市建设的地方国有企业申报发行公司债券，除按照一般发行人相关要求编制申请文件外，还应符合地方政府性债务管理的相关规定	紧
2021年2月	证监会	《公司债券发行与交易管理办法》（证监会令第180号）	配合新《证券法》的实施，完善证券公开发行注册制的具体管理办法。修订的主要思路和具体内容包括：一是落实公开发行公司债券注册制改革；二是结合《证券法》修订内容进行适应性修订；三是加强事中事后监管，压实发行人和中介机构的责任；四是结合债券市场监管实践调整相关条款	紧

续表

时间	发布单位	文件名称	简要内容	政策导向
2021年4月	国家发展改革委	《国家发展改革委关于印发〈2021年新型城镇化和城乡融合发展重点任务〉的通知》（发改规划〔2021〕493号）	要求在债务风险可控前提下，加大中央预算内投资和地方投资专项债券等财政性资金统筹支持力度，有序发行县城新型城镇化建设专项企业债券	松
2021年4月	国务院	《关于进一步深化预算管理制度改革的意见》	《意见》明确了六个方面的改革措施：一是加大预算收入统筹力度，增强财政保障能力。二是规范预算支出管理，推进财政支出标准化。三是严格预算编制管理，增强预算完整性。四是强化预算执行和绩效管理，增强财政约束力。五是加强财政风险防控，增强财政可持续性。六是增强预算管理透明度，提高预算管理信息化水平	紧
2021年4月	沪深交易所	《上海证券交易所公司债券发行上市审核规则适用指引第3号——审核重点关注事项》《深圳证券交易所公司债券发行上市审核业务指引第1号——公司债券审核重点关注事项》	对公司债券审核中的重点关注事项及信息披露要求做了具体规定。一方面再次明确了城投公司发行公司债务，将城投公司信用与政府信用相隔离；另一方面，不得新增地方政府债务，通过限制弱资质城投公司的发债规模和发债用途，未控制其债务规模，限制债务扩张	紧
2021年6月	财政部	《关于将国有土地使用权出让收入、矿产资源专项收入、海域使用金、无居民海岛使用金四项政府非税收入划转税务部门征收有关问题的通知》（财综〔2021〕19号）	土地使用权出让收入划转税务部门征收。具体是指由自然资源部门负责征收的国有土地使用权出让收入、矿产资源专项收入、海域使用金、无居民海岛使用金四项政府非税收入（以下简称四项政府非税收入），全部划转给税务部门征收。自然资源部（本级）按照规定负责征收的矿产资源专项收入、海域使用金、无居民海岛使用金，同步划转税务部门征收	紧

续表

时间	发布单位	文件名称	简要内容	政策导向
2021年7月	银保监会	《银行保险机构进一步做好地方政府隐性债务风险防范化解工作的指导意见》（银保监发〔2021〕15号）	要求银行保险机构要严格执行地方政府融资相关政策要求：一是不得以任何形式新增地方政府隐性债务，对于承担地方政府隐性债务的公司，银行保险机构不得新提供流动资金贷款或融资；二是加强融资平台公司新增资金贷款或流动资金贷款中性质的融资，不得与地方政府专项债券项目提供配套融资；三是妥善化解存量隐性债务，探索降低债务利息成本，但不得通过信托资金、流动资金贷款置换存量隐性债务，可适当延长期限，优化审批流程；四是强化风险管理，落实主体责任，加强隐性债务风险监测，足额计提拨备，制定风险应急处置预案；六是严格依法对新增或虚假化解隐性债务的银行保险机构和负有责任的个人依法从严处罚	紧

第二章

城投公司信仰的内在逻辑

因为原因是独特的，已形成结果的一部分，而且与结果同时形成，既决定结果，又为结果所决定。

——柏格森

第一节　财政与税收体制

既然城投公司和地方政府有着如此紧密的联系，承担着扩大地方政府建设支出的职能，承载着政府隐性债务的负担，那么处于"政企"交界处的城投公司是怎么一步步成为大家口中所说的"第二财政"，还要从财税体制的演变历史说起。

一、以向地方让渡财权的方式去唤醒经济活力

新中国成立初期，百废待兴，为了恢复破碎的经济基础和巩固危机四伏的新中国政权，中央政府采取了"统收统支"的财政制度，即地方预算收入统一上缴中央，地方支出按计划由中央统一核拨，并在物资有限的情况下进行全国资源配置，保证生产建设的正常进行。在中央统一了全国的财政收支和物资调动后，经济开始逐渐复苏。

随着国家财政收入的好转和社会主义改造的推进，为了激发地方政府的经济活力，1953年，财政体制由中央"统收统支"变为中央和地方

"划分收支"，通俗点解释就是按照财政收入的来源、金额大小、重要程度、未来的用途，划分为归属中央的、归属地方的、中央地方共享的。如果地方上实际固定财政收入大于财政支出，"盈余"部分按照事先商定的比例跟中央分账，可以类比为，地方政府可以按照"超额收益"提取"超额业绩报酬"。由于地方固定收入占总财政的比重不大，加之地方分成比例会随着地方财政收入快速增长而拉高上解中央财政的比例（见图2-1），使地方政府缺乏拉动地方经济增长的动力，这种"分类分成"的办法，没有改变财权和财力依然高度集中在中央的状况。

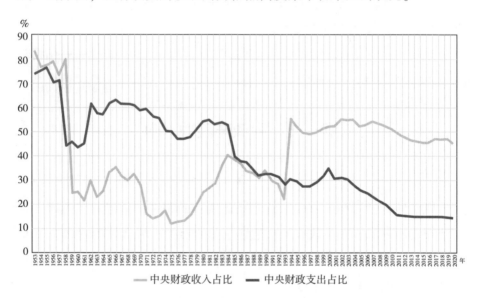

图 2-1　1953—2020 年中央财政收入和支出占比情况

　　1956 年，中央政府提出"中央和地方两个积极性，比只有一个积极性好得多"，中央开始下放财权和事权，通过释放地方政府的积极性来抵消苏联中辍所带来的经济基础崩溃的风险。这时的财政体制的核心是"收支下放"，从"以支定收，一年一变"变为"多收多支，五年不变"，"多收多支"给予了地方财政支出的权限，"五年不变"则让地方财政收入有了向上增长的动力（见表2-1）。

表 2-1　在"一年一变"和"多年一变"的指导思路下模拟地方政府可支配收入对比

	地方财政收入	核定财政支出	中央分成比例	地方分成比例	地方留存收入
一年一变					
基年	100	70			
N+1 年	120	75	30.00%	70.00%	31.5
N+2 年	160	90	37.50%	62.50%	43.75
N+3 年	200	120	43.75%	56.25%	45
五年一变					
基年	100	70			
N+1 年	120	75	30.00%	70.00%	31.5
N+2 年	160	90	30.00%	70.00%	49
N+3 年	200	120	30.00%	70.00%	56

注：数据为假设值；

中央分成比例=（基年地方财政收入-核定财政支出）/地方财政收入；

地方分成比例=1-中央分成比例。

二、在财权的"放"与"收"之间中央财力不断下滑

1961 年，中央政府恢复了对国民经济的集中统一管理，收回了前几年下放的经济权力，随着中央财政收入占国家财政收入的比例的提高，国民经济也在逐渐回复元气。这时的财政体制以"总额分成"替代了"分类分成"，其实就是把原来比例分配前的中央收入和地方收入做全口径处理，按照全口径预算收入减去全口径预算支出后，计算其差额占地方预算收入的比例，来与中央进行全口径预算收入的分成。"总额分成"的指导思路在 1959 年被提出的时候，其实本意是提高地方政府的财力，但在 1961 年，经济权力被中央回收后，仅仅只是把"静态比例"调整成"动态比例"，"总额分成"反而比"分类分成"让基数并不高的中央财政更有弹性（逻辑见表 2-2 和表 2-1），到 1966 年的时候中央财政收入占比比 1961 年提高了 15%。

表2-2 在"分类分成"和"总额分成"的指导思路下模拟地方政府可支配收入对比

分类分成					
	中央财政收入	地方财政收入	央地共享收入	核定财政支出	中央分成比例	地方分成比例
基年	20	70	10	70		
N+1年	24	85	11	75	14.29%	85.71%

总额分成				
	地方财政收入	核定财政支出	中央分成比例	地方分成比例
基年	100	70		
N+1年	120	75	30.00%	70.00%

注:数据为假设值;分类分成下中央分成比例＝(基年地方财政收入＋共享收入－核定财政支出)/核定财政支出;分类分成下地方分成比例＝1－中央分成比例;总额分成的计算公式如表2-1所示。

　　1966年3月,中央在杭州政治局会议上的指示是"凡是收回了的权力都要还给地方"。虽然2个月后开始的"文革"延迟了中央分权的计划,但20世纪70年代初形势刚刚稳定下来,中央政府新一轮的放权运动便要求所有"适合"地方管理的企业统统将管理权下放到地方,与此同时,财政收支权、物资管理权也一并下放。1971—1973年的财政体制是"定收定支、收支包干","定收定支"是指确定中央和地方的收支范围,"收支包干"则相当于地方向中央缴纳固定的"份子钱",超过"份子钱"以外的全部留在地方。1972年,中央继续做出调整,把"定额份子"改成了"起征点分成",超收部分在1亿元以内的全部留在地方,超过1亿元的部分,50%上交中央。1974年和1975年,财政体制又调整成了"固定分成"模式,即中央和地方在基数以内按固定比例分成,基数以外的协商确定分成比例。虽然这大大激励了地方政府增收的积极性,但在硬币的另外一面,中央财政收入的占比也降到了历史最低水平。

三、市场经济萌芽下财政包干制的"退"与"进"

　　到1976年"文化大革命"结束时,在几次财政体制政策的调整后,使中央财政收入占比下降到12%的历史低位，财政体制被迫又重新回到了"总额分成"的模式。即便如此，探索财政体制改革的脚步却没有停歇过，1977年，中央以江苏为试点，开始了"固定比例分成"体制的改革探索，即按照上一年决算总支出占总收入的比例，确定收入上解中央的比例。1980年起，开始正式实行"划分收支、分级包干"的财政体制，在划分收支的逻辑上与"分类分成"体制类似，跟1953年不同是财政收入和支出的范围划分更为明确，"分级包干"则是地方根据上一年确认财政收入和支出的基数，地方收入大于支出基数的超额部分按固定比例上缴中央和留存自用，这跟包产到户的理论逻辑基本相同，主要还是为了激发地方财政的积极性。

财政包干制的改革并不是一蹴而就的，财政包干制所代表的是一种真正的"分权"，本意是唤醒地方政府的主体意识，赋予推动经济发展的事权和财权，中央政府愿意以一种更像是"合作"的方式激励地方政府。但我们也发现（见图2-1中1978—1981年），中央支出占比并没有因下放的财权和事权而从负担国家债务的高位降下来，反而地方政府利用外资搞发展所累积的债务最终还是由中央来买单，随着中央支出压力加大，部分省份的"分级包干"又退回到了"总额分成"，"分级包干"与"总额分成"相互交织的局面一直持续到了1985年。在这期间，为了推动经济体制改革，围绕财政政策做出了两个重要变革，一个是与"支出"有关的"拨改贷"，一个是与"收入"有关的"利改税"。

"利改税"是将原来企业以利润上交国家的部分改为用税收形式上交。在1983年"利改税"以前，国家财政收入的构成是工商企业上缴的利润、部分折旧基金以及包括货物税、工商业税、关税、盐税等税收收入，上缴利润与税收收入的占比基本上是五五开，"利改税"之后，企业除了缴纳所得税以外，还有产品税、增值税、营业税等流转税。由于流转税不论是否企业有利润，只要企业有收入就要缴纳，税收体制的改变激发了地方政府做大企业规模和数量的动力，尤其是在1979年以后，这种"包干"的思路从地方财政延伸到了"企业"，相继进行了企业基金制、利润分成制、盈亏包干制的试点改革，再加上"利改税"中有"递增包干上交"的机制，即超过包干利润越多，缴纳的所得税越少。企业有做大规模多留存利润的动力，地方政府有做大企业规模增加流转税收入的动力，经此一系列的改革前导，地方政府全面推行"财政包干"有了较为充分的经济基础。

1985年到1987年是包干制的过渡阶段，随着税收体制的变革，财政体制从"划分收支"变成了"划分税种"，即收支的范围变成了税种的类别，除此之外，包干的大逻辑与之前并无不同。但越来越多的省份，尤其是财政增收潜力较大的省份，开始尝试广东和福建从1980年就在示范执行的定额包干模式，即地方向中央的上解额度是一个固定值，超过此基数的都会留存在地方，就算没有试行包干制的省份，中央也把总额分成的比例固定为五年不变（这样对地方的好处在前文有过描述），这样的调整让地方的积极性高了起来，地方财政收入也随之有了快速增长。1987年，包干制全面推行，中国正式进入"分灶吃饭"的财政体制。与在一个公司不同业务部门有不同的绩效合同类似，包干的形式也不是标准化的，而是有不同的表现形式（见表2-3），但内在逻辑都是中央与地方按照包干内涵所约定的方式进行财政收入的分配。

表2-3　财政包干的不同形式

包干形式	释义
收入递增包干	以1987年决算收入和地方应得的支出财力为基数，参照各地近几年的收入增长情况，确定地方收入递增率（环比）和留成、上解比例。在递增率以内的收入，按确定的留成、上解比例，实行中央与地方分成；超过递增率的收入，全部留给地方；收入达不到递增率，影响上解中央的部分，由地方用自有财力补足
总额分成	根据1986年和1987年度财政收支情况，核定收支基数，以地方支出占总收入的比重，确定地方留成和上解中央的比例，该比例为浮动比例
总额分成加增长分成	每年以上年实际收入为基数，基数部分按总额分成比例分成，实际收入比上年增长的部分，除按总额分成比例分成外，另加增长分成比例
上解额递增包干	以1987年上解中央的收入为基数，每年按一定比例递增上交

续表

包干形式	释义
定额上解	按原来核实收支基数，收大于支的部分，确定固定的上解数额
定额补助	按原来核定的收支基数，支大于收的部分，实行固定数额补助

四、"分税制"下的财权上收与事权下放

财政承包的思路是让地方政府把关注重心放在经济效益上。财政包干制中对地方留存收入的倾斜，极大程度地激励了地方政府发展经济的热情，1993 年末地方政府的财政收入是 10 年前的 3.5 倍，激励效果非常明显。但这种"放水养鱼"的财政包干体制也让地方政府开始向经济发展"注水"，通过增加企业数量和扩大企业规模来做大属地征收的流转税的基数，但是跟中央财政关联度较大的所得税则不是地方政府考虑的重点。这是不是很像现在互联网的商业逻辑，先把规模和流量做上去，至于盈利点，以后会有的。在价格双轨制下，地方政府更容易嵌入企业发展的利益链条里，企业的市场竞争力也随着外部环境的变化和自身利润率的下滑慢慢丧失，经济发展的质量遭到了冲击。另外，从图 2-1 也可以看出，从 1984 年开始，中央财政收入的占比就不断下滑，到 1993 年时，近乎腰斩。虽然中央政府无须再通过地方上解到中央的收入来对地方上的巨额开支负责，但中央政府也无法集中地方的收入来应对国家战略层面的重大决策，降低了中央政府调控经济运行的能力，尤其是在1988 年的恶性通货膨胀和 1993 年的海南房地产泡沫发生后，这让中央政府重新开始思考如何将放出去的权力收回来。

分权容易，收权难。前前后后经历过的几次分权让地方政府尝到了自己做主的甜头，在计划经济时期的"竞赛体制"下，它们就学会了对国家调拨指标明迎暗拒，20 世纪 80 年代的财政包干制更是让地方政府在学会"挣钱"的同时也爱上了"花钱"，尤其是经济利益当中又掺杂着政治诉求，成为地方政府重新开始竞赛的新标的，收权的阻力可想而知。得而复失比从未得到更痛苦，分税制改革就是在中央政府与地方政

府的激烈博弈中一步步向前推进的。1994 年的分税制改革主要包括两个方面的内容，其一是调整了征税逻辑，对流转税和所得税重新进行了设计；其二是终结财政包干制，重新划分了中央和地方的支出责任，并按调整过后的税种进行中央和地方的收入分配，实行税收返还和转移支付制度保证地区均衡。

如果不了解过去中央和地方博弈的过往，可能无法理解分税制改革的重要性，它通过"先集中再分配"的方式，重新调整了中央和地方的关系，让中央和地方在收支分配的问题上 45 年的讨价还价终于大体上固化下来，从图 2-1 可以看出，从 1994 年之后，中央财政收入占比基本上保持在 50% 左右；分税制改革改变了政府干预经济的方式，巩固了中央政府的财政权力，增强了中央政府宏观调控的能力，给未来多年的经济发展提供了制度上的保障，为应对外部输入型危机和保障一系列重大变革奠定了基础。不过，分税制改革并没有使地方政府的支出责任随着可支配收入大幅下滑而减轻（如图 2-2 所示），虽然地方上的分成比例变少了，但是依然可以靠提高税收基数来与中央共享发展的红利，因此以

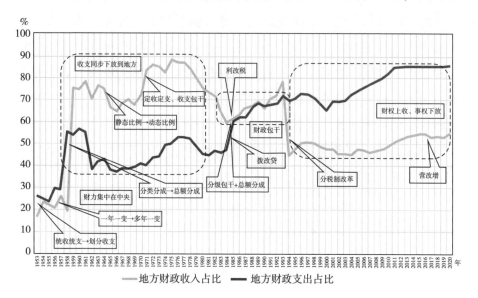

图 2-2　1953—2020 年地方财政收入和支出占比情况

经济建设为中心的地方政府在客观上依然承担着较重的支出压力。在主观上，官员晋升的压力向经济绩效指标传导，地方政府对于拉动基础设施建设和扩大公共产品供给有着特别的热情。

地方政府在既定规则下拥有超乎寻常的适应能力和调整对策，在财权与事权不匹配的现实下，他们将地方财政收入增长的重心从过去依靠增值税变成了营业税和地方留存比例较高的其他税种。建筑业就成了地方政府首当其冲要培育和发展的，而与建筑业息息相关的，一是基础设施建设，二是房地产，尤其是当1998年住房制度改革后，这两者成了地方财政收入增长的动力源泉。除了预算内收入的结构调整使地方财政的增长方式转变以外，地方政府还动起了预算外收入的脑筋。随着1998年《土地管理法》的出台和2001年土地收储制度的推行，地方政府通过垄断土地的一级市场供应积累了规模巨大的土地出让收入。地方政府利用大规模的土地出让收入和已征收的土地资源，借助金融市场赋予的杠杆能力继续投入基础设施建设，这样土地收入——担保+融资——城市建设——税收+征收土地不断的循环增长，帮助地方政府积累起了雄厚的财税资源，当然随着积累起来的还有地方财政的债务负担。其后，不管是2003年的农村税费改革还是2016年"营改增"的全面推行，都是在分税制的大逻辑框架下做的税收政策微调，虽然仅仅涉及的是中央和地方的收入分配细节，但目的都是强化征税逻辑和完善税收体制。

五、小结

笔者兜了如此之大的一个圈子来回溯财税体制的演进与变革，其实是想把城投公司的出现和城投公司狭义化放在历史背景下做逻辑上的推演。从计划经济时期到市场经济时期，城投公司是在财政体制多次集权与分权的循环实践中，中央政府和地方政府对收入权力和支出责任的博弈的产物。如果说1994年分税制改革之前，在中央和地方收支分配的问题上，经济发展的螺旋上升直接会对国家财政体制造成冲击，不停地进行财政大框架的收放调整和分配谈判，这种体制上根部摆动不利于国家

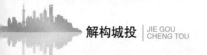

财政的稳定和持续发展。分税制改革结束了数十年的财政框架调整，将其固定下来，其后对影响经济发展的决策和变革的推进，都是在框架下的可控实验，不会波及财政体制的地基和承重结构。在中央上收财权的现实下，地方政府的增收动力和支出压力共同挤出了融资端的诉求，也形成了城投公司存在合理性的拱顶。城投公司本是解决财政问题的一种方式，但逐步变成了一种财政问题，城投公司好像也摆脱不了屠龙的勇士最终会变成恶龙的虚幻宿命。不过，国家体制的坚韧性我们能从刚刚回溯的历史可窥探一二，如果把财政体制比喻为一个计算机系统，城投公司对地方财政的解决方案就像是一个沙盒，只要系统依然握有管理员的权限，沙盒在系统内就有足够的调整空间，笔者相信城投公司的生命力足够顽强，毕竟它是载体，而载体会根据承载之物变换其表现形式。

附表 2 与财政体制相关政策梳理

时间	文件名称	主要内容
1980 年 2 月 1 日	国务院《关于实行"划分收支，分级包干"财政管理体制的暂行规定》《关于实行"划分收支，分级包干"财政管理体制若干问题的补充规定》	按行政隶属关系，明确划分中央和地方财政收支范围，收入方面实行分类分成；地方以收定支，包干使用，自求平衡
1983 年 4 月 24 日	国务院转批《财政部关于国营企业利改税试行办法》	将原来企业以利润上交国家的部分改为用税收形式上交，原来按合理规定留给企业的部分仍然保留不动
1984 年 9 月 18 日	国务院批转财政部报送的《关于国营企业推行利改税第二步改革的报告》和《国营企业第二步利改税试行办法》	发布了产品税、增值税、营业税、盐税、资源税、国营企业所得税等 6 个税收条例（草案）和《国营企业调节税征收办法》，其中，增值税是在 1979 年试点的基础上，逐渐扩大征税范围的新税种
1985 年 3 月 21 日	《国务院关于实行"划分税种，核定收支，分级包干"财政管理体制的规定的通知》	收入方面，基本上按照利改税第二步改革以后的税种设置，划分为中央财政固定收入、地方财政固定收入，中央和地方财政共享收入三大类；支出方面，仍按隶属关系划分；财政收支均以 1983 年决算数为计算基数。这种财政管理体制，在形式上向分税制靠拢，但实质上仍是包干制
1985 年 9 月 9 日	国务院《关于暂不发行地方政府债券的通知》	为控制通货膨胀和固定资产投资增速过快，要求暂停地方债发行
1988 年 7 月 28 日	《国务院关于地方实行财政包干办法的决定》	对包干办法进一步改进，对全国各省、自治区、直辖市和计划单列市，分别实行不同形式的包干办法，包括有收入递增包干、总额分成、总额分成加增长分成、上解额递增包干、定额上解、定额补助六种
1993 年 11 月 14 日	《关于建立社会主义市场经济体制若干问题的决定》	在改革我国财税体制方面提出了一项重要举措，即地方财政包干制改为分税制

时间	文件名称	主要内容
1993年12月15日	国务院印发《关于实行分税制财政管理体制的决定》	第一，中央政府和地方政府的支出责任得到明确，基本沿用原有事权划分范围；第二，重新划分中央和地方的收入，财政收入分为中央税、地方税和中央地方共享税，并通过设立国税局和地税局两套机构独立征税，进行税收分级征管；第三，通过税收返还等方式建立中央对地方的转移支付制度。分税制改革的突出特点是财权上收、事权下放，即，财政收入分权程度降低，财政支出分权程度进一步扩大，地方政府的财政自主权度也随之降低
1994年3月22日	《中华人民共和国预算法》	结束了我国在预算管理方面长期无法可依的局面，从法律上肯定了当时分税制的改革成果，明确规定了包括预算管理职权、预算收支范围、预算编制，执行、调整，审批、监督在内的预算管理的基本制度，从根本上奠定了我国现代预算制度的基础框架；明确地方政府不得发行地方政府债券
1995年	财政部《过渡期财政转移支付办法》(1995—1999)	初步建立了财政转移支付制度。按影响地方财政支出的因素，核定各地的标准支出数额；对地方收入努力水准的考核，建立对民族地区的政策性转移支付。经过1995年试运行后，后续又做了数次改动和完善，主要是改进了转移支付的测算办法，完善了激励机制等方面
1996年12月16日	《国务院关于调整证券交易印花税中央与地方分享比例的通知》国发〔1996〕49号及后续相关文件	将证券交易印花税中央与地方各50%，调整为中央80%，地方20%。之后由于税率提高，分享比例折算为88%：12%；2000年又规定分三年调整到97%：3%；2016年起，全部调整为中央收入
1996年12月13日	《政府性基金预算管理办法》（财预字〔1996〕435号）	建立政府性基金预算，将养路费等13项数额较大的政府性基金纳入财政预算管理
1997年2月19日	《国务院关于调整金融保险业税收政策有关问题的通知》及后续相关文件	税率从5%调整至8%，提高的部分归中央所有。后续为支持改革，从2001年分三年降回5%，之前调整的部分随之取消

续表

时间	文件名称	主要内容
1998 年 8 月 14 日	财政部公布《国债转贷地方政府管理办法》（财预字〔1998〕267 号）	1998 年增发一定数量的国债，由财政部转贷给省级政府，用于地方的经济和社会发展建设项目
2001 年 12 月 31 日	《国务院关于印发所得税收入分享改革方案的通知》	中央保证各地区 2001 年地方实际的所得税收入基数，实施增量分成；2002 年按 50%分享，2003 年起按中央 60%分享
2003 年 10 月 13 日	《国务院关于改革现行出口退税机制的决定》国发〔2003〕24 号及《国务院关于完善中央与地方出口退税负担机制的通知》	为促进我国出口贸易及经济发展，2004 年实施出口退税负担机制改革，中央财政一次性偿还了积压多年的陈欠退税，中央与地方共同负担退税比例 75%：25%；2005 年根据实际运行中的问题，调整为 92.5%：7.5%
2007 年 9 月 8 日	《国务院关于试行国有资本经营预算的意见》	试行国有资本经营预算，将国有资本收益纳入预算管理
2009 年 3 月 15 日	财政部发布《2009 年地方政府债券预算管理办法》（财预〔2009〕21 号）	开始地方政府债券的发行试点，"代发代还"模式，由财政部代发 2000 亿元地方政府债券，从发行到还本付息都由财政部代办
2010 年 1 月 2 日	《国务院关于试行社会保险基金预算的意见》	试行社会保险基金预算，将企业职工基本养老保险基金、失业保险基金、城镇职工基本医疗保险基金、工伤保险基金、生育保险基金等纳入预算管理，至此我们政府预算体系基本建立完成
2011 年 11 月 16 日	《营业税改征增值税试点方案》	在上海交通运输业和部分现代服务业开展营业税改增值税试点
2011 年 10 月 17 日	财政部发布《2011 年地方政府自行发债试点办法》（财库〔2011〕141 号）	试点"自发代还"模式，试点地方政府在国务院批准的额度内自行发行债券，但仍由财政部代还本付息
2014 年 5 月 19 日	财政部印发《2014 年地方政府债券自发自还试点办法》（财库〔2014〕57 号）	试点"自发自还"模式，试点地方政府不仅自行发行债券，还直接向投资人支付本金和利息

续表

时间	文件名称	主要内容
2014年6月30日	《深化财税体制改革总体方案》	明确了新一轮深化财政体制改革的主要内容，提出加快建立全面规范、公开透明的现代预算制度；建立有利于科学发展、社会公平、市场统一的税收制度；建立事权和支出责任相适应的制度；2020年基本建立现代财政制度
2014年10月23日	财政部发布《地方政府存量债务纳入预算管理清理甄别办法》（财预〔2014〕351号）	对2014年末地方政府存量债务纳入预算管理进行清理甄别，锁定债务余额，同时推广PPP模式
2014年12月27日	《国务院关于改革和完善中央对地方转移支付制度的意见》	完善一般性转移支付增长机制，清理、整合、规范专项转移支付，提出了优化转移支付结构、完善一般性转移支付、规范专项转移支付，从严控制专项转移支付、强化转移支付预算管理、调整优化中央基建投资专项、完善省以下转移支付制度、加快转移支付立法和制度建设等九条具体措施
2015年3月12日	财政部发布《地方政府一般债券发行管理暂行办法》（财预〔2015〕64号）	规范地方政府一般债券，总结了前期试点的相关经验，明确品种定义、还款来源、审批程序，丰富了债券期限品种
2015年4月2日	财政部发布《地方政府专项债券发行管理暂行办法》（财预〔2015〕83号）	针对以项目为基础发行的地方政府专项债券，成功为地方政府规范举债"前门"的重要举措，同样对品种定义、还款来源、审批程序、期限等内容做了明确
2016年4月30日	《国务院关于印发全面推开营改增试点后调整中央与地方增值税收入划分过渡方案的通知》	结合税制改革，考虑税种属性，制定全面推开营改增试点以2014年为基数核定中央对地方税收返还和增值税中央上缴税收入划分的50%；地方分享增值税的50%；中央分享增值税的50%。主要内容以中央与地方增值税收入划分50%：50%等
2016年8月24日	《国务院关于推进中央与地方财政事权和支出责任划分改革的指导意见》	明确了适度加强中央的财政事权，保障和督促地方履行财政事权，在现有基础上减少并规范中央与地方共同的财政事权，建立财政事权由动态调整机制，中央和地方的财政事权由中央和地方分别承担支出责任，对中央与地方共同财政事权区分情况划分支出责任，加快省以下财政事权和支出责任划分改革等内容

续表

时间	文件名称	主要内容
2016年12月6日	财政部关于印发《地方政府性债务风险分类处置指南》的通知（财预〔2016〕152号）	地方政府性债务风险处置，应当坚持法治化、市场化原则。依据不同债务类型特点，分类提出处置措施，明确地方政府偿债责任，实现债权人、债务人依法分担债务风险
2016年11月9日	财政部发布《地方政府一般债务预算管理办法》（财预〔2016〕154号）	对地方政府一般债务余额和限额、预算编制与批复、预算执行与决算、非债券形式的一般债务和监督管理等方面作了详细规定
2016年11月9日	财政部发布《地方政府专项债务预算管理办法》（财预〔2016〕155号）	从债务限额确定和批复、预算编制和决算、非债券形式债务纳入预算、监督管理等方面，提出了规范地方政府债务预算管理的工作要求
2018年2月8日	《国务院办公厅关于印发基本公共服务领域中央与地方共同财政事权和支出责任划分改革方案的通知》	明确了基本公共服务领域中央与地方共同财政事权范围，制定了基本公共服务领域国家基础标准，规范了基本公共服务领域中央与地方共同财政支出责任分担方式，调整完善了转移支付制度
2021年3月7日	《国务院关于进一步深化预算管理制度改革的意见》	进一步深化预算管理制度改革的指导思想、基本原则和主要措施，是当前和今后一个时期深化预算管理制度改革的纲领性文件。明确了6个方面改革措施。一是规范预算支出管理，推进财政支出标准化；二是加大预算收入统筹力度，增强财政保障能力；三是严格预算编制管理，增强预算完整性；四是强化预算执行和绩效管理，增强预算约束；五是加强财政风险防控，增强财政可持续性；六是提高预算管理信息化水平，提高财政透明度，增强财政管理信息化水平

第二节 土地财政与土地金融

在"财权层层上收，事权层层下放"的大背景下，率先被这种财权与事权的不对等挤压出来的并不是城投公司，而是土地财政——一个能由地方政府自由支配，且其收入规模能够覆盖地方建设资金缺口，以土地收入为核心的财政收入体系。在早期，城投公司更像是地方政府土地财政的衍生物，功能也较为单一，而随着历史的推进，城投公司则成了"土地财政"放大成为"土地金融"的催化载体，在土地政策变迁和城投公司自身发展的相互作用下，城投公司有了"第二财政"的形态轮廓。

一、土地使用权和土地所有权的分离

在 1978 年以前，财政预算管理的思路是"以收定支"，即挣多少钱花多少钱，国家主要是利用劳动力交换价值的差别所产生的剩余形成社会资本的积累，即利用农产品和工业品的价格剪刀差①来哺乳城市发展。当时由于思想上的守旧，即便建设资金匮乏，地方政府也没有太多负债发展的想法，当然更不会打起土地的主意，对于国家建设和经济发展所需要的土地资源是在保护农民土地所有权和依法合规使用土地的大前提下，以较为节制和相对谨慎的做法实现国有土地的征用②，并不太敢在土地所有权性质的边界上去试探。

十一届三中全会以后，全国上下都聚焦于社会主义现代化建设，"对内改革、对外开放"的帷幕缓缓拉起，"承包制"中所蕴含的"思想

---

① 剪刀差是指工农业产品交换时，工业品价格高于价值，农产品价格低于价值所出现的差额，反映出工农业产品价值的不等价交换。因用图表表示呈剪刀张开的形态而得名。

② 1958 年 1 月，国务院颁布的《国家建设征用土地办法（修正）》是在五四宪法的框架下对土地征用过程当中遇到的问题予以明确，比如土地征用的原则、土地征用的程序、土地征用的补偿方式等，并控制"多征少用、早征迟用甚至征而不用等浪费土地的现象"。

解放"和"效率优先"的意识从中央传导至地方，从城市传导至农村，从公有经济到集体经济，从中央直属企业到地方国有企业，从国有企业到民营企业。由于撬动经济发展杠杆的需要，土地使用权开始尝试着从土地所有权性质的束缚中分离出来，在这样的背景下，土地使用权的资本属性在中外合营企业股权作价出资中以场地使用费的方式初露头角①。当然这只是经济发展理念寻求突破的一种方式，土地充分进行资本化的行为则需要在土地性质上做更大胆的探索。

土地所有权与土地使用权的分离在农村是以土地承包经营的方式实现的，联产承包责任制通过构造土地承包权，即农户与集体签订土地承包合同而享有的对承包土地使用的权利，使集体土地的使用权从所有权中脱离出来。在土地承包制度下，集体土地的使用权以一种带有福利性质的方式在劳动力中进行分配，并根据地块好坏远近进行调整与平衡。土地承包权产生于土地所有权而又独立于土地所有权，由于没有处分土地的权利，因此它不会影响农村土地属于集体所有的根本性质。不过随着土地承包权在集体土地中覆盖面越来越广，集体土地所有权的概念反而被逐渐削弱。一直到 1988 年，国家终于在宪法修正案中给了"土地使用权"名分，也标志着土地使用权与土地所有权的正式分离，这也给未来集体土地的征收和国有土地的转让埋下了引线。

二、土地征收与土地使用权性质的转变

虽然国家承认了集体土地的使用权，但并不代表着土地使用权可以自由转让，按照当时的想法，带有福利性质的集体土地使用权被分配后，有可能因为允许自由转让使土地使用权集中，重新成为剥削劳动阶级的工具，即便它只是使用权，而不是所有权。对于土地的所有权性质，1982 年的宪法修正案是这么来界定的："城市的土地属于国家所有"，

---

① 1979 年 7 月，第五届全国人民代表大会第二次会议通过《中华人民共和国中外合资经营企业法》中确立了场地使用权可以作为中国合营者的投资，其股权价值是以合营企业向中国政府缴纳的使用费来衡量。

"农村和城市郊区的土地，除由法律规定属于国家所有的以外，属于集体所有；宅基地和自留地、自留山，也属于集体所有"，也就是说，在社会主义公有制基础下的土地分为两类，城市国有土地是全民所有制，农村集体土地属于劳动群众集体所有制。这两种所有制形式对应两种土地性质，在土地资源优化配置的问题上有着不同的解决思路。

对于集体土地来说，土地使用权和所有权的分离与土地使用权赋予土地使用者是同一过程，土地所有权者以承包经营权转包的方式进行土地流转；但是对于国有土地来说，它的范围被圈定在"城市"，而城市边界的扩张对农村土地是有内在需求的，农村集体土地所有权性质转变成国有土地后才能在市场上转让给土地使用者。这个土地所有权性质转变过程就是土地征收。不管是"为适应国家建设的需要"，还是"为了公共利益的需要"①，政府都给土地性质的转变留下了口子，即"可以依照法律规定对土地实行征用"②。这使得城市建设和经济发展对土地的需求有了途径上的可能性。

土地征收是国家依照法律规定的条件和程序，将集体所有的土地收归国有的一种方式。在城镇化的进程当中，城市用于建设的土地必须是国有性质的土地，因此，原属于农民集体所有的集体土地就必须通过征地的方式来改变土地原有的所有权性质，土地征收的过程也是转移土地所有权性质的过程。农村集体土地转变为城市国有土地后，地方政府便可以通过出让、划拨、租赁等多种方式将土地供应给城市为建设之用。

这种国家代表"城市"向"农村"征用土地的行为，带有浓重的政府性色彩和垄断性特征。地方政府既代表国家行使征地的权力又代表国家垄断土地资源，这是形成"土地财政"的条件基础。虽然土地征用并

---

① 前者出现在 1953 年的《国家建设征用土地办法》，后者出现在 1954 年的宪法中。
② 1982 年以后的宪法和 1986 年以后《土地管理法》中都有相关表述。

非无偿征用，也有相应的原则和标准①，但是在土地征收的定价过程中，农民集体对征地补偿并没有太多议价能力，因为毕竟土地的"购买者"是地方政府。而地方政府向城市的土地使用者供给土地也不是无偿的，需要土地使用者向地方政府缴纳"土地出让金"，类似于地方政府"销售"土地的行为。就在这"一购一销"两端土地价格的差异之间，地方政府实现了土地资产的资本积累。除此之外，地方政府还可以对土地使用者进行差异化定价，对于一般建设用地可以是"出让"的方式，但是对于公益事业、事业单位、政府机关用地可以是"划拨"的方式。从这种强大的资源取得和分配方式不难看出，土地成了地方政府最有力的资本工具。

不知道读者中是否有刚刚接触债券承做工作的同行，土地要达到出让条件就必然会存在土地所有权性质转换的过程，看到这里你们可能会理解在企业债申报过程中审核老师为什么那么关心募投项目建设用地的性质问题，这是原则性问题，通过对土地征收所涉及的内容，慢慢地你们也会在工作实操中体会出为什么土地性质的变更不仅仅是漫长的程序问题，还有耕地红线、建设用地指标、农村集体利益等诸多可以被延伸思考的问题。

三、土地使用权有偿转让的制度演进

地方政府行使土地征收权力的同时，也被赋予了土地出让的权力，并且只有地方政府能够代表国家行使这两种政策性权力，"任何组织或者个人不得侵占、买卖、出租或者以其他形式非法转让土地"②，换句话说，地方政府垄断了土地的一级供应，但是要想最大化土地的价值属性，就必须要有一个能对土地充分定价的二级流转市场，否则国有土地的出

---

① 按照 1986 年和 1988 年修订的《土地管理法》中的规定，征地补偿包括土地补偿费，安置补助费、青苗补偿费。数额按照"产值倍数法"来确定：征用耕地的补偿费为被征用前 3 年平均年产值的 3~6 倍；安置补助费为每人在该耕地被征用前 3 年平均每亩年产值的 2~3 倍，每亩最高不得超过被征用前 3 年平均年产值的 10 倍；土地补偿费和安置补助费的总和不得超过土地被征用前 3 年平均年产值的 20 倍；被征用土地上的附着物和青苗的补偿标准由地方规定。

② 1982 年以后的宪法和 1986 年以后《土地管理法》中都有相关表述。

让，只是停留在满足城市建设需要这个层面，无法体现出蕴含在土地中的资源禀赋，以及其所表现出的级差效益。

在农村推行家庭联产承包责任制后，并不是所有分到土地承包经营权的农民都会去从事农业活动，也有不少农民选择进城务工或者转营其他"小产业"。对于这些农民来说，完全放弃土地使用权，或者交还给集体的毕竟还是少数，大多数农民都采取协商转让的方式对所承包土地进行转包。不过，在土地价值并不突出的 20 世纪 80 年代初期，大多数都是以平价口粮等作为转让条件的。这种踩在边界上的土地使用权转让之所以会被默许，是因为对于转入者可以更有效率进行农业活动，而对于成为城市建设劳动力的转出者来说则是一种变相的鼓励。

在集体土地承包经营权上的摸索和试探，让土地所有权的有偿转让有了模糊的轮廓，但土地流转毕竟仅存于小规模的非公开层面，农村剩余劳动力大多依然聚集于乡村。农村劳动力在放弃承包土地使用权而又缺乏明确经济补偿的情况下，很难形成城市建设所需的普遍劳动力；既然劳动力无法转移，就尝试让集体土地用途转换，地方政府打开了集体属性的农业用地从事工业建设的口子①，以农村包围城市的方式推进国家的工业化战略，但是随着经济建设的进程，乡镇企业群体产业无法产生规模效应的弊端逐渐显现出来，20 世纪 80 年代末期土地使用权有偿转让的呼声越来越高。

土地征用制度打通了土地从农村集体用地向城市国有用地转变的路径，在改革开放之初保障了城市建设的土地基础，不过在城市国有土地的供应上，大多以无偿划拨为主，并且锁死了土地自由转让的可能性。20 世纪 80 年代初，世界银行曾指出土地作为重要的生产资料，农村集体用地以带有公益性的均等分配，城市国有土地的首次流转是无偿划拨，并且两者都缺乏流通的市场机制，这对中国的经济改革将十分不利。1987 年，国务院提出了土地使用权有偿出让的政策，并在上海、天津、广州、深圳四地先期进行了土地使用权限期转让试点工作，之后在 1988

---

① 1985 年 10 月，城乡建设环境保护部发布的《村镇建设管理暂行规定》中明确对于集体土地用于非农用途的条件、规则和程序。

年的宪法修正案中增加了"土地的使用权可以依照法律的规定转让"的条款，进一步，《土地管理法》也随之修订，确定"国家依法实行国有土地有偿使用制度"，这对日后土地市场的繁荣给予了制度上的保障。

在实行土地承包制的早期，其实还有一个问题困扰着土地的流转，那就是承包土地的转包期限，在土地所有权和土地使用权分离的基础上，长期使用权和临时使用权再次分离，影响着土地使有权取得者对土地的投资动力和土地流转的价值。因此，国家除了将有关土地使用权出让、转让、出租、抵押等相关政策明确下来以外，还对土地所有权的出让期限做出了规定①，通过内嵌有预期的使用期限来稳定土地使用权的出让价值。除了土地使用权政策的"改革"，我们也能看到"开放"去撬动投资的一面，政策允许国有企业可以通过"土地使用权作为投资或合作条件，与外商组成开发企业"②，场地租赁费作价出资的概念就此作古。随着出让方式的市场化，"协议"出让逐渐被"招标"和"拍卖"的方式取代，加上各地成立的房地产交易所和银行成立的房地产信贷部，土地市场开始变得活跃起来，土地出让价格也不断走高，以土地出让为核心的预算外收入逐渐成为地方政府经济发展的第二根支柱。

四、土地收入的构成与土地收益平衡

土地财政在狭义上是指通过土地出让得到的土地出让金，而在广义上的土地财政除了土地出让金外，还包括所有与土地征用、土地出让、土地使用直接相关或者间接相关的税和费。与土地有关的收入大致分为四类，（1）土地出让金，可以看成是为土地使用者一次性向政府缴纳的若干年限的土地租金，在分税制改革之前，地方与中央是六四开③，分税制改革后，为了平衡中央拿走较大比例的税收收入，土地出让金全部留给了地方；（2）与土地直接相关的税收收入，即城镇土地使用税、土

---

① 1990 年 5 月，国务院发布的《城镇国有土地使用权出让和转让暂行条例》。
② 1990 年 5 月，国务院发布的《外商投资开发经营片土地暂行管理办法》。
③ 1989 年 5 月，国务院发布的《关于加强国有土地使用权有偿出让收入管理的通知》中规定：土地使用权有偿出让收入，40%上缴中央财政，60%留归地方财政。

地增值税、耕地占用税、契税这四个直接以土地作为征收对象的地方税种，是地方政府财力的重要组成部分；（3）与土地间接相关的税收收入，这里是指根源于土地，由城市开发和建设所带动的房地产业和建筑业的相关税收，主要以营业税（2016年5月营改增以前全部留在地方）、增值税（营改增之后地方与中央五五开①）和企业所得税（除个别央企外地方与中央四六开②）为主；（4）与土地有关的费用，不同职能部门和地方政府都有各自的收费项目和收费标准，不仅财政部门有、土地部门有，就连农业、水利、交通等部门也都有与土地相关的收费（如图2-3所示）。

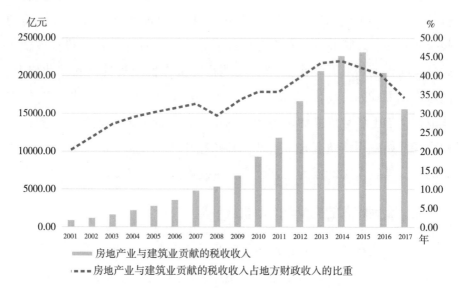

图2-3 2001—2017年房地产业与建筑业的税收贡献

（数据来源：国家税务总局、Wind）

俗话说，"靠山吃山，靠水吃水"。地方政府不仅靠土地政策解决了

---

① 2016年4月，国务院下发《全面推开营改增试点后调整中央与地方增值税收入划分过渡方案的通知》，明确中央和地方分别分享增值税的50%。

② 2001年12月，国务院下发《关于印发所得税收入分享改革方案的通知》，除铁路运输、国家邮政、中国工商银行、中国农业银行、中国银行、中国建设银行、国家开发银行、中国农业发展银行、中国进出口银行以及海洋石油天然气企业缴纳的所得税继续作为中央收入外，其他企业所得税和个人所得税收入由中央与地方按比例分享；2013年11月，国务院在《关于明确中央与地方所得税收入分享比例的通知》中将"中央分享60%，地方分享40%"的比例固化下来。

城市建设的根本问题，还依靠土地财政支撑起了地方经济的发展。各级地方政府"以地生财"模式的开启，不仅能快速增加预算内收入，取得亮眼的"经济绩效考核"排名，还能增厚预算外收入的小金库，使地方政府有了更宽的支配裕度。

地方政府虽然找到了快速提升财力的捷径，但是也有了在第一产业和第二产业偷懒的资本。国家当然不希望资金围绕土地的快速循环的同时，制造业等传统支柱行业减缓发展的步伐，因此对地方政府的均衡发展上提出了要求。读者或许现在可以理解国家发改委主管的企业债券要将募集资金投向经营性项目的初衷，国家希望在提升城市基础设施水平的同时，能够提高公用事业产业化的水平和加大产业类项目的投资力度，来平衡与土地相关的产业吸纳社会资源的能力。并且在企业债募投项目的收益来源上，国家发改委也基本上卡死了"土地收益平衡"① 这种"偷懒"的路数，对于地方政府大量待投资建设的项目中，几乎没有哪个项目是不能被土地收益平衡掉的，相比背靠土地的收益逻辑，中央政府或许比地方政府更操心产业良性运转的内在动力。

其实我们也可以通过土地收益来从另一个角度理解国家如何看待地方政府和城投公司的界限，政府债可以用土地收益平衡项目总投资，而信用债则需要用募投项目自身产生的收益去平衡项目总投资，也就是说，地方政府用土地收益保民生性基础设施建设，城投公司背靠政府资源促城市产业化发展。虽然城投公司以不直接介入把土地收益作为平衡条件的投资项目疏离地方政府的影子身份，但是由于城投公司的出身和天然属性，就注定了与土地会有千丝万缕的联系，成为土地财政中的关键一环（见图2-4）。

---

① 在一些较早期的企业债项目中和有特殊意义的企业债品种中出现过土地收益作为项目还款来源的情况。

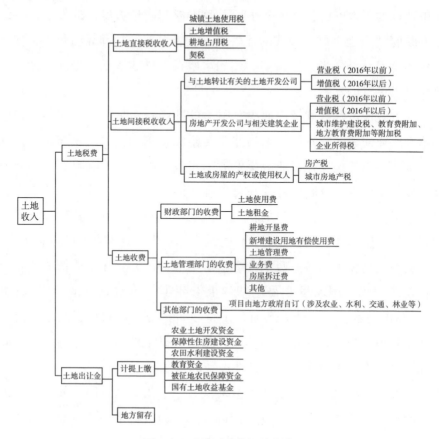

图 2-4　土地财政收入的构成

五、地方政府的选择与土地财政的成型

如果说土地收入在分税制改革之前仅仅只是地方政府额外的"生财之道",那么在分税制改革之后它被赋予了更多的意义,使地方政府在一般财政预算收入之外,发展出了一套"小财政"体系。这套以土地收入为核心的财政收支体系,不仅可以创造出规模巨大的税收收入,还能够为地方政府提供可支配空间更大的非税收入,形成了我们口中常说的"第二财政",它是地方政府在经济发展过程中多种因素作用下的结果。

财政包干体制在较长的历史时期内调动了地方政府的积极性,但其分配逻辑上的弊端(见本章第一节)使国家经济发展到一定程度后,又制约了地方财政收入向上增长的内在动力和中央统筹国家重大项目建设的能力。财政体制的改革通过上收财力从根本上解决了中央财政收入不足的问题，但与地方留存财力不匹配的是，地方财政支出的责任却保持在了财政体制改革之前的水平，虽然地方上也因为经济蛋糕不断做大而受益，但其可支配收入不足以支撑同样高速增长的项目投资和建设支出。为了填平收入与支出之间隐藏的"缺口"，地方政府的发展重心在现行财税体制下不断向对自己有利的方向倾斜。从图2-5中可以看出，当企业所得税作为地方税时，增速很快，当企业所得税列为共享税之后，对地方财政收入帮助更大的营业税开始快速增长。这种偏向地方财力留存最大化的行为是地方政府摆脱财力困境的一种选择。

如果说分税制改革的结果是降低了地方政府的财政收入分配比例，那么伴随着分税制改革的预算制度改革，则是要限制地方政府的支出权限和举债权限。预算内资金由各级财政部门统一集中和管理的，既较为规范也相对透明，而预算体制改革的精神是将预算外收支全部纳入预算内管理的范围①，推行"收支两条线"②的管理办法，这对于非常在意发展空间的地方政府只能在当时没有纳入预算内管理的收入上做文章。同时，在"量入为出""收支平衡""不列赤字"的预算原则下，"地方政府不得发行地方政府债券"③的规定，使地方政府缺少公开筹措资金的途径。地方政府既不能乱花钱，也不能乱借钱，地方政府在这样的挤压下只能够将地方经济的发展寄望于更快产生收益，能够大比例留存在地方，且资金使用自由度更高的项目。

---

① 1996年，国务院发布的《关于加强预算外资金管理的决定》，要求将应当纳入财政预算管理的预算外资金逐步纳入财政预算管理。

② 2001年，国务院办公厅转发财政部《关于深化收支两条线改革，进一步加强财政管理的意见》，要求将各部门预算外收入纳入财政专户管理，明确提出深化"收支两条线"改革。

③ 1994年的《预算法》第二十八条，除法律和国务院另有规定外，地方政府不得发行地方政府债券。2014年《预算法》修订后，打开了地方政府发行政府债的限制。

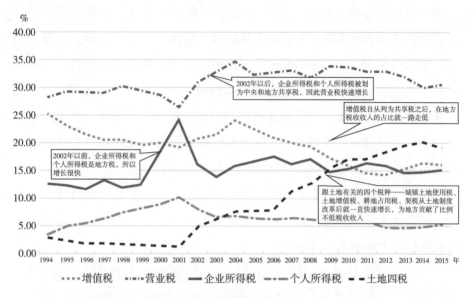

图 2-5　1994—2015 年主要税种占地方税收收入的比例

（数据来源：财政部、Wind）

你可以说是地方政府的财力困境恰逢土地制度改革，也可以说是因为土地财政的可能才有了财税改革的基础，但不论如何，土地及其相关产业就这样出现在了历史的档口，成为拉动地方经济快速发展的引擎，也成了地方政府的依赖性选择。土地似乎成了永动机，地方政府在土地上花的钱最终会挣回来，从土地上挣的钱还会继续投入到土地当中去，本来挣钱的目的是花钱，而在地方"政治锦标"的激励下，挣钱的目的似乎是为了挣更多钱，根本停不下来。城市化建设的进程越快，土地财政的雪球也就越大，不仅土地出让金的绝对规模越来越高，土地出让金与一般财政预算收入的比值也越来越高（如图 2-6 所示），这也有了"吃饭靠财政，建设靠土地"的说法。

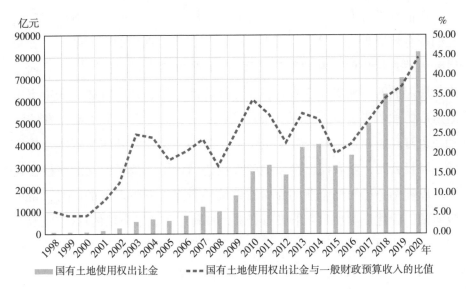

图 2-6　1998—2020 年土地出让金及其与一般财政预算收入的比值

（数据来源：财政部、Wind）

六、从土地财政到土地金融

由于土地财政对地方政府在财力支持上的作用，20 世纪 80 年代中央对于土地财政也秉承适度发展的态度，支持土地出让金"用于城市建设和土地开发"①。但是地方政府对于加快土地流转，最大化发挥土地财政作用的企图，远远不是"专款专用"的土地出让金能够满足的。而敏锐的金融机构则当然不会放过这样的土地红利期，不管是政策放松的大型国有银行，还是遍地发芽的地方商业银行，都在为土地财政和政府信用提供信贷便利创造条件。尤其早期地方政府对银行系统的干预力度较强，使得银行成了地方政府的"钱袋子"，因土地资本化而提高的金融能力，又反过来不断放大土地财政的量级。土地与金融结合所形成的土地金融体系，是一个比土地财政范围更广的资金体系，在这个体系中城投公司则成了连接土地财政和土地金融的关键媒介。

---

① 1989 年 5 月，国务院发布的《关于加强国有土地使用权有偿出让收入管理的通知》。

在债券投行人眼里，土地浑身上下都是宝，没有一寸土地能被浪费，它们都有被资本化的潜能。而土地的价值在土地金融的逻辑框架下，可以分为"直接价值"和"间接价值"。土地的"直接价值"是土地通过出让所形成的土地出让金收入，扣除掉土地征用、开发等必要成本支出后形成的净收益，这些预算外的"活钱"可以继续用于土地开发的滚动，也可以撬动财务杠杆放大资金使用效率，比如将其作为资本金用于成立城投公司，或者向已经成立的城投公司增资。被平台化的城投公司则可以利用自己工商企业的身份在继续履行土地开发职能的同时，帮助政府的工程建设类项目获取银行贷款，在附加了金融市场的杠杆功能后，城投公司的建设使命慢慢蜕化成融资平台的融资职能。虽然，随着预算外收入的清理和规范，财政部推进预算外资金全部纳入预算内管理①，使土地出让金不可能以"就地坐支"的方式直接注入城投公司，但这不代表不允许地方财政部门将收缴到库的资金以其他名目注入城投公司，与预算管理相关的政策越来越完善，但是地方政府利用土地出让金的思路与之前并没有太多不同。

土地的"间接价值"则主要体现在土地资产抵押价值和信用价值上。提及土地资产的抵押价值，就要从城投公司与土地储备机构的关系讲起。由于土地的征收、开发与土地的出让之间有时滞，因此需要一个机构储存那些"批而未供"的土地，土地储备中心就这么应运而生，它就像是一个蓄水池将待出让的储备土地管控起来以备供应建设之需。由于在 90 年代末 21 世纪初，土地储备制度并不完善，土地储备机构与城投公司之间并没有明显的职能界限，因此，城投公司可以承担土地储备的相关职能，甚至有些地方的土地储备机构跟城投公司就是一套班子，城投公司不仅可以进行土地一级开发，还可以参与到征购土地的环节，不过这些土地出让后的出让金并不归城投公司所有，还是归属于财政的，

---

① 2006 年 12 月，财政部、国土资源部、中国人民银行联合发布的《国有土地使用权出让收支管理办法》（财综〔2006〕68 号），明确要求"土地出让收支全额纳入地方政府基金预算管理"；2010 年 6 月，财政部《关于将按预算外资金管理的收入纳入预算管理的通知》（财预〔2010〕88 号）中，要求自 2011 年 1 月 1 日起将全部预算外收支纳入预算管理。

但是城投公司可以利用这些储备土地抵押给银行获得贷款资金。

虽然 2010 年后，中央加强了对土地储备机构的管理，并对土地开发行为和融资行为进行了规范①，试图通过限制银行发放土地储备贷款②，约束土地储备机构的融资职能，以降低土地金融的杠杆水平。但问题是国土资源部管得了土地储备机构，却管不了城投公司，思路多变的城投公司可以先行"拍"下土地，并支付土地出让金，储备土地变成出让地后便又重新具备了可抵押的功能，而支付的土地价款也会以政府注资的方式重新回到城投公司账上，通过这么一转，不仅城投公司报表上的净资产增加了，土地还被洗成了具备完全商业价值的形态（城投公司以土地进行注资的模式会在第三章展开），可以继续获得银行提供的土地抵押贷款。

土地按照获取方式可以分为划拨地和出让地，而出让地按照土地用途又分为农用地、工业用地、商服用地、住宅用地、交通运输用地等，最值钱的毋庸置疑是商服用地，由于可以在二级市场上流转，所以能够获得最接近于评估价值的土地抵押贷款；而划拨地则因为没有缴纳土地出让金，是价值不完全的土地形态，并且类似于限售股一样不能在市场上流转，因此银行对此类土地发放土地抵押贷款仅仅是土地信仰的支撑，相对于土地评估价值的折扣率较高，甚至有些银行根本不接受这类土地作为抵押物。那么这些土地就没有价值了吗？答案是否定的。就像我们刚才说到的，土地的存在就是一种价值，不论是划拨地还是已经被抵押的出让地，它们只要在城投公司名下，就是对城投公司报表强有力的支撑。通过土地资产装点的报表，依然可以在资本市场上发行信用债券，

---

① 2010 年 9 月，国土资源部发布的《中共国土资源部党组关于国土资源系统开展"两整治一改革"专项行动的通知》（国土资党发〔2010〕45 号），要求"土地储备机构必须与其下设或挂靠的从事土地开发相关业务的机构彻底脱钩"；2012 年 11 月，国土资源部、财政部、中国人民银行、银监会联合发布的《关于加强土地储备与融资管理的通知》（国土资发〔2012〕162 号），要求土地储备机构进行归口管理，明确"土地储备机构确需融资的，应纳入地方政府性债务统一管理"。

② 2016 年 2 月，财政部、国土资源部、中国人民银行、银监会四部门就联合发布的《关于规范土地储备和资金管理等相关问题的通知》（财综〔2016〕4 号），明确要求自"2016 年 1 月 1 日起，各地不得再向银行业金融机构举借土地储备贷款"。

并且募集到的资金使用限制相对较少，这就是土地资产的"信用价值"。

从我们上面的描述中不难看土地金融的逻辑框架，城市化进程和房地产金融化使土地有不断被征用和出让的内在需求，金融机构通过土地的潜在价值和政府信用向土地收储过程提供信贷资金支持，地方政府通过土地出让实现土地出让收入和衍生的税收收入，城投公司通过地方政府的资金支持或者资产支持不断提高融资能力，财政资金和城投公司通过抵押方式或者信用方式筹措到的资金继续投入城市建设，住房制度改革①后房地产市场也会对城市发展不断提出新的要求，从而激发地方政府开发土地价值的热情。也就是说只要对土地的需求存在，地方政府的收入就会源源不断流向城市建设，叠加金融市场的放大效应，融资规模会不断扩大，由于资金成本的存在，从而不断提升土地出让价格和扩大出让规模，不断进行着"土地—财政—金融"的大循环。而城投公司则依附于"土地财政"，形成了"城投公司融资—基础设施建设—地价上涨—政府土地出让收入偿还债务"的小循环。

七、小结

土地财政和土地金融为国家的工业化进程提供了成本低廉的土地资源，为弥补财政收支的缺口增加了地方政府的可用财力，为城市化进程推动了与土地相关产业的发展，不仅解决了劳动力的就业，还吸收了过剩的流动性。当然，在我们去肯定土地财政和土地金融的同时，也要去正视土地财政和土地金融所带来的问题。比如，在地方政府招商引资的压力下，被"贱"卖的工业地要由商住用地进行高价找补，被推高的商品房价格会催生社会矛盾；在土地财政逻辑下高房价预期所造成的投机氛围，能让海南"房地产泡沫"出现一次，就有可能在其他地方出现第二次；在土地金融的循环里，地方政府的债务规模被不断放大，城投公司和房地产公司都面临着失控风险，监管机构对两者的债务风险管控不

---

① 1998 年 7 月，国务院发布的《关于进一步深化城镇住房制度改革加快住房建设的通知》，其中明确了"推进住房商品化、社会化"，并"发展住房金融"。

断加码。跟城投公司一样，土地财政和土地金融是在经济建设过程中被制度设计和发展需求所挤压呈现出的结果和现象，曾经是解决问题的手段而现今变成了问题所在。

土地政策的调整、财税体制的改革、全面预算管理的推行、土地储备制度的完善、商品房市场的发展，金融机构的规范等与土地有关的一切像铰链一样盘扣在土地财政和土地金融上，互为因果，彼此影响，关联紧密。经济的发展和体制的变迁就好像是盘旋上升的楼梯，没有绝对性，只有匹配与否，正如包干制是因激发经济活力的需要而生，也因其固有劣势而走向改革；同样，土地财政是为了适应分税制改革而出现，也会为经济发展换挡而做出调整。

虽然中央计划通过将土地出让收入划转至税务部门①，来规范土地出让金的收缴，同时干预土地出让金的使用方向②，来压缩地方政府在支配土地出让收入上的空间，但从目前政策执行的情况了解，地方政府依然有可调整的裕度。在土地财政制度改革的过程中，土地财政的逻辑确实有松动的迹象，但是否会挤压出新的形态尚未可知。不过，"土地财政+土地金融"的模式已经根深蒂固，至少目前，土地依然还是城投公司的资产核心和生命基础。

---

① 2021年5月，财政部、自然资源部、国家税务总局、人民银行联合发布《关于将国有土地使用权出让收入、矿产资源专项收入、海域使用金、无居民海岛使用金四项政府非税收入划转税务部门征收有关问题的通知》，要求上述四项收入自2022年1月1日起，全部划转给税务部门负责征收。

② 2020年9月，中共中央办公厅、国务院办公厅联合下发《关于调整完善土地出让收入使用范围优先支持乡村振兴的意见》，要求"提高土地出让收入用于农业农村比例"。

附表3 与土地有关的政策梳理

时间	文件名称	主要内容
1979年7月8日	第五届全国人民代表大会第二次会议《中华人民共和国中外合资经营企业法》	中方企业可以以场地使用权作为股权出资或收取场地使用费的形式设立中外合资企业，标志着城市土地所有权与使用权开始有所分离
1982年12月4日	《中华人民共和国宪法》	明确了国有土地的权属，任何组织或者个人不得侵占、买卖、出租或者以其他形式非法转让土地
1988年2月25日	国务院发布《关于在全国城镇分期分批推行住房制度改革的实施方案》	通过提高房租，增加工资的方式，鼓励职工自买房实现住房改革
1988年12月29日	修订的《中华人民共和国土地管理法》	明确国有土地和集体所有土地的使用权可以依法转让
1990年5月19日	国务院发布的《城镇国有土地使用权出让和转让暂行条例》	对土地使用权出让、转让、出租、抵押终止作出规定
1990年5月19日	《外商投资开发经营成片土地暂行管理办法》	明确规定土地使用权可以采用协议、招标和拍卖三种方式
1998年7月3日	国务院发布的《关于进一步深化城镇住房制度改革加快住房建设的通知》	从1998年下半年开始，全国停止住房实物分配，逐步实行住房分配货币化，并全面推行住房公积金制度
1998年8月29日	修订的《中华人民共和国土地管理法》	限制集体土地转让，控制农用地转为建设用地，特别是对耕地的保护；上收审批权，包括土地利用总体规划的审批权，占用农用地、特别是耕地的审批权和征地的审批权；充实和完善法律责任，加大对土地违法行为的处罚力度
2001年4月30日	国务院发布的《关于加强国有土地资产管理的通知》	扩充了招标、拍卖的适用范围，首次提出非经营性用地也须纳入招标、拍卖的范围

续表

时间	文件名称	主要内容
2001 年 4 月 30 日	《关于加强国有土地资产管理的通知》	严格控制建设用地供应总量，严格实行国有土地有偿使用制度，大力推行国有土地使用权招标、拍卖，加强土地使用权转让管理，规范土地审批的行政行为
2002 年 5 月 9 日	国土资源部发布的《招标拍卖挂牌出让国有土地使用权规定》（国土资源部令第 11 号）	进一步明确同一宗地有两个及以上用地者的，应当采用招标、拍卖或挂牌方式出让
2003 年 6 月 11 日	《协议出让国有土地使用权规定》（国土资源部令第 21 号）	国有土地使用权出让计划公布后，需要使用土地的单位和个人可以根据国有土地使用权出让计划，在市、县人民政府国土资源行政主管部门公布的时限内，向市、县人民政府国土资源行政主管部门提出意向用地申请
2003 年 7 月 30 日	国务院发布《关于清理整顿各类开发区，加强建设用地管理的通知》	对开发区和工业园区进行整顿，强化用地管理
2006 年 12 月 17 日	《国务院办公厅关于规范国有土地使用权出让收支管理的通知》	明确国有土地使用权出让收入征收管理，加强国有土地使用权让让收入全额纳入预算，实行"收支两条线"管理；将土地出让收入使用范围，重点向新农村建设倾斜；加强国有土地储备管理，建立土地储备资金财务会计核算制度
2006 年 12 月 31 日	财政部、国土资源部和人民银行联合发布的《国有土地使用权出让收支管理办法》（财综〔2006〕68 号）	提出土地出让收入的使用要重点向新农村建设的比重，逐步提高用于农业土地开发和农村基础设施建设的比重
2007 年 6 月 12 日	《土地储备资金财务管理暂行办法》	加强土地储备资金财务收支活动管理，其中明确土地储备资金可以来源于土地储备机构按照国家有关规定举借的银行贷款及其他金融机构贷款
2007 年 9 月 28 日	国土资源部发布《招标拍卖挂牌出让国有建设用地使用权规定》（国土资源部令第 39 号）	对商业、旅游、娱乐和住宅工业等经营性用地以及同一宗有两个以上意向用地者的，实施统一的"招拍挂"制度

时间	文件名称	主要内容
2007年12月4日	《土地储备管理办法》（国土资发〔2007〕277号）	规范土地储备工作的全国性法规，标志着我国土地储备制度初步确立，明确土地储备机构的主体地位，并规定土地储备机构应为市、县人民政府批准成立，具有独立的法人资格，隶属于国土资源管理部门，统一承担本行政辖区内土地储备工作的事业单位
2008年6月27日	《城乡建设用地增减挂钩试点管理办法》（国土资发〔2008〕138号）	通过建新拆旧和土地整理复垦等措施来组建建新拆旧项目区，将规划占用的农村建设用地块进行整理复垦，以扩大耕地有效面积，并将充分利用于城镇建设用地的盘活建新拆旧项目区各类土地面积的均衡布局。本质是对位于农村的存量建设用地的空间置换，通过一系列优化举措来实现农用地与建设用地的空间布局
2010年9月10日	国土资源部"两整治一改革"目标	要求土地储备机构必须以其下属和挂靠的从事土地开发业务的机构彻底脱钩，各地国土资源部门及所属事业单位都不得直接从事土地一级市场开发
2012年11月30日	《关于加强土地储备与融资管理的通知》（国土资发〔2012〕162号）	建立土地储备机构名录，同样要求有下设或挂靠从事工程建设项目的，必须与土地储备机构彻底脱钩
2013年11月15日	《中共中央关于全面深化改革若干重大问题的决定》	强调建立城乡统一的建设用地市场，即允许农村集体经营性建设用地出让、租赁、入股，实行与国有土地同等入市、同权同价
2016年2月2日	《关于规范土地储备和资金管理等相关问题的通知》（财综〔2016〕4号）	清理压缩现有土地储备机构，进一步规范土地储备行为，合理确定土地储备总体规模，妥善处置存量土地储备债务，调整土地储备筹资方式，规范土地储备资金使用管理，推动土地收储政府采购工作，加强土地储备项目收支预决算管理
2017年4月10日	《国土资源部关于进一步运用增减挂钩政策支持脱贫攻坚的通知》（国土资发〔2017〕41号）	进一步加大增减挂钩政策支持脱贫攻坚的力度，充分发挥增减挂钩政策在支持脱贫攻坚中的作用

续表

时间	文件名称	主要内容
2018年1月3日	《土地储备管理办法》（国土资规〔2017〕17号）	国土资源主管部门对土地储备机构实施名录制管理，土储机构应组织开展对储备土地必要的前期开发，为政府供应土地提供必要保障。城投平台与土地储备贷款的相关表述
2018年1月17	《土地储备资金财务管理办法》（财综〔2018〕8号）	删除了原2007年办法中有关土地储备贷款的相关条件
2019年7月3	国务院办公厅印发《关于完善建设用地使用权转让、出租、抵押二级市场的指导意见》	明确不同权能建设用地使用权抵押的条件，完善土地分割、合并转让政策，明确不同权能建设用地使用权抵押的条件
2019年8月26	全国人民代表大会常务委员会关于修改《中华人民共和国土地管理法》《中华人民共和国城市房地产管理法》的决定	征地将受到为公共利益的前提限制，被征收土地不再按土地年产值一定倍数补偿，而是综合考虑未来发展增值空间，制订区片综合地价，为被征地农民提供稳定社会保障。过去农村集体经营性建设用地，将在符合规划的前提下，可以出租并可以转让、赠予、抵押使用权，与国有土地同权、同权同价
2019年9月06	中华人民共和国土地管理法（2019年修订）	允许集体经营性建设用地合法出让，出租，取消了集体经营性建设用地进入市场的法律障碍；改革土地征收制度，明确土地征收的公共利益范围，基本原则和征收程序；下放宅基地审批权限，明确农村村民住宅建设由乡镇人民政府审批；划分中央和地方土地审批权限；土地督察制度正式立法
2020年9月23	《关于调整完善土地出让收入使用范围优先支持乡村振兴的意见》	"十四五"期间，土地出让收益用于农业农村比例达到50%以上
2021年6月4	财政部、国土资源部、国税总局和人民银行联合发布的《关于将国有土地使用权出让收入、矿产资源专项收入、海域使用金、无居民海岛使用金四项政府非税收入划转税务部门征收有关问题的通知》（财综〔2021〕19号）	通过将土地出让收入的征收部门由国土管理部门划转至税务部门，来规范土地出让收入的收缴，降低地方政府的自由裁量权，精细化管理土地出让收入

第三节 基础设施建设与投融资制度

不管挑起地方经济的发展责任，还是推动土地财政的自我循环，地方政府最初的目的和最终的结果都是把钱花在基础设施建设上，并在有限的经济条件下极尽可能地全面提高城市化发展水平。地方财力的投入也好，隐性债务的扩张也罢，基本上都是为了满足基础设施建设的资金需求，城投公司在变化的金融表象下，替代地方政府履行了投资、融资以及建设的相关职能。

一、基础设施建设的需求与项目资金匹配

当改革开放的基本路线被确定下来以后，城市建设与社会经济同步发展的思路也就顺应而生，但城市基础设施的全面落后和项目投融资的体制局限也是非常现实的难题。在计划经济时期，对基础设施项目是量入为出的思路，用行政审批来平衡投资需求，到了改革开放初期，则是用扩大资金供给来促进城市化进程，然而仅靠地方财力和中央配套资金①远无法填平资金缺口，更无法对项目自身收益有太多指望。为了解决城建资金的供需矛盾，1978 年国家开始从工商利润中提取一定比例的资金作为城市维护费②，作为城建资金的稳定补充。在利改税之后，国

---

① 1978 年以前，城市建设资金的来源主要是工商税附加（工商统一税附加和工商所得税附加）、公用事业附加和国家预算内拨款（国拨城市维护费）。

② 1978 年 3 月，国务院在北京召开第三次全国城市工作会议，会议上制定的《关于加强城市建设工作的意见》，在全国 47 个城市试行从上年工商利润中提取 5%的城市维护建设资金；1984 年，扩大到 137 个城市。

家取消了城市维护费，改征城市维护建设税①，将流转税作为计税基础，扩大了计征范围并适度提高了税率。另外，多地还通过收取"市政公用设施配套费"和"城市公用设施增容费"②增加地方政府的预算外收入，以满足不断增长的城建资金支出需求。

不过，如果建设资金仅靠税费收入这种"内生增长"，是没有办法在短时间内把基础设施的短板补起来的，因此国家开始考虑用调动地方政府的积极性和资本市场的杠杆功能来同步解决建设资金不足的问题。1979年，国务院决定改变固定资产"国家拨款建设、企业无偿使用，利税全部上缴"的方式，要求"基本建设投资要逐步由财政拨款改为银行贷款"，即推行"拨改贷"③的尝试，把地方上基础设施建设的支出责任从中央政府的肩上卸下来，充分发挥市场经济的资源配置功能，除了原有的中央基本建设预算外，地方机动财力也有了进入基金设施建设领域的通道。次年，国家在总结了试行经验后，要求建设银行不能只依赖于中央和地方的贷款基金，还要"吸收固定资产再生产领域里的闲散资金"，扩大用于贷款资金的规模，国内信贷资金流动贷款开始向固定资产项目贷款慢慢扩展。除了国内贷款，中国政府还保持向世界银行和国际开发协会争取国际贷款用于重大基础设施建设项目。

除了中央的一系列措施，地方也在探索打开举借债务的思路。在20世纪80年代初期，广东省政府就借鉴了美国市政收益债券的模式，开启

---

① 1985年2月，国务院颁布的《中华人民共和国城市维护建设税暂行条例》，规定以纳税人实际缴纳的产品税、增值税、营业税税额为计税依据缴纳城市维护建设税；纳税人所在地在市区的，税率为7%；纳税人所在地在县城、镇的，税率为5%；纳税人所在地不在市区、县城或镇的，税率为1%。

② 1978年，一些城市开始试行把分散建设项目资金中所含的城市基础设施投资，以配套费的形式交由城市建设主管部门。

③ 1979年8月，国务院批转国家计委、国家建委、财政部《关于基本建设投资试行贷款办法报告的通知》，提出"基本建设投资实行银行贷款"的改革思路，并由"中国人民建设银行负责办理"基本建设贷款业务。

了"贷款建设、收费还贷"① 的融资模式，后来这种模式从"贷款"演进到"集资"，可以说是现在债券市场项目收益债的雏形，这种"以桥养桥，以路养路，过桥收费，收费还贷"的融建思路还被写进了国家的政策性文件中②。地方政府在用创新思路解决建设资金的方式还不止于此，20 世纪 80 年代末期，随着土地改革的不断深化，部分沿海城市尝试通过向外商出让土地使用权的方式来获得土地溢价，最大化地利用现有资源筹集城市建设所需的资金。

二、地方政府的投建压力与筹资渠道

地方政府在基础设施建设上的压力是随着经济发展的内在要求不断深化的。从 1984 年党的十二届三中全会开始，国家就重视起了城市的中心作用和拉动经济发展的能力，要求地方政府"做好城市的规划、建设和管理，加强各种公用设施的建设"③。由于在财政包干制下的中央财政无法也无力去像计划经济时期一样，去完全支撑和管控地方上如此广泛的项目建设需求。因此，国家采取了权责同步下放的做法，一方面，逐渐放手对基础设施项目决策权和审批权，简化审批程序和决策流程④，赋予地方政府较多的自主权；另一方面，在城市建设要与产业发展相适应的前提下，明确了地方政府的经济支出责任，"建设资金主要靠地方财力解决"⑤。

---

① 1981 年 8 月，广东省公路建设公司与澳门南联公司在广州东方宾馆签订《关于贷款建设广珠公路四座大桥协议书》，这是中国第一个"贷款修路、收费还贷"的协议书。1984 年，佛山市成立佛山市信托投资公司，通过发行股票向民间集资 2600 万元兴建佛山大桥，成为首批采用"集资建桥、收费还贷"的方式建设路桥的城市之一。

② 1987 年 5 月，国务院发布《关于加强城市建设工作的通知》，建议"对于用贷款建设的大型桥梁、隧道、渡口，可采取征收车辆通过费的办法来偿还贷款"。

③ 出自 1984 年 10 月中共中央十二届三中全会通过的《中共中央关于经济体制改革的决定》。

④ 1984 年 8 月，国家计委下发的《关于简化基本建设项目审批手续的通知》中规定，需要国家审批的基本建设大中型项目审批程序，从项目建议书、可行性研究报告、设计任务书、初步设计和开工报告五道手续简化为项目建议书、设计任务书两道手续；1987 年 3 月，国务院下发《关于放宽固定资产投资审批权限和简化审批手续的通知》，继续放宽审批权限和简化审批手续。

⑤ 出自国务院在 1987 年 5 月发布的《关于加强城市建设工作的通知》。

但即便到了 20 世纪 80 年代末期，地方政府依赖中央投资的心理惯性依然还是没有改变，因此国家要求"建立中央和地方的分工负责制"①，即"面向全国的重要建设工程，由中央或中央为主承担；区域性的重点建设工程和一般性的建设工程，由地方承担"。虽然地方上的重点建设责任随着经济建设的大局在不断加重，但地方政府无法顾及如此体量的区域性建设工程，因此，需要把企业拉进来分担项目投资压力，让其成为"一般性建设项目的投资主体"。这样，地方政府可以把精力更多地放在基础工业和基础设施上，不过这些项目因为投资大、周期长，地方政府因财力所限难以独自承担全部投资，因此，国家通过对项目进行分类安排不同的资金来源"给予必要支持"②，经营性项目由六大国家专业投资公司③解决，非经营性项目由中央安排解决，除了中央的基本建设基金外，还通过发行专项国债作为重点建设资金④。其实这一系列针对投资的改革措施和管理方式，反映出较为明确的政策导向，即在现实情况的制约下和体制允许的范围内尽量用经济的办法来解决经济的问题。

任何事物的发展都是前进性和曲折性的统一，在中央把推动城市化进程的责任和权力慢慢转交给地方的过程中，城市基础设施建设与投资遇到的问题也逐渐显露出来，比如，重复投资、盲目投资、无效投资、投资膨胀、过程耗损、为短期利益牺牲长期利益等，因此，对投资建设中根本性问题，国家也开始了对经济体制市场化转型的探索⑤。其实基

---

① 1988 年 7 月 16 日，国务院发布《关于印发投资管理体制近期改革方案的通知》，本段多处引用自该通知。

② 出自国务院在 1987 年 5 月发布的《关于加强城市建设工作的通知》。

③ 1988 年，国家在中央一级成立了能源、交通、原材料、机电轻纺、农业、林业六大国家专业投资公司。此后，国家将原先安排给部委的资金，全部集中在六大投资公司，由其代理国家投资。

④ 重点建设债券一般由财政部发行，也有以计委名义发行的，资金使用是由计委投资局统筹安排，最终偿者是中央财政。发行时名称会有所不同，包括国家重点建设债券、国家建设债券、国家基本建设债券、重点企业债券。1987—1989 年共计发行 200 多亿元重点建设债券。

⑤ 1993 年 11 月，党的十四届三中全会通过《中央中央关于建立社会主义市场经济体制若干问题的决定》，提出深化投资体制改革的目标，比如，"逐步建立法人投资和银行信贷的风险责任""地方政府负责地区性的基础设施建设"；"根据中央和地方事权划分，由政府通过财政统筹安排"。

础设施投融资改革的逻辑并不复杂，跟本章财税体制改革一样，简单说就是一种分配逻辑。首先是中央和地方的分工，对于国家重大建设项目，由中央来主导，根据项目所在地对地方政府的受益程度来协商共同出资比例；对于地区性的基础设施项目，则由地方政府负责。其次是政府和企业的关系，公益性项目完全由政府负责投资建设，经营性项目则由企业自主投资，自担风险，自负盈亏；基础性项目有公益性的外延但因特定企业的受益偏向，因此是地方政府和企业共同投资，两者根据公益性成分的多少决定出资比例。然后，不管是企业投资还是银行融资，都是拥有自主权的经济行为，政府不会为投融资决策买单；只要政府对重要的基础设施项目拥有所有权或者较强的掌控力，城市化进程和经济发展就有了核心基础。有句话叫"手中没把米，叫鸡也不来"，地方政府投建的基础设施就好比手里的那把米，基础设施建设的好、管理的好，企业才有了经营的基础和发展的空间，地方政府也正是因为手里的"这把米"才会在经济发展上更有底气。

1994 年分税制改革之后，中央上收了财权，事权不仅没有同步上收，反而还在继续向下压实各级政府在基础设施建设上的"责任分工"①。不过中央并不是一味下压，也在积极开拓资金筹集的渠道，率先在国家层面进行投融资体制的调整，把 1988 年成立的六大国家专业投资公司（前文有提及）并入国家开发银行②，并重新组建国家开发投资公司③。前者为基础设施建设项目提供政策性贷款，后者重新承担起重大基础设施和基础产业的投资职能。除此之外，中央还鼓励地方政府用股票和债券募集到资金优先投入基础设施建设，吸引社会资本和外商对基础设施的投资，对于地方政府要将土地出让金收入优先用于基础设施建设，并赋予交通设施建设主体对沿线的房地产开发经营权。城投公司也

---

① 1994 年 3 月，国务院发布《90 年代国家产业政策纲要》，其中要求"要本着'统筹规划、合理布局、突出重点、尽力而为、量力而行、注重效益'的方针，加快基础设施建设和基础工业发展"；"充分发挥中央和地方两个积极性，建立明确的各级政府责任分工制度"。

② 对于国家开发银行的历史有兴趣的读者可以参阅《国家开发银行史（1994—2012）》。

③ 1994 年 8 月，国务院下发的《关于组建国家开发投资公司的批复》。

正是此时开始成为地方政府在基础设施建设领域的有力补充，在"以城建城"和"自筹、自用、自还"的指导思想下拓宽了融资渠道，成为地方政府的投融资体制改革探索道路上的新发现。

不知道读者是否从这一节中，对上海城建出现的背景多了一些不一样的理解，它既是一个时代的缩影，也让人感受到一种穿越的错觉，不管是现在城投公司和地方政府所面临的问题，还是现在城投公司的融资模式（如表2-4所示），几乎没有太多本质上的区别，回溯历史不禁要感慨太阳底下没有新鲜事，也惊诧于城投公司发展内嵌其中的强大基因。

表2-4　上海城建与现在城投公司在融资思路上的对比

上海城建/1992	城投公司/现在
财政拨款	辖区内国有资产注入
向国有银行短期借款	除国有大行以外，还向股份制、城商行、农商行寻求资金上的支持
向世界银行和亚洲开发银行贷款	在港交所发行中资美元债
发行城市建设债券	发行公司债、企业债、非金融企业债务融资工具等标准化的债券
市政设施部门专营权有期限出让	发行ABS、公募REITs等用于盘活存量资产的融资工具
针对水务板块组建上市股份公司，筹集水务设施建设资金	收购上市公司或设立创投基金投资拟上市公司，增加盈利性的同时，提高再融资能力
吸引大企业投资市政设施建设	通过PPP、F-EPC等方式撬动民间资本投资
借用社保基金	成立产业基金

三、经营性项目与公益性项目的投融平衡

国家为了发挥市场对基础设施领域的资源配置作用，从经济体制改革初期就开始致力于把公益性项目和经营项目分而治之，一方面利用市场的充分竞争，激发出经营性项目的经济活力；另一方面站在城市建设长期规划的角度来建设公益性项目，创造较好的民生和产业环境。与此同时，国

家又在辩证地将公益性项目和经营性项目进行统一管理和收益互补。

早在 1980 年，国家建委在城市规划会议上就提出了"综合开发城市"①的建设理念，要求房屋建设与市政公用设施建设配套进行，避免基础设施建设管理体制上的条块分割，即通过开发建设单位通过贷款或自有资金垫付进行开发建设，交付使用单位或个人再收取覆盖配套基础设施的开发费用，来实现整体性的收益平衡。20 世纪 80 年代末 90 年代初，对于收费指向性比较明确的城市公用设施，比如热力②、供水③、排水④、垃圾处理⑤等项目陆续开始了基础设施建设与使用者付费的结合，使经营性项目的投资回报与附加了公益性配套的项目融资能够保持平衡的状态下推动建设进程。在 1993 年建立社会主义市场经济的指导方针被确定下来以后，对于公用事业基础设施"统一规划、合理布局、综合开发、配套建设"⑥的投融资思路被应用到城市建设中更为宽泛的领域。

其实不管是修建道路用土地收益或沿线房地产开发去平衡，还是修建管网用自来水使用费或者污水处理费去平衡，都是在项目收益融资的框架下满足建设需求。而城投公司的出现，使政府行为公司化，也使基础设施项目通过"肥瘦搭配"的方式去获取国家开发银行的打包贷款成为可能，并在实际运行的过程中放大了基于项目收益的融资需求。在整个 20 世纪 90 年代银行体系内坏账与贷款规模同步飙升的情况下，这种用项目收益与融资的自求平衡为银行的贷款行为找到了名义上的支撑和技术上的"突破"，从政策性银行传导至商业银行，再到募集资金用于

① 1980 年 12 月，国务院批转的《全国城市规划工作会议纪要》。

② 1986 年 2 月，国务院批转城乡建设环境保护部、国家计划委员会《关于加强城市集中供热管理工作报告的通知》。

③ 1998 年 9 月，国家计委、建设部发布的《关于印发〈城市供水价格管理办法〉的通知》（计价格〔1998〕1810 号）。

④ 1993 年 4 月，国家物价局、财政部发布的《关于征收城市排水设施使用费的通知》（〔1993〕价费字 181 号）。

⑤ 1992 年 7 月，国务院批转建设部等部门的《关于解决我国城市生活垃圾问题几点意见的通知》。

⑥ 最早出现在 1987 年 5 月国务院发布的《关于加强城市建设工作的通知》中，后在《90 年代国家产业政策纲要》等多个政策文件中出现。

项目投资的信用债券和专项政府债券。

笔者从事债券投行的这些年里，除了被发行人要求打造一套与监管要求相匹配财务报表结构外，问得最多的便是募投项目的收益平衡如何设计。对于地方政府的拟建项目清单里，满眼都是道路、绿化、水体治理、土地整治等无收益或者收益微薄的项目，找到收益性十足的项目是推进项目的关键，这从侧面反映出两个问题，首先是城投公司所承接的大多数政府项目都是公益性的，也就是说地方政府尤其是经济基础薄弱的地方政府大多采用"拿米引鸡"的策略，这种以固定资产投资拉动的 GDP 竞赛不断膨胀着社会整体融资规模，最终成为城投公司和地方财政的负担。其次，地方政府的收益性项目与公益性项目的不均衡，收益性项目既是敏锐社会资本的目标，也是多家银行项目贷款争抢的对象，剩下难以融资的公益性项目或准公益性项目就成了城投公司融资部门的心头之患。

笔者曾经遇到过一个非常典型的案例，某省会城市的区属城投公司，因园区内的标准厂房和仓库的收益性非常好，被管委会拿走做了银行项目贷款，资金快速到位，项目也很快上马，在项目接近尾声的时候，园区管委会把道路作为急需解决资金需求的配套工程上报至区政府，区政府又把这个项目委托给了区属城投公司进行代建，当这个项目的融资计划摆在我们面前的时候，笔者对城投公司的融资负责人说它错过了项目打包融资的最好机会，当时区政府在项目规划之初对拟建项目的收益部分和无收益部分如何搭配欠缺考虑。可能对于年轻的债券同行们，现在承做的信用债的用途大多是借新还旧或者偿还有息债务，接触到需要谋划项目的企业债占比相对较少，除个别券商的个别团队外，也几乎不会接触到政府专项债的项目咨询业务，不过笔者觉得项目的筛选与设计会让人对城投公司业务的理解更加深刻，是非常有意思且能够提升专业能力的过程。

四、后城投时代的融资模式的理想与现实

在城投公司成为地方政府的融资载体的同时，还有另外一条线附随在基础设施建设过程当中，那就是吸引社会资本扩展资金来源，其最早

可以追溯到 20 世纪 80 年代初①。90 年代伴随着经济体制改革，国家明确提出对"社会公益性项目建设，要广泛吸收社会各界资金"②。到了新世纪市场化进程的推进速度非常快，先是鼓励外资进入城市市政公用事业③，然后又把禁止外商投资的燃气、热力、供排水等城市管网列为对外开放的领域。当然，外商投资进入的领域，也鼓励和允许民间投资进入参与经营性的基础设施和公益事业项目建设④。2002 年，建设部重申了"鼓励社会资金、外国资本采取独资、合资、合作等多种形式，参与市政公用设施的建设"，并以特许经营权来明确政府与企业之间的权利和义务⑤，这标志着市政公用事业进入特许经营权时代。

社会主义市场经济体制从"建立"到"完善"，城市基础设施建设的大逻辑并没有太多本质上的变化，更多的是方式上的细节调整和制度上的不断完善⑥。地方政府依然是要集中财力建设好非经营性的基础设

---

① 1982 年 10 月，国家计委、国家经委、财政部、人民银行、建设银行联合发布《关于试行国内合资建设暂行办法的通知》（计基〔1982〕878 号），鼓励"打破部门、行业、地区界限的联营企业和合资建设项目"。

② 1993 年 11 月，党的十四届三中全会通过《中央中央关于建立社会主义市场经济体制若干问题的决定》。

③ 2000 年 1 月，建设部发布的《城市市政公用事业利用外资暂行规定》（建综〔2000〕118 号）。

④ 2001 年 12 月，国家计委发布的《关于印发〈促进和引导民间投资的若干意见〉的通知》（计投资〔2001〕2653 号）。

⑤ 2002 年 12 月，建设部发布的《关于印发〈关于加快市政公用行业市场化进程〉的意见》（建城〔2002〕272 号）。

⑥ 2003 年 10 月，党的十六届三中全会通过《中共中央关于完善社会主义市场经济体制若干问题的决定》，提出"允许非公有资本进入法律法规未禁入的基础设施、公用事业及其他行业和领域"；

2004 年 3 月，建设部发布《市政公用事业特许经营管理办法》（建设部令第 126 号），对部分公用事业实施特许经营；

2004 年 7 月，国务院发布《关于投资体制改革的决定》，除了重申鼓励社会投资外，还提出"逐步建立起多种募集方式相互补充的多层次资本市场"；

2005 年 2 月，国务院发布《关于鼓励支持和引导个体私营等非公有制经济发展的若干意见》，再次提出"允许非公有资本进入公用事业和基础设施领域"；

2010 年 5 月，国务院发布《关于鼓励和引导民间投资健康发展若干意见》，除了鼓励民间资本进入传统的基础设施和公用事业领域，还放开了政策性住房领域；

2013 年 9 月，国务院发布《关于加强城市基础设施建设的意见》，要求"加快城市基础设施转型升级"，"建立政府与市场合理分工的城市基础设施投融资体制"。

施项目，而对于经营性项目来说则是吸引企业进行投资，只不过以前的企业可能更多是指公有制资本，现在放宽到包括外商和民营在内的非公有制资本。对于吸引社会资本的方式，除了出让土地使用权，还多了特许经营、投资补助、政府购买服务等多种形式，在融资渠道上，除了银行项目贷款外，还包括企业债券、银团贷款、融资租赁、项目融资、财务顾问等多种方式，城市基础设施投融资体系随着资本市场的成长逐渐丰满了起来。

既然是改革，就会有改革的成本。经营性基础设施在引进外商投资和民营资本的过程中，有些地方政府为了短期利益，通过对经营性基础设施的资产变现或长期特许经营权的转让，来实现对城市其他基础设施建设项目的融资，以解决财政资金短缺的问题，由于这种近似"杀鸡取卵"的行为使得一些优质的国有资产被社会资本低价收购。笔者曾经在黑龙江某中型城市因公出差，因北方供暖时间长的区域特点，在职业本能的驱使下想从该城市的供暖收费的资产证券化项目上拓展业务机会，但经了解却发现城市的热力公司居然是外资控股，并且已经被出售了很多年，当地居民对此也是扼腕叹息。北方的很多城市，像这种现金流充沛的公用事业都不在政府手上，政府如果想收回，就需要高价购买，形成了融资的反向杠杆。

在传统的基础设施投融资模式下，项目建设大多由政府主导，通过设立城投公司以信用债的形式承担了市政债的实质，地方政府以政府信用和财政收入为此类债务背书，而这些地方政府的隐性债务既缺乏基本风险控制措施，又随着债务规模上升日益加重。尽管在引入社会资本的过程中有不同层面和不同程度的问题，但是国家依然还是希望这种模式能够弱化城投公司的平台作用，使基础设施的投融资行为能够更加市场化，充分利用市场资源配置的功能，提高投资效率，降低融资成本。因此，在 2014 年，国家颁布了修订后的《预算法》，允许地方政府通过发行政府债券举借债务。同年，国务院发布了《关于加强地方政府性债务管理的意见》，一方面明确地方政府举借债务的机制①，另一方面推广使用政府与社会资本合作模式（PPP 模式）。这就相当于把借助城投公司的基础设施项目融资进行拆分，公益性的发行地方政府债，经营性或准经营性的采用政府与社会资本合作的模式。之后，一系列与政府和社会资本合作的有关政策文件纷至沓来②，为这种模式指明思路、制定原则、确定模式和建立机制。

中央政府的美好愿望是通过混合所有制的改革尝试，将基础设施建设领域内单纯以政府信用为融资基础的模式调整为依据预期现金流为融资基础的模式，把这些政府性债务将转为企业债务，社会资本控股的项目公司通过公司自身信用、项目收益权、应收债权等方式筹措资金用于建设和运营，项目未来的收益用于偿还债权融资的本息，让地方政府从基础设施建设的债务压力中抽离出来。但基础设施领域因为投资规模大、投资回收期长、项目融资难等天然的壁垒，致使对社会资本缺乏足够的吸引力，PPP 模式也从政府"被动"到"主动"再到"主导"，使得PPP 模式更像是一种融资工具，结构转型的困难也使得处于灰色地带的城投公司很难与地方政府完全脱离（见图 2-7）。

---

① 没有收益的公益性事业发展确需政府举借一般债务的，由地方政府发行一般债券融资，主要以一般公共预算收入偿还。有一定收益的公益性事业发展确需政府举借专项债务的，由地方政府通过发行专项债券融资，以对应的政府性基金或专项收入偿还。

② 2014 年 9 月，财政部发布的《关于推广运用政府和社会资本合作模式通知》（财金〔2014〕76 号）；

2014 年 11 月，国务院发布的《关于创新重点领域投融资机制鼓励社会投资的指导意见》（国发〔2014〕60 号）；2014 年 11 月，财政部发布的《关于印发政府和社会资本合作模式操作指南（试行）的通知》（财金〔2014〕113 号）；

2014 年 12 月，国家发展改革委发布的《关于开展政府和社会资本合作的指导意见》（发改投资〔2014〕2724 号）。

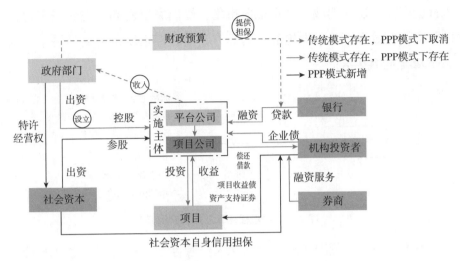

图 2-7　传统融资模式和 PPP 模式的对比

五、投建内容的变化及其对融资行为的影响

可能是由于工作中业务思维的原因，笔者的同事和朋友对在城市化进程中基础设施项目在融资方式上的变化和演进非常敏感，但细细回味，我们也会发现在城投公司从狭义城投慢慢进化到广义城投的过程中，城投公司的业务也在悄然延伸。从城市道路到轨道交通，从公益性配套设施到经营性公用事业，从产业园区建设到产业投资，这一方面是监管政策对于城投公司市场化转型的要求，另一方面是城市发展到一定阶段对城投公司的内在诉求。

笔者做过一个非常粗糙的测算，把近 5 年有公开数据的城投公司的净利润简单加总除以其加总后的净资产，得到一个行业的平均净资产收益率，5 年的算术平均仅有 0.36%，不过由于资产有效力的问题，不能与市场上的营利性行业去作直接比较。在降低宏观杠杆率的大趋势下，国家没有想着单纯去降低分子，因为分子与分母的内在关联性，地方政府不太可能冒着经济下行的压力去主动大幅度削减债务规模，通盘考虑后是希望在控制债务规模或者债务适度增长的前提下，在现有资产存量下获得比债务增速更快的 GDP 增长水平。因此，不管是倡导地方政府引入社会资本，还是把城投公司推向市场，在国家层面都是想让城市建设的投资更有效率，基础设施的经营更有活力，探索城市带动经济增长的新逻辑（见图2-8）。

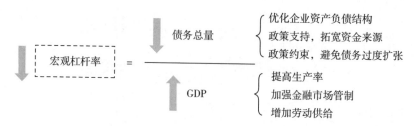

图 2-8　宏观杠杆率及其影响因素

城投公司投资范围逐渐扩大和深入经营性领域的过程，也是城投公司与地方政府脱钩的过程，反之亦然。不过，地方政府在把城投公司推向市场的时候准备了足够多的"嫁妆"，土地、工程、应收账款是两者的纽带和关系的佐证，通过政府信用的隐性背书，城投公司在资本市场继续获得资金，用于准公益性或经营性项目来改善资产收益的水平。但我们仔细阅读城投公司的报表，在收入明细里面很少能够看到这些经营性项目的身影，即便有也是乏善可陈。我们会遇到如下几种情形：（1）是经营性项目的实际业主方大多是由有实体运营能力的企业担当，城投公司以经营性项目的概念做着基础配套的老本行，实现委托代建收入；（2）是城投公司以业主方的名义拿到项目融资，建设任务完毕后，国资委用一纸文件进行资产划转，将已完工项目划转至经营单位，留下其他应收款；（3）是城投公司用我们刚才提到的收益平衡的处理技巧将非经营性项目掩盖在经营性项目下面进行融资，要么项目永远不完工，要么项目完工后收入远远不及预期。

鉴于公益性时代积累业务思维惯性，有关基础设施经营性的构筑还是以带有垄断性特征或特许经营性质的项目为主，并且这些项目或多或少都有市场的成分存在，且不说城投公司的专业水平和人才能否支撑产业运作，最重要的是金融机构认为完全市场化的行为把城投公司向地方政府的反方向越推越远。也就是说广义城投在向地方经营性国企转变过程中，融资上困难和压力，使城投公司迫不得已还是要拽回到传统业务的老路上来。所以，我们在承做业务的过程中，看到了很多城投公司的无奈，一方面要准备存量债务继续滚动的资金，另一方面要换挡推进泛城市建设的进程，在地方政府绩效指标的压力下，城投公司的融资缺口好像永远都填不满，即便在时间窗口不利的情况下依然要保持融资的幅度，使得城投公司只有余力关心投资纸面平衡背后的实际融资额，至于投资的实际效果就没有办法顾及太多，从而造成这些用负债换来资产的经营效率难以有效提升。

六、小结

城投公司虽然为了缓解城市基础设施建设的资金压力放大了地方政府的隐性债务规模，但不可否认它对提高基础设施水平和推进城市化进程的重要作用。不过，历经30多年城市的快速扩张，传统的"基础性"建设对城市功能提升的边际效益越来越小，也就是说要想继续提升城市化的水平，建设内容会更加丰富和多元，投资规模也会更大，也就意味着对地方政府的统筹能力和城投公司的融资潜力会提出更高的要求。我们一直在说城投公司是一个载体，它不仅是地方政府融资的载体，也是地方政府投资的载体，城市化进程的发展方向指明了城投公司业务的投资方向，而基础设施建设的投资导向又决定了城投公司的融资行为。

由于收益性较强的项目被社会资本所追逐和锁定，剩下的底层公益性项目就被动地成了城投公司的政府任务，虽然基础设施建设的外延在不断变化，但真正基于产业逻辑和运营实质的城投公司还是相对较少，其投融资模式的内涵大致围绕着三个方面。一是土地平衡项目。在土地财政的逻辑下，土地出让收入可以平衡一切项目投资，基础设施当然也不例外，比如修建一条没有自身收益来源的内部道路，道路沿线的土地增值收益就是基础设施的融资来源。二是房地产项目。地方政府不方便直接用土地出让收入贴补的项目，会给予土地进行房地产开发的便利，而房地产开发的高额收益率可以对冲基础设施的建设成本，棚改、养老、

旅游等都会夹带商业地产开发的私货。三是政绩项目。比如国土整治、矿山修复、水域治理等项目缺乏收益，也无法拿土地平衡做文章，在纸面收益覆盖的技术处理下，用绿色低碳等政策亮点寻找题材性的融资空间。

笔者经常与同事开玩笑说，城投公司真是"负重前行"，它既要通过多种融资手段为地方政府的投资行为买单，又要忍受债务负担所隐含的风险被监管约束，它就像是一台无力自发思考的融资的机器，单纯地满足地方政府的投资欲望，至于投资行为是否合理，它似乎并没有考虑那么多。能让城投公司坚持下去的，和让从事债券投行的同行们坚持下去的都一样，除了财政收入，土地资产，还有城投公司和地方政府之间因基础设施项目所构建的工程关联，它们构成了城投信仰的内涵。

附表 4　与项目投资有关的政策梳理

时间	文件名称	主要内容
1978 年 4 月 22 日	国家计委、国家建委、财政部发布《关于试行加强基本建设管理的几项规定》	基本建设要加强计划管理，所有基本建设都要纳入国家计划；用自筹资金安排的基本建设要搞好综合平衡等
1979 年 8 月 28 日	国务院《关于基本建设投资实行贷款办法的报告》	基础设施投资建设由财政拨款逐步变为贷款，开始"拨改贷"试点，确立贷款的主责单位，打破投资资金来源的计划经济模式，开辟投资资金来源的新渠道
1979 年 6 月 19 日	国务院《基本建设贷款试行条例》	明确贷款企业需要满足的基本条件，是对《关于基本建设投资试行贷款办法的报告》文件的补充
1980 年 5 月 4 日	国家基本建设委员会、国家计划委员会、财政部、国家劳动总局、国家物资总局《关于扩大国营施工企业经营管理自主权有关问题的暂行规定》	对独立核算的国营企业通过恢复法定利润、降低成本留成等制度安排实现扩大企业自主决定权
1983 年 2 月 2 日	国家计划委员会《关于建设项目进行可行性研究的试行管理办法》	完善建设项目管理程序，规定国家基本建设项目要实施可行性论证
1984 年 8 月 31 日	国务院《关于改进计划体制的若干暂行规定》	将固定资产投资管理方式分指令性计划与指导性计划，提出适当缩小指令性计划的范围，扩大指导性计划和市场调节的范围，实现了对传统计划体系目标的显著突破；确立建立以中期计划为主的计划目标，规定把计划工作的重点转移到中、长期计划上来，逐步建立以五年度计划为主，中、长、短期计划相结合的计划体系
1984 年 9 月 18 日	国务院《关于改革建筑业和基本建设管理体制若干问题的暂行规定》	全面推行建设项目投资包干责任制，加强投资责任约束机制，在建筑业和基本建设管理体制中引入市场机制，从上述两个行业开始进行经济体制改革

续表

时间	文件名称	主要内容
1984年9月29日	中国人民建设银行关于印发《基本建设项目投资包干责任制试行办法》的通知	建设单位对国家计划确定的建设项目按建设规模、投资总额、建设工期、工程质量和材料消耗包干，实行责、权、利相结合的经营管理责任制，所有基本建设项目都需要实行投资包干责任制
1985年2月8日	国务院《中华人民共和国城市维护建设税暂行条例》	开始征收城市维护建设税，扩大和稳定城市维护建设资金的来源，税率分1%、5%和7%三档
1986年2月6日	《国务院批转城乡建设环境保护部、国家计划委员会关于加强城市集中供热管理工作的报告》	明确发展城市集中供热的方针；健全城市集中供热管理体制；采取多种渠道解决城市集中供热的建设资金；对城市集中供热采取优惠政策和合理的价格政策；加强城市集中供热的立法和管理工作
1986年10月11日	国务院《关于鼓励外商投资的规定》	明确对外商投资企业从各方面给予特别优惠，实行全方位对外开放和鼓励外商投资
1987年5月21日	国务院《关于加强城市建设工作的通知》	确立了改革开放以来的城市规划主要方向，即由城市政府根据《土地管理法》的有关规定征地，并组织综合开发单位按照经批准的开发方案和"先地下，后地上"原则，配套进行房屋、各项市政公用和生活服务设施的建设。即为地方政府征收土地、建设单位统一建设、配套房屋片区化的规划建设模式
1988年7月16日	国务院颁发《国务院关于印发投资管理体制近期改革方案的通知》	是改革开放以来第一个较系统的投资体制改革方案，提出改革措施与思路，推行人市场机制，推进全行业的经济体制改革
1996年4月6日	国家计委发布《关于实行建设项目法人责任制的暂行规定》（计建设〔1996〕673号）	国有单位经营性基本建设大中型项目在建设阶段必须组建项目法人。项目法人可按《公司法》的规定设立有限责任公司（包括国有独资公司）和股份有限公司等形式。实行项目法人责任制，由项目法人对项目的策划、资金筹措、建设实施、生产经营、偿还债务和资产的保值增值，实行全过程负责
1996年8月23日	国务院发布《国务院关于固定资产投资项目试行资本金制度的通知》	对各种经营性投资项目，包括国有单位的基本建设、技术改造、房地产开发项目和集体投资项目，试行资本金制度，投资项目首先落实资本金才能进行建设

续表

时间	文件名称	主要内容
2000年5月27日	建设部发布施行《城市市政公用事业利用外资暂行规定》	为扩大外资使用规模，对城市市政公用事业包括城市供水、供热供气、公共交通、排水、污水处理、市容环境卫生、道路与桥梁、垃圾处置和园林绿化等城市市政公用事业利用外资的方式进行了具体规定
2002年12月27日	建设部印发《关于加快市政公用行业市场化进程的意见》	开放市政公用行业市场；建立市政公用行业特许经营制度；转变政府管理方式；加强领导，积极稳妥推进市场化进程
2004年3月19日	建设部颁布的《市政公用事业特许经营管理办法》	为了加快推进城市供水、供气、供热、公共交通、污水处理、垃圾处理等市政公用事业市场化，规范市政公用事业特许经营活动，对于上述实施特许经营的项目由省、自治区、直辖市通过法定形式和程序确定，国务院建设主管部门负责全国市政公用事业特许经营活动的指导和监督工作
2004年7月16日	国务院颁布《国务院关于投资体制改革的决定》	通过深化改革和扩大开放，建立起市场引导投资，企业自主决策，银行独立审贷，融资方式多样，中介服务规范，宏观调控有效的投资体制目标，按照"谁投资、谁决策、谁收益、谁承担风险"的原则，围绕完善社会主义市场经济体制的要求在确立企业投资主体地位，规范政府投资行为，完善宏观调控措施，改善投资监督管理等方面实施各项改革措施
2005年2月19日	国务院发布《关于鼓励支持和引导个体私营等非公有制经济发展的若干意见》	放宽非公有制经济市场准入；加大对非公有制经济的财税金融支持；完善对非公有制经济的社会服务；维护非公有制企业和职工的合法权益；引导非公有制企业提高自身素质；改进政府对非公有制经济的监管
2006年4月25日	国家发展改革委等部门联合发布《关于加强宏观调控整顿和规范各类打捆贷款的通知》	明确各地方政府对除《担保法》规定以外的任何担保均为严重违规，担保责任无效；严禁地方政府变现担保；整顿和规范银行各类打捆贷款

续表

时间	文件名称	主要内容
2009年11月25日	住房和城乡建设部出台的《关于进一步深化市政公用事业市场化改革的若干意见》	对市政公用事业继续改革提出了如下意见：进一步加大政府投入人；鼓励社会资本进入；鼓励金融服务创新，拓宽投融资渠道；完善以特许经营为主导的运营模式；强化政府监管责任；扩大公众参与；加强对市场化改革的领导
2010年5月7日	国务院发布《关于鼓励和引导民间投资健康发展的若干意见》	进一步拓宽民间投资的领域和范围，鼓励和引导民间资本进入基础产业和基础设施领域；鼓励和引导民间资本进入市政公用事业和政策性住房建设领域；鼓励和引导民间资本进入社会事业领域；鼓励和引导民间资本进入金融服务领域；鼓励和引导民间资本进入国防科技工业领域；推动民营企业加强自主创新和转型升级；鼓励和引导民营企业积极参与国际竞争；为民间投资创造良好环境；加强对民间投资的服务、指导和规范管理
2013年9月6日	国务院发布《关于加强城市基础设施建设的意见》	对城市设施建设提出如下意见：加强城市道路交通基础设施建设；加大城市管网建设和改造力度；加快污水和垃圾处理设施建设；加强生态园林建设。同时对于上述重点建设项目科学编制规划，抓好项目落实、科学管理等具体落实措施
2014年11月16日	国务院发布《国务院关于创新重点领域投融资机制鼓励社会投资的指导意见》	通过创新生态环保投资运营机制，鼓励社会资本投资运营农业和水利工程，推进市政基础设施投资市场化，改革完善交通基础设施投资机制，鼓励社会资本加强能源设施投资，推进信息和民用空间基础设施投资多元化，鼓励社会资本加大社会事业投资力度，建立健全政府和社会资本合作（PPP）机制，充分发挥政府投资的引导带动作用，创新融资方式拓宽融资渠道来鼓励社会投资，带动经济建设

续表

时间	文件名称	主要内容
2015年10月25日	国务院发布《关于改革和完善国有资产体制若干意见》	作为《中共中央 国务院关于深化国有企业改革的指导意见》的配套文件，明确了改革和完善国有资产管理体制的总体要求、基本原则，主要措施，并提出了协同推进配套改革的相关要求
2015年5月19日	《国务院办公厅转发财政部 发展改革委 人民银行关于在公共服务领域推广政府和社会资本合作模式指导意见的通知》	确立鼓励项目公司开展资产证券化优化融资安排，探索项目公司股东开展资产证券化盘活存量资产，支持项目其他相关主体开展资产证券化等制度安排，全力推进PPP项目合作模式
2016年7月5日	《中共中央国务院关于深化投融资体制改革的意见》	从以下四个方面深化投融资体制改革：改善企业投资管理，充分激发社会投资动力和活力，完善政府投资管理；发挥好政府投资的引导和带动作用；创新融资机制，畅通投融资渠道，切实转变政府职能，提升综合服务管理水平；强化保障措施，确保改革任务务实到位
2017年7月21日	国务院法制办牵头制定的《基础设施和公共服务领域政府和社会资本合作条例》	建立健全PPP项目合理回报机制，确定合理价格和收费标准，适当延长特许经营年限；充分挖掘项目本身的商业价值，鼓励社会资本创新管理模式，提高运营效率，降低项目成本；正确选择项目融资模式，提高资金使用效率。同时，文件要求PPP项目需要符合财政管理要求，严禁违法违规变相举债，严防地方政府债务风险，要符合合规监管要求，避免期限错配和明股实债，防范金融风险
2017年9月1日	国务院《国务院办公厅关于进一步激发民间有效投资活力促进经济持续健康发展的指导意见》	从深入推进"放管服"改革，开展民间投资项目报建审批情况清理核查等十个方面促进民间有效投资活力

时间	文件名称	主要内容
2017年12月1日	国家发改委《国家发展改革委关于鼓励民间资本参与政府和社会资本合作（PPP）项目的指导意见》（发改投资〔2017〕2059号）	主要为创造民间资本参与PPP项目的良好环境；分类施策支持民间资本参与PPP项目；鼓励民营企业运用PPP模式盘活存量资产；持续做好民营企业PPP项目推介工作；科学合理设定社会资本方选择标准；依法签订规范、有效、全面的PPP项目合同；加大民间资本PPP项目融资支持力度；提高咨询机构的PPP业务能力等八方面内容
2018年3月28日	财政部《关于规范金融企业对地方政府和国有企业投融资行为有关问题的通知》（财金〔2018〕23号）	一是关于总体要求和审查重点。要求国有金融企业严格落实《预算法》等要求，在支持地方发展建设过程中，规范投融资行为。明确国有金融企业应加强资本金审查，并审慎评估融资主体还款能力，确保自有经营性现金流覆盖应还债务本息。二是关于投资基金、资产管理、PPP等业务。明确资产管理和金融中介业务，开展资产管理或变相举债提供支持。同时，要求政策性、开发性金融企业在与地方政府合作设立投资基金、开发性金融业务，以及参与PPP项目融资时，不得为地方政府违法违规或变相举债提供支持。同时，明确国有金融机构和政府担保机构按照市场化方式运作。三是关于财务、资本管理。资本管理要求财务、资本管理和绩效评价，防范国有资产流失。明确国有金融企业应严格执行出资管理、财务管理和产权管理有关规定，防范财务风险和国有资产流失。要求国有金融企业积极配合整改。对于违法违规提供融资的，下调融资企业绩效评价等级。同时，明确了财政部门的监督检查职责

第四节　城投信仰的基础和裂缝

在经过上述篇幅的酝酿之后，我们其实已经大致勾勒出了城投公司与地方政府之间关联脉络，不管是城投公司在城市建设中替地方政府承担的融资任务，还是地方政府通过土地财政对城投公司的支持，两者之间相互依靠、相互影响。但是从 2014 年以后，国家自上而下出台的各种政策文件中，都在反复且明确地释放着预警信号，即划清城投公司和地方政府之间的债务、职能、责任，将城投公司和地方政府的信用脱钩。不过一开始市场并不为所动，即便时至今日，不管是城投公司，还是大部分债券投行从业者，以及为数不少的信用债投资者，认为城投信仰的基础依然坚实，地方政府依然负有对城投公司债务偿还的关联责任，那么本节就让我们试着去探究一下这隐秘而强大的力量。

一、城投公司与地方政府的纽带关联

我们不妨从城投公司和地方政府的关联着手，试着搭建城投公司的报表基础（第三章我们会对此展开），地方政府把土地、在建工程以及其拥有的固定资产和企业股权，以设立出资或者增资的方式注入城投公司，在资产负债表的两端同时形成"资产"和所有者权益；地方政府将土地整理、基础设施等工程项目委托给城投公司去建设施工，城投公司以项目收益和自身信用去融资，反映在资产负债表里左边是"现金"，右边是"有息债务"；项目在建设的过程中，"现金"慢慢变成"生产成本"和"存货"；城投公司将完工的项目交付确认收入，但是缺钱的地方政府，只能让城投公司的"存货"变成"应收账款"后，在很长一段时间内都只能以"应收账款"的形态存续。

这是一个极其简化的城投公司运作模型，我们可以看到是城投公司

的负债变成了资产，但是资金却是只出不进，虽然现实当中的城投公司不会一直都收不到地方政府的回款，但确实资金的接续就成为城投公司永恒的问题，城投公司要么继续举借债务将债务"永续"化，要么要求地方政府适度回款解燃眉之急。如果地方政府想撒手不管，那么债务人把城投公司穿透后看到的是批而未供的土地，是尚未修完的公园，是人民政府的办公楼，是自来水公司的股权，是对财政局的应收账款，这些都会把债务人最终指向地方政府，"资产"的纽带作用使地方政府"跑得了和尚跑不了庙"，这是城投信仰的资产基础。

我们换个角度来看，买方信评人员或者投资经理试图对城投公司的信用债给出投资建议时，一般也会穿透城投公司去研究和分析。从地区的交通和地缘情况来分析地方政府发展的潜力空间，从地区的产业布局来分析地方政府的税收基础，从地区的财政收入来分析城投公司能得到资金救助的空间，从土地出让情况的趋势和常住人口变动来分析土地财政对地方政府和城投公司的影响，从城投公司与地方政府之间的业务往来来分析地方政府和城投公司的紧密程度。这也说明，看城投公司最后看的还是地方政府，一是看地方政府是否有能力，二是看地方政府是否有意愿，市场中的投资者做投资决策其实就是在努力寻找城投公司与地方政府关联强弱的证明，有时当地方政府的财政实力有强溢出时，也会普遍用能力来作为意愿的替代，甚至大多数时候只是单纯地偷懒，用能力大小来去衡量物理证据缺乏时的关联关系。这就不难解释，为什么债券投资者更喜欢"纯城投"，因为其非市场化的业务特性恰恰是强关联纽带的证明，具有更坚实的信仰力。

二、城投公司负债所形成的正外部性

上文我们提及，城投公司在地方政府的意志下，将负债变成了资产，而这些资产在城投公司的报表上缺乏产生现金流的能力，才使城投公司在偿还债务时显得捉襟见肘。但是我们站在更宏观的角度，这些资产是否真的没有产生经济收益呢？不知道读者是否还记得"那只鸡和那把米"，城投公司做了"米"的事，但是"鸡"的事并没有体现在城投公司的报表里。也就是说，城投公司负债形成的资产并不是不产生收益的无效资产，而是收益并没有在城投公司甚至也并没有完全在地方政府的层面体现，导致城投公司承担了负债责任，却没有获得对应资产的主要收益，这也成了城投公司风险的主要来源和矛盾点。

我们可以用新制度经济学中的外部性来理解这个问题，即经济主体对另一个经济主体产生一种外部影响，而这种外部影响又不能通过市场价格进行买卖，其实质就是社会责任与权利的不对称。对于城投公司来说，承担了社会发展的成本，却没有办法享受全部报酬。举个例子，高速公路作为国民经济的基础行业和先行产业，对农民收入有显著的正向影响，对于缩小区域经济发展差距具有积极作用，并且 2008 年大规模的基础设施建设投资，实现乡村和偏远地区通电、通路，为汽车下乡和家电下乡政策的实施提供了基础条件，促进了家电和汽车销量大幅增长。然而，城投公司债务形成的基础设施类资产基本没有内部性收益，而外部性收益又是被其他经济主体获得的，债务形成的责任和债务主体的利益并不统一，因此，我们才会说外部性是城投公司经济价值的最好解释。

如果要进一步来探讨城投公司的外部性如何成为城投信仰的逻辑体系则要回到地方政府的收入来源上——财政收入与土地出让收入。

为了构造扎实的税收基础，地方政府用各种政策支持来进行招商引资，而产业资本在入驻时，除了考虑市场要素、劳动力成本以外，也会考虑土地成本、交易成本、物流成本等，这些非常重要的成本降低主要是依靠城投公司负债建设的大量基础设施项目实现的，实际就是占用了城投公司的外部性收益。因此，地方政府以税收的形式享有的外部性收益，就有了偿还相关债务的天然责任。

再来看地方政府的土地财政。城投公司对基础设施的投资提升了土地出让价格，地方政府通过土地出让金增加了财政收入，开发商赚取商品房项目的利润，中高收入群体购买商品房支付土地出让金；地方政府再将出让金补偿城投公司用于提供基础设施等公共产品，由于居住环境的改善，中高收入的购房群体拥有的商品房处于升值状态，同时低收入群体虽然没有购买商品房，但同样享受到了保障性住房和其他公共产品。这是当前城市建设的一个基础循环，在这个循环中，地方政府、开发商、购房群体、未购房者中每一个主体的情况都得到了改善，如果没有这个循环抵消了基础设施建设的供给成本，企业和个人的税负有可能进一步加大。城投公司的负债投资形成的资产则是这个循环的起点，但城投公司却因较低的内部性收益和较重的融资负担，使得理想中的"帕累托改进"① 并不明显，因此，政府的土地出让收入理应成为城投公司的隐性还款来源之一。

如上所述，城投公司的收益模式是创造正外部性收益为主的模式，而所形成外部性收益最终以税收或土地出让等方式转化为经济体内部的收益，而这部分收益由地方和中央政府占有，因此在逻辑上就应该对债务负有责任，这种逻辑体系造就了城投信仰的根源。

三、地方政府、城投公司和金融机构的资金铁三角

1978 年以前，在社会发展的重心重新聚焦到经济建设之前，国民经济到了崩溃边缘，面对百废待兴的城市建设和产业发展，最缺的就是资金，因此各种各样金融机构快速崛起来为经济建设融通资金。各级地方政府都建立了具有地方属性的金融实体，截至 20 世纪 80 年代末，除了20 家银行和 34 家证券公司外，还有 700 多家信托公司、将近 200 家典当行以及其他不计其数的融资公司。在城投公司还没有开化之前，地方政府是直接通过金融机构实现融资功能，并投资于基础设施建设的。翻开历史，当年金融机构在信贷上的疯狂扩张不亚于现在的城投公司，20 世纪 80 年代末 90 年代初，中央对几乎失控的金融机构进行整顿，这也才有了制度上禁止地方政府融资或者变相融资的约束，在这样的背景下，城投公司扛过了基础设施的建设责任，也挑起了基础设施融资的重担。

---

① 帕累托改进是指，是指在不减少一方的福利时，通过改变现有资源配置而提高另一方的福利。

城投公司成为地方政府和金融机构之间的桥梁，也成为两者之间的稳定器和隔离墙，但是城投公司"自用、自筹、自还"的设计初衷还是架不住地方政府和金融机构的原始冲动，20 世纪 90 年代中后期，国家开发银行通过"打捆贷款"的方式将"平台"作用进行新的演绎之后，金融机构的贷款规模和城投公司的融资规模双双快速上升，地方政府隐性负债之路正式开启。虽然无法精确统计城投公司到底吸收了多少银行的表内资金，但通过对上市银行年报中贷款的行业分类进行穿透分析，城投公司是大部分银行公司类贷款投放的最大客户。银行放大债务的方式随着时代在逐渐演变，但是银行体系的风险本质并没有什么改变，这也就是为什么政策在对城投进行规范的同时，还对城投公司背后的金融机构一并约束。

在银行体系进行改革的同时，债券市场的发展作为金融体系改革的主要内容被提出来，其目的在于分散银行系统的风险，避免重蹈 20 世纪80 年代的覆辙，但个人投资者在发行环节（主要是发行规模小、成本高、期限短）和二级市场流通环节的劣势，最终使得机构投资者演变成了债券市场的主角，到目前为止，银行持有的各式各样的债券价值超过了总存量的 80%（表外+表内），带有政府背书和刚兑光环的城投公司和类城投公司又始终是债券市场的主角（如图 2-9 所示），债券市场为地方政府的融资提供了一种切合时代要求的新通道，而曾经奠定了贷款市场基础的居民储蓄，同样奠定了中国的债券市场。

市场风险与其说是积压在城投公司，还是不如说是积压在金融体系内，而金融体系主要是由银行构成的，银行报表的负债端又是居民储蓄构成的，地方政府对居民储蓄的间接保护使得"看不见的风险"牢牢被压在了银行体系层面。尤其是当我们把资产端和资金端放在一起的时候，我们可以发现今天的市场偏离了当初分散化的初衷，由于城投公司信用基础的动摇会对系统性风险无法估量的影响，使得城投信仰分外牢固。

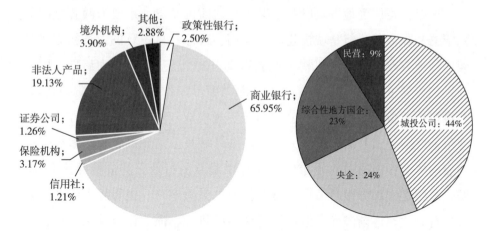

图 2-9　截至 2020 年末中债登存量债券托管的投资者构成和全市场债券发行人分布

（数据来源：中债登，Wind）

四、中央政府应对金融风险的经验和韧性

对于地方政府来说，没有什么比经济增长更重要，它需要在经济绩效考核指标的期限内，匹配足够多的净融资额以实现 GDP 的快速增长。至于净融资形成的债务，既可以让城投公司滚雪球，也可以协调银行展期，只要金融体系的韧性还在，地方政府总有办法在金融体系内将债务问题不断置后。但由于经济增速赶不上债务增速，在任何一个级别的经济循环内都存在债务的缺口，因此，债务规模的水平就这么被抬得越来越高。

20 世纪 80 年代，地方政府实现净融资额的方式，是对金融体系的直接干预来实现的，其后果则是引发了非常严重的通货膨胀（80 年代后期官方公布的通货膨胀率达到近 20%），金融体系也随着失控的信贷一起开始失去足够的韧性，海南房地产泡沫①的破裂就是当年那段疯狂岁月的缩影。为了遏制地方政府的融资欲望，国家开始推动国有银行的商业化改革，并在1994年成立三大政策性银行②将金融所承担政府性职能的那一面上收至中央层面。中央通过集权不仅上收了财力，还把政策性信贷的水龙头管控起来。

金融体系内部的创口还没有完全愈合，1997年又遭受了外部金融危机的冲击，而广东国际信托的破产清算③绝对算是给不断失去韧性的金融体系敲响了警钟，截至20世纪90年代末，金融机构为了迎合地方政府拉动基础设施快速发展的信贷盛宴之后，给整个金融体系留下的是1.4万亿元的不良贷款。当中央认识到金融体系稳定性的隐患，便开始着手金融体系改革，即为工、农、中、建四大国有银行分别建立对应的资产管理公司，1999年四大资产管理公司成立④，分别承接四大国有银行剥离的坏账，重塑了银行体系，而轻装上阵的四大国有银行则接受中央的直接管理，彻底转型为商业银行，并在之后的10年内，完成了资产重组和上市的工作。

虽然积压在资产管理公司的风险被其不透明的运行机制所掩盖而并没有完全消除，地方政府也还会以行政命令惯性地要求金融机构做出让步，但从中国金融体系经受历次危机的表现来看，银行系统的改革使中国的金融体系逐渐恢复了韧性。人们很容易忘记过去的事情，即便那些

---

① 20世纪80年代末，由于据传海南要建成中国最大的特区，全国20多万有淘金梦想的年轻人和600亿元的资金流向海南。在这个以农业为主、基础设施缺乏的地方，房价由最初的几百元一平方米，迅速飙升到7000元一平方米。在1993年6月国务院发布《关于当前经济情况和加强宏观调控意见》，海南的房地产热潮骤然降温，资金链在银根紧缩的政策下骤然断裂，企业大量倒闭。给海南留下600多栋"烂尾楼"、18834公顷闲置土地，积压资金800亿元，仅四大国有商业银行的坏账就高达300亿元。

② 即国家开发银行、中国进出口银行和中国农业发展银行。

③ 20世纪90年代，广东国际信托投资有限公司是全国最大的信托公司，但因其盲目投资，过度举债，造成严重的资不抵债，终于在1998年因无法偿还到期债务，被中央责令广东省政府关停，其实当时国家有足够的外汇储备，但中央认为广东信托的违规行为不应该由政府买单。在广东国际信托破产清算的过程中，494个债权人索赔共计560亿美元。

④ 中国长城资产管理公司——农业银行；中国信达资产管理公司——建设银行；中国华融资产管理公司——工商银行；中国东方资产管理公司——中国银行。

历史离现在并不遥远。其实中国对于金融体系内的危机有足够清醒的认识和足够丰富的经验，金融体系的韧性也让城投信仰显得更有韧性。

五、地方政府不可承受的信用危机之痛

能让市场坚定城投信仰的是地方政府"两害相权取其轻"的决策必然性。试想，如果城投公司出了风险，其影响的绝不仅仅只是某个城投公司主体的再融资，而是会对当地政府信用产生负面影响，整个区域的再融资都会十分困难，甚至可能引发区域性的债务危机。因此，市场其实是在赌城投公司对于区域信用危机的不可承受之重，在地方政府比投资者遭受的损失更大的心理博弈下，地方政府最终会为城投公司的流动性危机买单，以维持良好的信用基础，保持融资渠道的畅通。

2016 年 5 月，内蒙古奈伦集团股份有限公司发行的一般企业债券——"11 蒙奈伦债"，因未能偿付本期债券的应付利息及回售款项，构成实质违约。从图 2-10 中可以看出，在违约发生之前，内蒙古在债券市场上一直保持着净融资进账，但是违约发生之后，虽然奈伦集团并不是城投公司，但依旧是对区域内债券发行产生了较大的影响，债券净融资额持续为负，直到 2019 年以后其违约的负面影响才逐渐消除。并且，国家发改委将内蒙古地区申报的企业债项目审慎对待（如图 2-11 所示），"11 蒙奈伦债"违约前两年内自治区共发行了 11 只企业债，发行规模 121 亿元，违约后自治区 5 年多时间仅发行 4 只企业债，发行规模仅为 50 亿元。

不仅是债券违约会对地方政府有影响，与城投公司有关任何融资工具偿付出现问题，都会被敏感的市场放大，从而影响整个区域的融资。2019 年 6 月，湘潭九华经济建设投资有限公司"非标"融资产品的付息逾期，投资者对湘潭市政府信用的信心流失，并波及湘潭市的其他城投公司，加上市政府债务管理部门对城投公司融资的强势管控，使得湘潭市信用债发行量较前期明显减少（如图 2-12 所示），且信用债偿还量远大于发行量，净融资额差值走阔，整个区域标准化债券的融资愈发艰难，

只能靠间接融资或者高息融资工具消化风险所带来的余波。

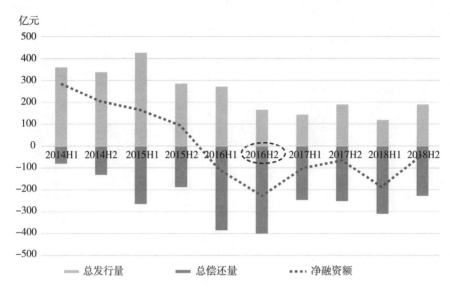

图 2-10　奈伦集团企业债违约前后内蒙古自治区的融资情况

（数据来源：Wind、公开资料）

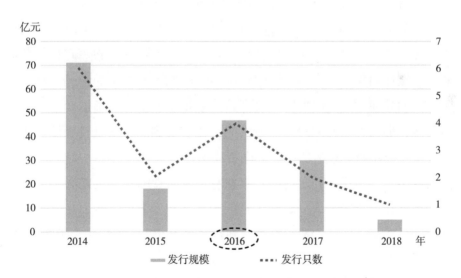

图 2-11　奈伦集团企业债违约前后内蒙古自治区企业债的发行情况

（数据来源：Wind、公开资料）

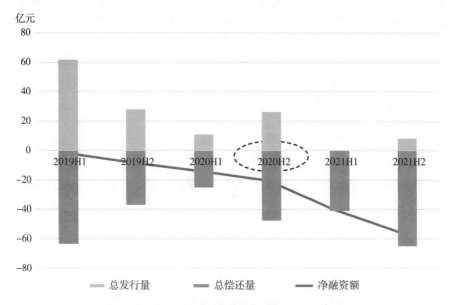

图 2-12　湘潭九华非标违约前后湘潭市的融资情况

（数据来源：Wind、公开资料）

　　最后再来看看最近发生的永煤违约事件。2020 年 11 月，永城煤电集团有限责任公司 1 年前发行的超短期融资券——"20 永煤 SCP003"无法按时还本付息，构成实质违约。从图 2-13 中，我们同样可以清楚地看到永煤违约事件发生后，河南省信用债净融资额为负的情况一直持续了半年的时间，直到河南省政府开始采取积极的回应和举措后情况才有所好转，那么那段时间内河南省内的企业会遭到怎样的融资困境。违约事件除了对融资规模有影响，对融资成本也有很大的影响，从图 2-14 中可以看出，在永煤违约之前的 1 年左右，河南省的信用利差与湖北和安徽相当，在更早的大部分时间内是低于湖北和安徽的，然而在永煤违约之后，虽然全国的信用债市场都遭到瞬时严重冲击，信用利差迅速走廊，但随后市场情绪消化后，湖北和安徽等其他省市信用利差逐渐下行，而河南信用利差却一直保持在高位。这就是地方政府所要承担的隐性违约成本。

　　就此事件的亲历者所述，其实河南省政府在永煤官宣违约之前并不是没有准备偿还债务的应急方案，但不知为什么使得这个应急方案没有执行。笔者猜想这也许是河南省政府在评估了违约救助的难度和违约后区域承受力之后做的决定，但令河南省政府可能没有想到的是违约影响如此之大，波及面如此之宽，并且在投资者们集体逼宫的压力之下，只能重新去考虑如何让市场拾起对地区的信心。所以，我们才会看到，贵州、陕西、山西、云南等地区政府领导对投资者的喊话和防范违约风险的表态，因为一旦信心丢失，信用的链条断了，可能面临的就是整个区域的信用垮塌，而想要再重新找回信心所消耗的成本和时间无法估量，与之相比，集中力量托救某家城投所消耗的资源还算是小的。这就是地方政府在城投公司违约的赌局上输不起的原因，对区域性风险蔓延的担忧把地方政府和城投公司牢牢绑定在一起。

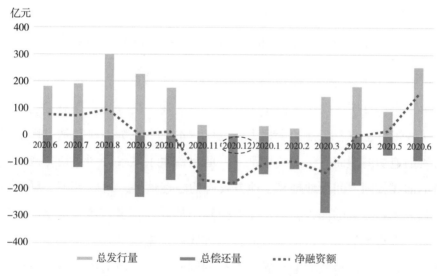

图 2-13 永煤集团违约前后河南省的融资情况

（数据来源：Wind、公开资料）

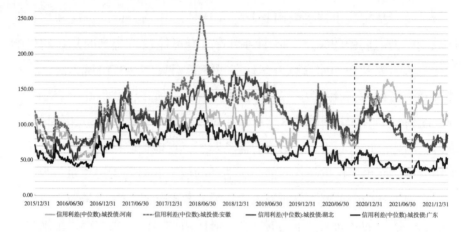

图 2-14　2015—2021 年河南、湖北、安徽、广东四省信用利差对比情况

（数据来源：Wind）

六、从城投公司的风险释放路径来看城投信仰的牢固程度

在 2000 年之后银行体系改革的过程中，财政部通过中投公司控股了中央汇金，直接或间接掌控了工、农、中、建、交等几大国有银行，对政策性银行也有着极强的干预力，也许在本质上是为了避免地方政府对融资的迫切渴望而产生的金融乱象，但也催生了城投公司对地方政府融资的曲线救国，间接地推高了地方政府的隐性债务。2017 年后，随着政府预算体系改革的深入，不论是被甄别出的隐性债务，还是新增的显性债务，都意图通过发行地方政府债的方式解决融资缺口，将其纳入政府预算管理，在强迫政府缩小融资半径的同时，也让政府收窄城市管理的范围。这样改革的目的很明显，公益性项目让政府来解决，即保民生；非公益性项目让企业来解决，即谋发展，在促进城投公司转型的同时提高国有企业的运行效率。

而市场会将城投公司转型的过程解读为城投公司与地方政府脱钩的过程，将广义城投公司的风险暴露与城投信仰的基础动摇画上等号，因此，地方政府为了维护城投公司，至少是狭义城投公司的信用基础，在政策的裕度范围之内积极地进行自救。比如贵州省政府要求城投公司的标准化债券产品不得违约，在债务滚动过程中的融资成本不得超过某一限定水平，超过此水平的成本的需要由施工方承担，即成本转嫁；湖南省政府要求城投公司进行资源整合，仅保留有限个数的城投公司，从而提高城投公司对风险的整体承受能力，对甄别出的政府隐性债务进行"消化"和"转化"，并要求融资平台性质的城投公司不再下设子公司，防止融资平台的原有业务外溢。

从金融机构的视角看，在城投公司快速发展的这十多年，我们可以深刻地体会到国有大行和股份制银行不断提高的信贷政策标准，以及由于资金面宽松在债券市场上降低的风险偏好，也能感受到财政部对地方政府的半主权债务和类主权债务有着较为坚实的控制力度。在财政部收编政府信用融资的同时，留给人民银行、国家发改委和证监会的则是资质不断下沉的债券资质和城投公司脱离政府信用的预期。因此，三大债券发行的监管部门不约而同地开始控制债券发行的规模，提高申报主体的质量，加强偿债风险的排查，加重中介机构的处罚力度。

我们基本上可以看到一个非常清晰的"刚兑打破"之路，财政部及其控制的国有银行保证显性的政府信用和类政府信用不违约，并在此基调下促使城投公司通过经营性转型与政府信用脱钩，强化城投公司国有资产运营的职能，从政府"招商引资"到城投公司"下海经商"推动实体经济发展，城投公司的身份变成"地方国有企业"，违约风险下沉到市场化成色更足的融资主体和投资主体，尽量在对国计民生冲击有限的经济层面挤出风险泡沫，实现市场的自我调节功能。如果说20世纪90年代是通过银行承受风险，通过剥离不良债务负担甩给资产管理公司的方式消化风险，那么今天就是通过风险下沉的方式来释放风险，以及通过债务展期的方式来缓冲风险。这就对我们理解城投风险、鉴别城投风险、度量城投风险和应对城投风险的要求越来越高。

七、小结

从 1993 年首次面世至今，狭义城投债保持了 28 年零实质违约的记录。虽然市场上出现过因流动性风险引发的技术性违约，但最终在地方政府的协助下，城投公司都安然度过危机，城投债的金身始终不破。别说引发系统性风险，仅仅只是区域性的信用危机就已经足够震慑地方政府，由于城投公司与地方政府强纽带关联，城投信仰在金融机构原始本能的助力下得以不断充值。

城投公司的风险本质主要在两个方面，一是在现有经济模式和手段下，无法准确衡量城投公司资产的外部性价值和回收期限，因此资产回收期限的不确定性所对应的债务本身的有息性和期限的固定性，这部分的负债风险更大意义上属于流动性风险；二是不承担宏观上综合平衡责任，预算软约束加缺少必要的制衡和约束，使得地方政府一味追求当地经济扩张，结果宏观上的综合平衡被打破带来的城投公司债务形成的资产边际外部性收益不断下降，甚至低于成本的风险。

当前，城投公司的债务主要还是在城镇化进程中形成的债务，虽然我国大部分的基础设施投资还没有处于过剩阶段，但是传统的利用城投外部性转为内部性收益的方式过于单薄。土地出让金虽然未必会枯竭，但是随着经济要素的竞争力下降，后发地区土地出让收入抵消基础设施建设投入的难度越来越大；从土地依赖过渡到税收依赖的产业招商引资也并非易事，后发地区大量债务对应的资产转化为税收，需要时间也需要时机。城投风险的根源也恰恰来自城投信仰的基础。

| 第三章 |

城投公司的财务报表构造

事物的现象是外在的表现形式，可能是正确的，也可能是歪曲的。

——马克思

无论城投公司怎么背靠地方政府，它毕竟还是以公司制运行的企业，既然是企业就要满足公司存续的管理要求，通过财务会计报告反映某一特定日期的财务状况和某一会计期间的经营成果、现金流量等会计信息。如果说一般生产经营性企业的财务会计报告表达的是企业在经营过程中如何盈利，支撑企业经营的资产又如何运作，那么城投公司的报表更多的是为融资而生，它所表达的是监管对融资的要求，从财务信息里流淌出的是地方政府对城投公司的默默支持。我们无法像看一般经营性企业那样去看城投公司的 ROE，去看毛利率，去看存货周转率，去看经营性净现金流，城投公司的性质决定了这些财务指标效用折扣。监管机构去看城投公司的财务报告主要是看企业是否符合融资的规范，而债券投资者更多的是想从城投公司的财务报告里多嗅嗅城投信仰的气息，而债券投行人员作为城投公司财务报告制造者的参谋，对此有着特殊的理解。

第一节　城投公司财务报表的约束线

一般生产经营性企业是先有经济活动，到期末按照会计准则的要求来去衡量经济活动的成果，而大多数城投公司的财务会计报告是先有了心中的预想答案，按照会计准则的要求反推应该设计怎样的经济活动过程可以得到期末的成果。也就是说城投公司的财务会计报告的目的性非常强，可以说其就是为了融资而生，虽然这么说有点过于绝对，但在实际操作过程中城投公司确实是通过沿着监管部门所裁定的约束边界来刻画城投公司的财务基础。而监管部门不仅仅是审批城投公司的发债申请，它们在很大程度上用一系列文件以结构引导的方式来主张城投公司的业务发展方向，这种带有约束性质的引导很像是监管部门对苗木生长的修整，使其通过对发债要求的满足来达到对城投公司业务经营状况的期望。

一、资产的约束线

（一）资产规模

三大监管部门没有对资产规模或净资产规模有太多定量的指标，城投公司满足基于老证券法对净资产的入门条件即可，在项目收益债券没有出现之前，城投公司发行债券的主体级别是 AA- 起步，而评级公司对 AA- 的最低净资产要求基本上都可以轻松跨过这种门槛标准。但是，仅仅满足阈值是远远不够的，由于城投公司的净资产是框定融资规模的重要约束条件，因此为了争取更大的融资规模，城投公司主动性地会争取更多的净资产来充实报表。另外，更低的融资成本也意味时间换空间的裕度也更大，因此城投公司也需要更多的净资产和总资产来争取更高的评级结果。除此之外还需要考虑更多其他的因素，比如在 2015 年"2111"原则下，地区发债的指标有数量限制，2014 年，国家发改委对发债企业申请申报时间间隔也有要求，这会促使城投公司集中足够多的净资产将发债额度尽量占满，在通盘考虑后做融资筹划。

相关政策

企业发行企业债券必须符合下列条件：企业规模达到国家规定的要求。——《企业债券管理条例》（1993）

公开发行公司债券，应当符合下列条件：股份有限公司的净资产不低于人民币三千万元，有限责任公司的净资产不低于人民币六千万元。——《证券法》（2005）

累计债券余额不超过企业净资产（不包括少数股东权益）的40%。——国家发改委《关于推进企业债券市场发展、简化发行核准程序有关事项的通知》（发改财金〔2008〕7号）

企业发行短期融资券应遵守国家相关法律法规，短期融资券待偿还余额不得超过企业净资产的40%。——《银行间债券市场非金融企业短期融资券业务指引》（NAFMII 指引 0003）

企业发行中期融资应遵守国家相关法律法规，中期票据待偿还余额不得超过企业净资产的40%。——《银行间债券市场非金融企业中期票据业务指引》（NAFMII 指引 0004）

——（中国银行间市场交易商协会公告〔2009〕第14号）

拟发债企业自身与其直接或间接控股子公司发行债券累计余额之和，均不超过该企业所有者权益（包含少数股东权益）40%。若拟发债企业母公司发行过债券，则该企业及该企业的母公司均需满足此条件。——《企业债券审核工作手册》（2013）

发改委核准的企业债发行主体须遵循"2111"原则，省会可以有2家融资平台发债，国家级开发区、保税区和地级市1家，百强县1家，直辖市没有限制，但所属区仅1家。——2012年6月窗口指导意见

发债企业申请申报时间间隔由6个月调整为1年。已发债融资两次，再次申请发行企业债券的，省级发展改革部门应严格评估其资金使用绩效、偿债压力和风险状况。——国家发改委《关于全面加强企业债风险防范的若干意见》（2014）

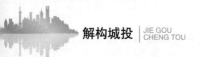

（二）资产质量

对净资产的绝对值要求低，但不代表对资产的质量要求低，国家发改委在衡量最大融资规模的时候都会评估城投公司的"有效净资产"，即能够产生经营性现金流或能够变现的资产。比如，公立学校、公立医院、党政机关办公楼等不能或不宜变现的资产，市政道路、公园等不能带来经营性收入的资产，这都是无效资产的范畴。另外，资产能够产生收益必须是合理回报，否则也会被纳入无效的范畴，比如，一个水库，资产评估20亿元，但是只产生100万元的收入，从资产收益比来看这个资产并不那么"有效"，同样也不能计入有效净资产。还有，虽然是经营性资产但最终未来资产权属会转移的也属于无效的范围，比如与地方政府签署了回购协议的工程项目。对于这些充实账面的无效资产，国家发改委和交易商协会都会要求计算发债额度时应将所注入资产金额从净资产中扣除，虽然交易所对此没有专项要求，但是在进行审核时会要求主承销商对资产状况进行说明，并综合判断可发债额度。所以城投公司在向地方政府请求注资时都会尽量挑选有效资产，否则注资完成后仅能调节资产负债率，并不能增加净融资额度。

相关政策

> 今后地方政府确需设立融资平台公司的，必须严格依照有关法律法规办理，足额注入资本金，学校、医院、公园等公益性资产不得作为资本注入融资平台公司。——国务院《关于加强地方政府融资平台公司管理有关问题的通知》
>
> 《通知》中"今后地方政府确需设立融资平台公司的，必须严格依照有关法律法规办理，足额注入资本金，学校、医院、公园等公益性资产不得作为资本注入融资平台公司"的"今后"是指2010年7月1日以后（含7月1日）；"公益性资产"，是指为社会公共利益服务，且依据有关法律法规规定不能或不宜变现的资产，如学校、医院、公园、广场、党政机关及经费补助事业单位办公楼等，以及市政道路、水利设施、非收费管网设施等不能带来经营性收入的基础设施等。——财政部、国家发展改革委、人民银行、银监会《关于贯彻国务院〈关于加强地方政府融资平台公司管理有关问题的通知〉相关事项的通知》（财预〔2010〕412号）

申请发行企业债券的投融资平台公司，必须依法严格确保公司资产的真实有效，必须具备真实足额的资本金注入，不得将公立学校、公立医院、公园、事业单位资产等公益性资产作为资本注入投融资平台公司。对于已将上述资产注入投融资平台公司的，在计算发债规模时，必须从净资产规模中予以扣除。——国家发改委《关于进一步规范地方政府投融资平台公司发行债券行为有关问题的通知》（发改办财金〔2010〕2881号）

地方政府对融资平台公司注资必须合法合规，不得将政府办公楼、学校、医院、公园等公益性资产作为资本注入融资平台公司。严格执行《土地管理法》等有关规定，地方政府将土地注入融资平台公司必须经过法定的出让或划拨程序。……地方各级政府不得将储备土地作为资产注入融资平台公司，不得承诺将储备土地预期出让收入作为融资平台公司偿债资金来源。——财政部、国家发展改革委、人民银行、银监会《关于制止地方政府违法违规融资行为的通知》（财预〔2012〕463号）

对于在财预〔2012〕463号文件下发后注入的上述性质的资产和土地，需从平台公司资产中剥离，如前期已发行过企业债券，需按照规定程序和要求，相应置换入有效资产。——《企业债券审核工作手册》（2013）

地方政府不得将公益性资产、储备土地注入融资平台公司，不得承诺将储备土地预期出让收入作为融资平台公司偿债资金来源，不得利用政府性资源干预金融机构正常经营行为。——财政部《关于进一步规范地方政府举债融资行为的通知》（财预〔2017〕50号）

申报企业拥有的资产应当质量优良、权属清晰，严禁将公立学校、公立医院、公共文化设施、公园、公共广场、机关事业单位办公楼、市政道路、非收费桥梁、非经营性水利设施、非收费管网设施等公益性资产及储备土地使用权计入申报企业资产。——国家发展改革委办公厅、财政部办公厅《关于进一步增强企业债券服务实体经济能力 严格防范地方债务风险的通知》（发改办财金〔2018〕194号）

（三）资产结构

虽然城投公司账面上核心资产大部分都是土地，但是这些土地资产只能代表家底殷实但却不能随意处置，因此城投公司还是需要通过业务经营来偿还有息债务，不过，资产有效并不代表经营是有效的，城投公

司在经营过程中的问题就会透过财务报表反映出来。如果城投公司一边确认收入，一边堆高应收账款，并且应收账款只见多不见少，这说明要么是地方政府因为资金紧张无法及时向城投公司回款，要么就是城投公司从地方政府获得的支持逐渐减少，但不管是哪种情况，都体现出城投公司现金流上的干涸和还本付息的压力。

地方政府可以向城投公司注资，也可以把资产从城投公司拿走，为了保证报表的平衡，资产被拿走后其他应收款就会增加，但较高的其他应收款要么是资产流出，要么是经营性资产被挤占，这些都是城投公司逐渐失血的表征。城投公司作为地方政府的主要融资平台，融入的资金根据地方政府的资金安排拆借至其他平台公司、国有企业或政府单位形成的非经营性往来款，都会计入其他应收款。除此之外，那些与主营业务无关、区分不清或是不能列入其他科目都会放在其他应收款，企业"垃圾桶"的名声也是因此而得。

应收账款和其他应收款规模、构成和占比能够间接地反映出公司经营性上可能会出现的问题，因此，为了防范可能出现的债务风险，监管机构除了要求对应收类科目进行详细披露外，交易商协会是对触发应收类科目规模超过阈值触发关注事项，沪深交易所在 2021 年是把应收类科目中潜藏的非经营性占款作为判断募集资金用途的依据，而国家发改委则是对应收类科目规模占净资产的比例作为是否能够发行债券的定量约束。

相关政策

对政府及其有关部门的应收账款、其他应收款、长期应收款合计超过净资产规模40%的企业，要重点进行关注，对企业应收账款、其他应收款、长期应收款以及在建工程等科目进行详细的风险分析，风险较大、政府有关部门违规调用资金或未履约付款等情况严重的，且上述科目涉及金额合计超过净资产60%的，不予受理企业债券发行申请……——国家发改委《关于全面加强企业债券风险防范的若干意见》（2014）

发行人非因生产经营直接产生的对其他企业或机构的往来占款和资金拆

借（以下简称非经营性往来占款和资金拆借）余额超过最近一年末经审计总资产3%的，发行人应充分披露下列事项，并作风险提示或重大事项提示；

发行人非经营性往来占款和资金拆借余额超过最近一年末经审计总资产5%的，应承诺债券存续期内原则上不新增非经营性往来占款和资金拆借余额；

发行人非经营性往来占款和资金拆借余额超过最近一年末经审计总资产10%的，本次申报债券的募集资金原则上应用于偿还存量公司债券，且应进一步披露主要债务方信用资质情况、偿还安排以及资金拆借必要性和合理性，并说明对发行人偿债能力的影响。——上海证券交易所公司债券发行上市审核规则适用指引第3号——审核重点关注事项（2021）

二、负债的约束线

（一）偿债能力

衡量城投公司偿债能力的维度有很多，而资产负债率是最常用也最直观的那个。国家发改委从2010年起就开始用资产负债率把城投公司区分出层次，并通过调整资产负债率的刻度来放松、收紧或限制城投公司的融资水平，以及用附加担保条件的方式来防范城投公司可能出现的债务风险。交易商协会除了用包括资产负债率、资产规模、ROA在内的"大"指标将企业分类分层外，还用有效资产负债率、EBITDA/利息支出等众多"小"指标来评估公司的偿债能力。2021年以后，交易所也从相对宽泛的定性标准，变为用相对法衡量债务增速，债务规模等偿债指标进行量化约束。对城投公司债务水平关注的不单是债券审批的监管机构，地方国资委在中央降杠杆的背景下，纷纷对地方所属国有企业的资产负债率水平提出了限制性要求和压降幅度的要求。因此，城投公司每每编制年度财务报告的时候，都会考虑如何符合监管规定的同时最大化来年的融资规模，因此，我们经常会看到城投公司在净资产和负债之间保持着边界上的微妙平衡。

相关政策

①资产负债率在65%至80%之间的发债申请企业，在审核工作中对偿债风险实行"重点关注"；②资产负债率在80%至90%之间的发债申请企业，原则上必须提供担保措施；③应当具有合理的资产负债结构和正常的现金流量；资产负债率超过90%，债务负担沉重，偿债风险较大的企业发债，不予核准发债。——国家发改委《关于进一步规范地方政府投融资平台公司发行债券行为有关问题的通知》（发改办财金〔2010〕2881号）

从严审核类：资产负债率较高（城投类企业65%以上，一般生产经营性企业75%以上）且债项级别在AA+以下的债券；连续发债两次以上且资产负债率高于65%的城投类企业；企业资产不实，运营不规范、偿债保障措施较弱的发债申请。——国家发改委关于进一步改进企业债券发行审核工作的通知（发改办财金〔2013〕957号）及其补充文件

将"从严审核类"发债申请的划分条件调整为"资产负债率较高（城投类企业60%以上，一般生产经营性企业70%以上）且债券级别在AA+以下的债券"；"连续发债两次以上且资产负债率高于60%的城投类企业"。

资产负债率在60%以上的城投类发债申请企业和资产负债率在70%以上的一般生产经营性发债申请企业，原则上必须提供担保措施；主体信用级别达到AAA的，可适当放宽为资产负债率在70%以上的城投类企业和资产负债率在75%以上的一般生产经营性发债申请企业，必须提供担保措施。资产负债率超过85%，债务负担沉重，偿债风险较大的企业，不予核准发债，主体信用级别达到AAA的，经研究可适当放宽要求。——国家发改委《关于全面加强企业债券风险防范的若干意见》（2014）

将城投类企业和一般生产经营类企业需提供担保措施的资产负债率要求分别放宽至65%和75%；主体评级AA+的，相应资产负债率要求放宽至70%和80%；主体评级AAA的，相应资产负债率要求进一步放宽至75%和85%。——国家发展改革委办公厅《关于充分发挥企业债券融资功能支持重点项目建设　促进经济平稳较快发展的通知》（发改办财金〔2015〕1327号）

第一类企业经营财务指标要求

行业分类	经营指标		财务指标	
	资产总额（亿元）	营业收入（亿元）	资产负债率（%）	总资产报酬率（%）
轻工业及零售贸易	—	>1000	<75	>3
建筑、建材及房地产	>1500	—	<85	>3
重工业、交通运输及其他	>1000	—	<85	>3

——非金融企业债务融资工具公开发行注册工作规程（2016）

推动国有企业平均资产负债率到2020年年末比2017年年末降低2个百分点左右。

原则上以本行业上年度规模以上全部企业平均资产负债率为基准线，基准线加5个百分点为本年度资产负债率预警线，基准线加10个百分点为本年度资产负债率重点监管线。——中共中央办公厅、国务院办公厅《关于加强国有企业资产负债约束的指导意见》（2018）

发行人经审计的年度财务报告披露的财务指标存在下列情形之一的，应加强针对性信息披露和风险提示：

（一）报告期内有息负债余额年均增长率超过30%、最近一年末资产负债率超过行业平均水平且速动比率小于1；

（二）最近一年末资产负债率、有息负债与净资产比例均超出行业平均水平的30%。——上海证券交易所公司债券发行上市审核规则适用指引第3号——审核重点关注事项（2021）

（二）负债结构

既然城投公司在公开市场上融资，那么监管部门更希望发债主体能够有序且合理地进行融资安排，保持健康的债务结构，既不希望城投公司的融资方式过于单一，也不希望城投公司在债务结构上留有隐患。比如，城投公司大举进行融资成本过高的融资租赁或者信托，透露出的是相对负面的信号，这要么是城投公司的融资渠道受限不得已诉诸于高息债务，要么透露出公司管理层对融资缺乏规划盲目举债，甚至还有廉洁从业风险之忧，不管是无奈还是有意，都折射出城投公司的健康隐患。再比如，负债结构中过低的银行贷款占比，其中的隐患是如果出现直接融资产品刚兑所出现的流动性压力，那么城投公司资金调剂的空间相对有限。另外，除了账面上的实际负债，监管部门还会约束城投公司因对外担保形成的或有负债，虽然在放款机构来看，这种城投公司或者国有企业之间的相互担保只是一种形式上的保证，但是在债务压力较大的时候，这种行为会把整个地区拖下水。

笔者亲历过，一个城投公司举全域之力被打造出来发行企业债券，随后银行贷款和非标融资就接踵而至，融到资金的喜悦与资产负债率一同增长，最后为了最大化城投公司的价值，让其为小城投公司做担保进行其他方式的融资，当丧失公司发债条件后作用越发单一，成为我们口中所说的"僵尸城投"。这种城投，像花火一样，瞬间绽放，又被黑暗吞噬，就笔者来看非常可惜。可以说融资品种的灵活和谨慎运用是城投公司在资本市场上成熟的标志，因此，监管部门在审核债券发行申请的时候，要通过其债务结构来评估公司的偿债风险。

相关政策

申请发债城投企业应承诺不进行与项目投资收回期限不匹配的短期高利融资。对资产负债率短期上升较快，有可能造成偿债风险的融资行为，企业应及时披露信息，主承销商应进行评估分析，必要时要经债券持有人会议表决通过。对罔顾风险，于2013年以后仍盲目进行短期高利融资的企业，其短期高利融资综合融资成本达到银行相同期限贷款基准利率1.5倍以上，累计额度超过企业总负债规模10%，不再受理企业债券发行申请。——国家发改委《关于全面加强企业债券风险防范的若干意见》（2014）

发行人高利融资金额不得超过总资产的9%，其中2014年9月26日之后的高利融资不得超过总资产4%（高利融资：综合融资成本达到银行相同期限贷款基准利率2倍以上）。——（2016）

①禁止发债企业互相担保或连环担保。②对发债企业为其他企业发债提供担保的，在考察资产负债率指标时按担保额一半计入本企业负债额。③政府投融资平台公司为其他企业发行债券提供担保的，按担保额的三分之一计

入该平台公司已发债余额。——国家发改委《关于进一步强化企业债券风险防范管理有关问题的通知》（发改办财金〔2012〕3451号）

发行人最近一期末同时存在下列情形的，本次申报公司债券的募集资金应优先用于偿还存量公司债券：

（一）银行借款余额低于有息负债总额的30%；

（二）银行借款与公司债券外其他公司信用类债券余额之和低于有息负债总额的50%。——上海证券交易所公司债券发行上市审核规则适用指引第3号——审核重点关注事项（2021）

三、收益的约束线

（一）收入结构

城投公司因城市建设而生，又因信贷业务的平台作用而兴，后经国家发改委的引导成为国家产业政策导向在基础设施领域的执行者，再在交易所和交易商协会的助力下，成为直接融资市场的主力军。收入的绝对规模虽然是评级公司和投资者衡量城投的重要指标，也是监管机构区分优质企业的重要参考，但由于平台属性一直贯穿于城投公司的发展过程当中，狭义城投公司并不拥有绝对意义上的经营实质，因此，收入规模不是监管机构审批债券发行的绝对依据，反而是在收入结构上的要求有引导城投公司去平台化的作用。

国家发改委深知城投公司向经营性业务转型的难度，但更不希望看到市场上充斥着无经营实质的融资平台，因此，对于那些平台属性较强，举借债务的还本付息单纯靠政府的补贴支持的城投公司，国家通过对经营性收入占比的要求，来驱动之前那些"偷懒"的城投公司用经营业务建立起与地方政府的"新"关系。虽然这种"新"关系把简单粗暴的直接纽带转成了与地方政府的隐性关联，但如果想要进一步打开融资渠道的障碍，还是要将城投公司推向一般性地方国有企业，而区分两者的界限除了银监会融资平台的定性指标外，其定量指标就是来自地方政府性

收入的占比。交易所和交易商协会的做法非常类似，但又有些许不同，交易所是以收入作为评判基础，而交易商协会是以现金流作为评判基础，但目的都是一样的，通过从源头收缩地方政府与城投公司的业务往来，让其向经营型业务过渡。

相关政策

凡是申请发行企业债券的投融资平台公司，其偿债资金来源70%以上（含70%）必须来自公司自身收益。

经营收入主要来自承担政府公益性或准公益性项目建设，且占企业收入比重超过30%的投融资平台公司发行企业债券，除满足现行法律法规规定的企业债券发行条件外，还必须向债券发行核准机构提供本级政府债务余额和综合财力的完整信息。

——国家发展改革委办公厅《关于进一步规范地方政府投融资平台公司发行债券行为有关问题的通知》（发改办财金〔2010〕2881号）

以经营业绩来判断平台公司的发债资格。具体计算方法以财务报表相关科目为依据：逐步过渡到最近三年平均主营业务收入（或营业总收入）与补贴收入（如未单列则采用营业外收入科目数据）之比大于7∶3，方可申请发债。

——国家发改委关于规范平台公司发行企业债券有关审核标准的工作指引初稿（2011）

拟发债企业偿债资金来源70%以上（含70%）必须来自其自身收益，该自身收益除项目本身经营性收益外，还可包括已注入平台公司的土地出让金收入和车辆通行费收入等其他经营性收入。——《企业债券审核工作手册》（2013）

最近三年（非公开发行的为最近两年）来自所属地方政府的现金流入与发行人经营活动现金流入占比平均超过50%，且最近三年（非公开发行的为最近两年）来自所属地方政府的收入与营业收入占比平均超过50%。——交易所"双50%"标准（2015）

（1）将"双50%"（最近三年政府的现金流入及所属地方政府的收入占比均超过50%）调整为"单50%"（所属地方政府的收入超过50%）。

（2）调整指标计算方法。发行人计算政府收入占比，除了可采取报告期内各年度政府收入占比的算数平均值外，也可采取"加权平均法"（各年度源自地方政府的收入总额/各年度营业收入总额）。——交易所"单50%"标准（2016）

财政现金流比例＝未来财政性现金流入/经营活动产生的现金流入×100%
该比例如超过50%，则为基建类企业。

财政性现金流包括BT（代建）业务收入、一级土地开发出让收入返还、政府补贴、政府注资、政府拆借资金返还、收到的土地出让综合价金中冲减存货等。

（二）盈利能力

监管机构对城投公司发行债券的盈利能力的要求主要是来自上位法的规定，"最近三年平均可分配利润足以支付企业债券一年的利息"的融资条件一直从老证券法延续到了新证券法。但是三家监管机构在此基础之上也有不同的延伸，毕竟盈利能力直接关系到公司的显性偿债能力，大致的逻辑是，定性与定量相结合，品种与类别分层次。城投公司的盈利水平约束的是融资规模，但如果是亏损，问题就要严重很多，在经营问题的背后很可能是政府支持的削弱，因此，就算是非公开发行的债券，虽然没有把"不得亏损"写在纸面上，但是在审核项目的过程中会非常慎重地对待。而对于公开品种来说，由于其受众群体和市场影响的原因，监管机构会酌情提高其约束条件和审核标准，来将潜在风险出现的概率降低。

不过，我们也可以通过净利润指标关注到监管制定政策时的小细节，比如，国家发改委对发行企业债券的要求相比于证券法，在净资产上约束的更严（不包括少数股东权益），而在利润水平上较为宽松（可分配利润→净利润→净利润和归属于母公司股东净利润孰高）。这也很好理解，对于城投公司来说，资产好进，那就稍微严一点，收益较难实现，那就稍微宽松一点。另外，"支付本期债券一年的利息"虽然只比"支付公司债券一年的利息"变了两个字，但是却给了城投公司扩大融资规模留下了充足的空间。

相关政策

> 公开发行公司债券，应当符合下列条件：
>
> 最近三年平均可分配利润足以支付公司债券一年的利息。——证券法（1998）
>
> 企业申请发行企业债券应符合下列条件：
>
> 企业经济效益良好，发行企业债券前连续 3 年盈利。——企业债券管理条例（2004）
>
> 企业公开发行企业债券应符合下列条件：
>
> 最近三年平均可分配利润（净利润）足以支付企业债券一年的利息。——国家发改委《关于推进企业债券市场发展、简化发行核准程序有关事项的通知》（发改财金〔2008〕7 号）
>
> 最近三个会计年度净利润平均值足以支付发行人自身发行本期债券一年的利息。——《企业债券审核工作手册》（2013）
>
> 对符合条件的企业发行债券，可按照"净利润"和"归属于母公司股东净利润"孰高者测算净利润指标。——国家发展改革委办公厅《关于充分发挥企业债券融资功能支持重点项目建设促进经济平稳较快发展的通知》（发改办财金〔2015〕1327 号）
>
> 资信状况符合以下标准的公司债券可以向公众投资者公开发行，也可以自主选择仅面向合格投资者公开发行：
>
> 发行人近三年会计年度实现的年均可分配利润不少于债券一年利息的 1.5 倍。——公司债券发行与交易管理办法（2015）
>
> 符合以下要求的为第一类企业：
>
> 市场认可度高，行业地位显著，经营财务状况稳健（具体标准见附件），最近两个会计年度未发生连续亏损；——非金融企业债务融资工具公开发行注册工作规程（2016）

四、成本的约束线

这里所说的成本并不是指城投公司损益表中的生产成本和费用支出，而是运营一台城投公司机器的隐性消耗。城投公司跟人一样，如果要维持活动状态就需要消耗能量，在消耗能量的过程中就会产生额外耗损。潜在耗损如果无法有效化解，就会变相推高融资成本，因此，城投公司就会尽量用耗损最小的方式去编制财务报表，提高资金的性价比。

城投公司在从一个纯融资平台转向业务经营的时候，需要面对的最大损耗就是"税"。由于地方政府缺乏足够的建设资金或者说需要用有限的资金去撬动更多项目，因此就需要城投公司通过介入业务运转过程以实现融资功能。地方政府要先将工程项目承包给城投公司，城投公司以工程项目进行市场融资，随着资金逐渐到位，城投公司再将工程项目进行分包或者转包，工程完工后，城投公司对施工单位结算后确认成本，把工程交给地方政府的时候确认收入。

在营改增之前，城投公司确认收入的同时，就需要根据收入规模计提营业税及其附加，根据利润总额计提企业所得税，这些业务运转过程中所产生的税费就是融资过程中的损耗。当然，如果地方税务局出具说明性文件，免予征收或者暂缓征收城投公司应缴的税费，那么这个损耗可以暂时被搁置，但却无法根本消除，因为地方税务局是没有权力对这种情况做出减免决定的，留下的是合规风险的敞口。在营改增和国地税合并之后，城投公司既缺乏足够的进项税额抵扣，也无法再用老办法进行搁置处理，因此大多数城投公司都以小规模纳税人的身份来做损耗的最小化应对。如果站在地方政府的角度去算大账，即使税费如数缴纳也算是肉烂在了锅里，但对于城投公司来说，除非实质性经营可以覆盖税负成本，否则税费就是增加了真实的融资成本。因此，城投公司会在考虑税费的因素下设计收入实现方式和调整收入的结构。

不仅是收入端有产生损耗的额可能，资产端也有。如果地方政府直接以土地进行注入，损耗的仅仅是可以忽略不计的评估费用，如果城投公司是以招拍挂的方式取得土地资产，就需要足额缴纳土地出让金，而地方财政能够以土地出让金的绝大部分作为增资款注入城投公司，其中小部分分流至省里缴纳的各项基金和上解中央财政的部分契税，虽然近两年基金收费在个别地区没有强制执行，但2021年7月以后，土地使用权出让收入全部划转税务部门负责征收，意味着即便土地出让收入还是归地方，地方政府也不能再就地坐支土地出让金。当然，城投公司也会由于存在损耗的可能性来改变取得资产的方式和过程。

如果说上述损耗是会对综合融资成本的影响，那么损耗也会对融资规模产生影响。城投公司账面上的有体量很大的有息负债，有息负债所产生的利息费用可以分为可资本化利息费用和可费用化利息费用。在项目建设过程中，有息负债的利息支出多以资本化为主，项目完工后，有息负债的利息支出就会计入当期费用。而利息费用到底是资本化还是费用化，最终会导致净利润水平的变化，而净利润水平又会约束城投公司的最大发债额度。因此城投公司会按照利息支出对利润表影响最小的方式，去定义有息负债形成的资产所处的不同阶段，用较小的耗损争取较大的发债规模。

五、小结

城投公司如果想追求发展和持续融资，财务报表不会也不能超过监管部门用一道道政策所刻下的边界，城投公司也会根据政策的变化来调整财务报表的构造。我们也可以换个角度来理解，政策的约束线穿插交错织成了一张网，这张网能过滤掉那些不再适合在市场上融资，或者有偿债风险的城投公司，笔者曾经做过粗略的统计，平均每年都有10%以上的城投公司不再满足国家发改委对发行企业债券对财务报表的基本要求。新证券法颁布后，监管机构也都对各自所管辖的融资品种的政策约束做了与时俱进的调整，交给市场更多的自由度和判断空间，但自由并不意味着要求放松，虽然取消了诸如"债券余额不超过净资产40%"的限制，但并不意味着没有其他财务指标来去约束企业的发债规模，比如

"合理的资产负债结构和正常的现金流量"就对城投公司提出了看似波澜不惊但却内涵更为丰富的要求。

相关政策

公开发行公司债券，应当符合下列条件：

（一）具备健全且运行良好的组织机构；

（二）最近三年平均可分配利润足以支付公司债券一年的利息；

（三）国务院规定的其他条件。

——证券法（2020）

二、明确企业债券发行条件：

企业债券发行人应当具备健全且运行良好的组织机构，最近三年平均可分配利润足以支付企业债券一年的利息，应当具有合理的资产负债结构和正常的现金流量，鼓励发行企业债券的募集资金投向符合国家宏观调控政策和产业政策的项目建设。

——国家发改委《关于企业债券发行实施注册制有关事项的通知》（发改财金〔2020〕298号）

根据企业市场认可度、信息披露成熟度等，债务融资工具注册发行企业分为第一类、第二类、第三类、第四类企业，实行相应注册发行工作机制。其中，第一类和第二类为成熟层企业，第三类和第四类为基础层企业。

同时符合以下条件的为成熟层企业：

（一）生产经营符合国家宏观调控政策和产业政策，市场认可度高，行业地位显著，公司治理完善。

（二）经营财务状况稳健，企业规模、资本结构、盈利能力满足相应要求（见附件）。

（三）公开发行信息披露成熟。最近36个月内，累计公开发行债务融资工具等公司信用类债券不少于3期，公开发行规模不少于100亿元。

——非金融企业债务融资工具公开发行注册工作规程（2020）

公开发行公司债券，应当符合下列条件：

（一）具备健全且运行良好的组织机构；

（二）最近三年平均可分配利润足以支付公司债券一年的利息；

（三）具有合理的资产负债结构和正常的现金流量；

（四）国务院规定的其他条件。

资信状况符合以下标准的公开发行公司债券，专业投资者和普通投资者可以参与认购：

（一）发行人最近三年无债务违约或者延迟支付本息的事实；

（二）发行人最近三年平均可分配利润不少于债券一年利息的1.5倍；

（三）发行人最近一期末净资产规模不少于250亿元；

（四）发行人最近36个月内累计公开发行债券不少于3期，发行规模不少于100亿元；

（五）中国证监会根据投资者保护的需要规定的其他条件。

未达到前款规定标准的公开发行公司债券，仅限于专业投资者参与认购。

——公司债券发行与交易管理办法（2021）

第二节　城投公司的资产构建

笔者在开篇的时候，提到了融资平台的定义，"由地方政府及其部门和机构等通过财政拨款或注入土地、股权等资产设立"，因此，以土地出让金为主的可自由支配预算外资金、待供应或待开发的土地资源、附着在国有土地上地方政府或其职能部门拥有所有权的房产、职能部门代地方政府持有的国有企业股权等资产，就成为组建或扩张城投公司的基石。

一、货币资金

城投公司从外部获得的资金主要来源有两块，一块是地方政府的注入，反映在所有者权益的增加上；另一块是城投公司举借的债务，反映在负债的增加上。有些读者可能会发问，既然地方政府缺少推动基础设施建设的资金，为什么还要用宝贵的财政资金对城投公司源源不断地输血。简单地说，政府注入的这部分资金是垫在杠杆下的那个支点，只有靠这个支点才能让城投公司这个杠杆发挥最大的作用，城投公司举借的债务就是地方政府用资金撬动杠杆的结果。

2014年后，注册资本实缴登记制改为认缴登记制，地方政府的这个杠杆支点更像是个"信用"支点，也就是说地方政府甚至连资金都可以不出，就可以先把城投公司的融资开关打开，这样的杠杆方式让地方政府没有办法不爱上依靠城投公司融资的感觉。但并不说这个支点会一直悬空，只要融资的机器开始转动，用资金驱动基础设施建设，用基础设施驱动土地出让和地价升值，政府就可以用获得的土地出让金，向城投公司注资，城投公司可以继续加杠杆"购买"并"加工"土地，只要地方政府的土地财政能够循环，城投公司获得财政资金的支持就会一直滚动，使城投公司的净资产越来越大，再用不断提高的净资产使负债也不断提升，直至资产负债率的边界。

二级市场的股票投资有一种估值方法是，用股票市值减去账面上的货币资金，作为构造 PE 倍数的基础，来观测买到的资产是否具有更有性价比和更厚的安全垫。但是，城投公司是以信用的方式在扩张，不仅仅使融资端，投资端也是一样，城投公司会把资金管理做到极致，一般的城投公司不会在账面上搁置太多货币资金，如果有大概率也是受限资产，我们没有办法像看上市公司的逻辑通过账面上的货币资金去评价城投公司的风险。

案例：永煤集团账面的货币资金

2020年11月10日，永城煤电控股集团有限公司（以下简称永煤集团）因未能按期兑付"20永煤SCP003"到期本息10.32亿元，构成了实质性违约。

永煤集团2020年第三季度的财务报表显示其合并口径的货币资金合计469.67亿元，理论上说应对"20永煤SCP003"到期本息均绰绰有余，账面货币资金储备充足。穿透来看，合并口径的货币资金469.67亿元，母公司财务报表的货币资金为66.69亿元，其中现金及现金等价物为28亿元。就算只考虑母公司的财务报表上的货币资金余额应仍可应对"20永煤SCP003"的兑付需求。

2021年1月14日，永煤集团披露的致歉声明中表述，大量的货币资金被划转至控股股东河南能源化工集团有限公司资金管理中心，但该部分信息未在财务报表中披露，也未在年度报告及发行文件中披露。

2020年4月30日，永煤集团披露2020年度的审计报告，截至2020年12月31日，货币资金余额包括：库存现金0.01亿元，存放在控股股东河南能源化工集团下属的财务公司的存款24.55亿元，专门用途的环境治理基金和土地复垦金9.44亿元，用于信用证及银行承兑汇票保证金等受限制的货币资金128.43亿元，剩余可自由支配的银行存款仅8.85亿元，占年末货币资金余额的比重为5.47%。对比2019年度的审计报告，货币资金余额包括：库存现金0.01亿元，用于信用证及银行承兑汇票保证金等受限制的货币资金81.86亿元，其他货币资金3.44亿元，剩余可自由支配的银行存款335.57亿元，占年末货币资金余额的比重为79.73%。

注：案例相关内容均取自已公开披露的信息，下同。

二、土地资产

土地资源是地方政府手中最具价值的资产，是搭建城投公司资产端的"硬通货"。一方面，由于其易于评估和评估值大的特点，可以快速提升城投公司的净资产规模；另一方面，城投公司可以通过土地使用权抵押提高融资能力，而账面上被抵押的土地依然能够为城投公司提供信用支撑。

（一）土地资产的形态

从20世纪80年代末到21世纪初，土地的商品化属性不断被增强，但是在土地供应上的管理却较为粗放，2001年，建设用地的收购储备制度被提了出来①，由此，土地多出来一个新的状态——"储备土地"。随后在2007年，国家把储备土地"征购、开发、供应"的职能归口至土地

---

① 2001年4月，国务院发布《关于加强国有土地资产管理的通知》，提出"有条件的地方政府要对建设用地试行收购储备制度"。

储备机构①，虽然储备土地只是出让土地的"预备队"，但依然展现出了很强的金融属性，能够非常便捷地获取信贷资金②，地方政府也正是看重这一点，将城投公司和土地储备机构进行不同程度的结合。这种结合的优势是很明显的，城投公司可以借由储备土地融到的资金分流一部分弥补基础设施建设资金的缺口，也可以承接土地整理职能，既能与基础设施建设在业务上结合，又能创造一块收入来源，还可以在账面上用储备土地充实资产，增强信用保障。

这种土地储备机构和城投公司不分彼此的模式在 2010 年以后开始全面清理，政策不仅要求土地储备机构与城投公司脱钩③，而且禁止地方政府将储备土地作为资产注入城投公司，就算以前注入成为既定事实的资产在计算发债额度的时候也不能够计入有效资产。因此，2012 年以后的城投公司账面会出现四种性质的土地资产：①足额缴纳土地出让金的出让土地。这类土地会按照土地出让金价格全额计入账面，这是监管机构最鼓励的土地所有权形态，也是担保机构最愿意用作反担保物的资产，在计算发债额度和计算担保额度时都会按照实值计算。②未缴纳或者未

---

① 2007 年 11 月，国土资源部、财政部、中国人民银行颁布《土地储备管理办法》（国土资发〔2007〕277 号），明确"土地储备机构应为市、县人民政府批准成立、具有独立的法人资格、隶属于国土资源管理部门、统一承担本行政辖区内土地储备工作的事业单位"。

② 2001 年 4 月，国务院发布《关于加强国有土地资产管理的通知》，提出"市、县人民政府可划出部分土地收益用于收购土地，金融机构要依法提供信贷支持"；2007 年 2 月，财政部、国土资源部联合发布的《土地储备资金财务管理暂行办法》（财综〔2007〕17 号），土地储备资金可来源于"土地储备机构按照国家有关规定举借的银行贷款及其他金融机构贷款"；2007 年 11 月，国土资源部、财政部、中国人民银行颁布《土地储备管理办法》（国土资发〔2007〕277 号），明确"商业银行及其他金融机构应严格按照商业原则在批准的规模内发放土地储备贷款"。

③ 2001 年 9 月，中共国土资源部党组发布《关于国土资源系统开展"两整治-改革"专项行动的通知》（国土资党发〔2010〕45 号），要求"土地储备机构必须与其下设或挂靠的从事土地开发相关业务的机构彻底脱钩"；2012 年 11 月，国土资源部、财政部、人民银行、银监会《关于加强土地储备与融资管理的通知》（国土资发〔2012〕162 号），明确"国土资源主管部门统一归口管理土地储备工作"，"建立土地储备机构名录"；2012 年 12 月，财政部、国家发改委、人行和银监会四部门下发《关于制止地方政府违法违规融资行为的通知》（财预〔2012〕463 号），要求"地方各级政府不得将储备土地作为资产注入融资平台公司"，"不得授权融资平台公司承担土地储备职能和进行土地储备融资"；2016 年 2 月，财政部、国土资源部、中国人民银行、银监会发布《关于规范土地储备和资金管理等相关问题的通知》（财综〔2016〕4 号），要求"各类城投公司等其他机构一律不得再从事新增土地储备工作"。

足额缴纳土地出让金的出让土地。由于当时的管理并不严格，即使没有足额缴纳土地出让金，依然可以取得土地使用证，这类土地虽然会按照足值纳入账面有效资产，但是在债券审核时一般都会酌情处理，按照缴纳土地出让金的情况对土地的账面价值打折计算发债额度。③划拨地。这是地方政府将土地使用权无偿交付给城投公司的土地，由于这种土地完全没有缴纳土地出让金，在评估入账时会按照至少30%的比例扣减，在债券审核或者担保评估时，会按照40%以上的折扣率扣减发债额度。④储备地。这类土地就是完全无效的资产，就算当时按照某种评估方法以较高的账面价值入账，在部分评级公司和投资者眼里也会用重置的方法将其价值做还原处理。

（二）土地资产的注入方式

地方政府将土地资产注入平台公司有三种行为方式，分别是土地划拨、土地作价注资、土地出让。

1. 土地划拨。划拨行为是地方政府将涉及城市基础设施建设、公益事业等用地给予城投公司的一种方式，这类土地要符合《划拨用地目录》的土地用途，并会在土地使用证中"使用权类型"一栏会标注"划拨"二字。虽然这类土地没有缴纳土地出让金，但不影响其计入资产，其入账价值来自资产评估机构的评估报告，一般的评估方法是按照其作为出让土地的相对市场价值减去未来缴纳土地出让金的预计，作为土地评估价值。这类资产虽然打了折扣，但是由于不用额外缴纳土地出让金，也算是"性价比"很高的资产。

2. 土地作价注资。土地出让方式其实是有四种，分别是"招标、拍卖、挂牌和协议"，前三者就是我们经常说的"招拍挂"土地出让程序，但在20世纪90年代初期用得比较多的"协议"方式，似乎正在被人们遗忘，但是城投公司对这种有点"取巧"的出让方式并不会陌生。通过签署"土地出让协议"，并约定事后补缴土地出让金的方式先行办下土地使用权证，这类土地"使用权类型"就会是"出让"。土地作价注资就是针对那些是没有缴纳土地出让金或者没有足额缴纳出让金的出让土地，由于这些土地无法以缴纳的土地出让金数额作为入账依据，因此也需要聘请资产评估机构对拟注入的土地资产进行评估，但因为其在权属状态上是"完全"的，所以，在价值评估时可以不用折算。我们也可以换另外一个角度去理解这种没有缴纳土地出让金但又不用折损价值的注入方式，其等同于地方政府在注入之前就已经缴纳了土地出让金。不用纠结是否真实缴纳的原因是，那不过是地方政府从左口袋拿到右口袋的问题，而地方政府能够以作价注资的方式出具注入文件，就说明了政府在这个问题上的信用背书。

3. 土地出让。土地出让严格意义上来说都不算是地方政府注入土地的方式，而是城投公司取得土地的方式。因为，城投公司在土地一级市场通过"招、拍、挂"的程序获得土地资产，而土地资产的增加意味着货币现金的同等减少，仅只是资产的形式发生了变化，但净资产并没有增加。只有地方政府取得城投公司所缴纳的土地出让金以后，地方政府再通过对城投公司增资，来将缴纳的土地出让金重新"还"给城投公司的时候，才会完成净资产规模增加的动作。如果把"城投公司购地+地方政府返还出让金"看成是一个动作，相当于地方政府"变相"为城投公司注入了土地资产。这种方式的好处是城投公司的土地资产是"足值"的，这种"完全"的出让土地，不仅可以全部计入有效资产，不扣减发债额度，而且可以将其通过抵押方式放大公司的融资规模或者降低债券的发行利率。

（三）土地资产的会计科目选择

从会计核算的角度来看，土地资产计入"存货"或"无形资产"，主要取决于其持有土地的目的，对于未来预计将用于开发建设或正在开发过程中的土地，计入"存货"；对于公司日常经营使用的，如日常办公大楼的土地，计入"无形资产"中。"存货"及"无形资产"科目在出让地的初始价值确认上没有差别，核心在于"存货"在后续计量时无须计提摊销，而"无形资产"在后续计量上，对于已经明确土地使用期限的出让地，需要在土地的使用年限每年内对其进行摊销，摊销金额计入当期损益会对利润表产生影响。狭义上的城投公司几乎都包含基础设施建设及土地开发业务，将城投公司持有的出让地认定为未来拟用于开发建设能够符合城投公司的经营范围，也符合土地的规划用途，相较而言，把土地资产计入"存货"科目是更加"划算"的选择。

土地资产还可以选择计入投资性房地产。投资性房地产是指为赚取租金或资本增值，或两者兼有或持有的房地产，主要是指已出租的土地使用权、持有并准备增值后转让的土地使用权和已出租的建筑物。与计入"存货"和"无形资产"相比，计入"投资性房地产"可以以公允价值模式进行后续计量，其优势在于：一是不需要计提折旧和摊销的，减少了折旧和摊销对城投公司利润的蚕食。二是土地资产的稀缺性会使投资性房地产的公允价值在大趋势上持续保持上升的状态，公允价值与其原账面价值之间形成的正向差额，可以作为公允价值损益计入利润表。三是土地资产的公允价值是资产评估公司采用市场法、成本法、收益法等评估手段确定的，有较大的弹性。

土地资产与当年的土地市场情况密切相关，期末的公允价值相比原账面价值可能增加也可能减少。审计机构为了使自己出具的财务报告有依据支撑，一般会要求城投公司聘请资产评估公司对投资性房地产进行评估以确认其公允价值。而资产评估公司为了取悦城投公司对评估价值的预期，往往会通过评估方法的选择、参考价值就高不就低等满足城投公司对公允价值的要求。这也可以解释为什么城投公司报表的投资性房地产公允价值多见增长，少见降低。

（四）土地资产的注入瑕疵

虽然土地是会永久存在下去的，土地资产也具有很强的价值属性和保值能力，但是土地资产在城投公司账面上存续的状态，却是有"保质期"的，但资产状态的"保质期"经常因土地的永久性而被忽略。对于划入城投公司的土地，如果长期属于未开发状态，则会被定义为"闲置土地",而闲置土地会被征缴土地闲置费或者无偿收回①。2017 年,在财政部下发《关于进一步规范地方政府举债融资行为的通知》(财预〔2017〕50 号)之后,不少省份的财政部专员办对区域内的城投公司进行核查,有些城投公司因闲置土地问题被检查组提出"注入的土地在法律上处于价值不确定的,有政府无偿收回的风险,但发行文件及相关会计报告未能向证券投资者披露",并要求对核查过程中涉及的土地闲置问题进行整改。随着土地管理的不断规范和自然资源部土地监测监管系统的不断完善,部分城投公司已经出现了因被认定为闲置土地而被收回的情况。

案例:重庆城投土地开发模式的进化

重庆市城市建设投资(集团)有限公司(以下简称重庆城投)的土地开发模式的变更历程如下:

土地储备职能:2019 年以前,重庆市政府赋予重庆城投进行城市建设土地储备的职能。重庆城投可以对政府划拨的土地进行整治,将城建土地整治过程发生的收储资金、前期开发费用、基础设施配套费用、土地平整费用、房屋拆迁费用等成本计入"存货——土地整治成本";土地整治完成后,土地交由重庆市土地交易中心统一招标拍卖,拍卖款划入市财政,市财政按规定收取相关规费、评估费、农业发展基金后,以财政拨款的形式按土地成本返还和土地出让金返还划回重庆城投,土地成本返还冲减存货中的土地整治成本,土地出让金返还作为政府投入进入资本公积。

同时,根据重庆市政府部门相关文件,重庆城投按照当期土地储备整治工程的征地拆迁补偿安置费、当期城市房屋拆迁安置补偿成本支出总额、当期整治工程的前期工程费和整治工程费支出总额的一定比例提取管理费,计入土地管理费收入。

---

① 2012 年 5 月,国土资源部颁布《闲置土地处置办法》,其中把"国有建设用地使用权人超过国有建设用地使用权有偿使用合同或者划拨决定书约定、规定的动工开发日期满 1 年未动工开发的国有建设用地"和"已动工开发但开发建设用地面积占应动工开发建设用地总面积不足 1/3 或者已投资额占总投资额不足 25%,中止开发建设满 1 年的国有建设用地"界定为"闲置土地"。"未动工开发满 1 年的",国土资源主管部门可"按照土地出让或者划拨价款的 20% 征缴土地闲置费";"未动工开发满两年的",国土资源主管部门可"无偿收回国有建设用地使用权"。

受托开展存量土地储备：2019 年以后，按重庆市政府要求，重庆城投将储备土地陆续划转至重庆市土地储备整治中心，由重庆市土地储备整治中心直接委托重庆城投继续对上述土地实施整治。重庆城投收到重庆市土地储备整治中心支付的相关资金，部分用于冲减前期投入计入存货科目的整治成本，部分用于后续土地整治，作为代收代付计入其他应付科目，待实际支出后进行冲抵。同时，重庆城投按土地成本的一定比例计提土地管理费计入营业收入科目，提取比例为农村征地补偿支出的 4%、国有土地上房屋征收补偿支出的 2%、整治工程的前期费和工程费用支出的 4%。

专业化土地承接商：除了将继续对市土储中心直接委托的土地实施整治外，重庆城投尝试依靠土地运作经验，扩大土地整治发包业务范围，转型发展成为集土地整理、委托代建于一体的专业化土地业务承接商。

三、房产

我们先简单来梳理一下房产和土地的关系，房产是建在土地上的房屋等建筑物及构筑物，因此，房产里一般都会内嵌土地价值，"房不离地"，但是土地就算没有建筑物附着也可以单独评估入账，也就是说，土地上是可以没有房产的，但是房产必须依附于土地。虽然房产和土地都可以计入投资性房地产，但我们可以简单地将上节的土地资产理解为成片的土地，其上的附着建筑物并不重要，或者说土地上的建筑物没有使用价值，而房产则是具有使用价值的，比如，住宅商铺、厂房、仓库以及办公用房等。

虽然房产本身能够输出使用价值，但是房产的价值却依然还是在土地上，根据评估机构的估测，如果把房产和出让土地做一个硬性的切割划分，其价值比例大致为 3∶7。但如果房产是附着在划拨地上的，由于划拨地没有缴纳土地出让金，不能在二级市场自由流转，因此房产的评估价值就会相对较低，比如大多数安置房。也有一些历史原因形成的房产，其本身无法办理土地使用证，那么这些房产的评估价值里就不包含土地价值，比如老旧城区的公有住房。

地方政府或职能部门自用的办公楼，在其他企业或者房管局名下的公租房、廉租房、保障性住房配套的商业设施等，散落在城市中历史积累下来的沿街商铺和场馆设施，以及在地方国有企业名下的工业厂房、物流仓储用房等，都是城投公司账面上常见的来自地方政府注入的房产。这些房产就算没有经营行为，也不会选择计入"固定资产"，而是会计入"投资性房地产"规避折旧摊销对利润的侵蚀。土地升值，附着在土地上的房产当然也会升值，因此拥有大量投资性房地产的城投公司多数会采用公允价值法进行后续计量，公允价值与原账面价值之间的差额计入当期损益，提高城投公司的利润水平。虽然近期房地产市场出现波动，城投公司聘请的资产评估公司依然可以通过调整参照物或评估方法的方式调节评估价值，使评估结果能够有利于城投公司的融资。

案例：武汉供销集团账面的投资性房地产对财务报表的帮助

武汉供销集团有限公司（以下简称武汉供销集团）是武汉市农业流通的核心企业和服务城乡居民生产生活的综合平台。2017—2020 年的财务报表显示，武汉供销集团资产构成以投资性房地产为主，金额占同期资产总额的比重超过 60%，具体构成主要包括仓库、门面商铺、专业市场、房产等资产，分布在武汉市核心地段，主要通过出租等方式运营。

2017—2020 年，武汉供销集团确认的投资性房地产价值分别为 38.73 亿元、39.58 亿元、41.26 亿元及 40.46 亿元，由于采用的是公允价值模式计量，一方面武汉市土地价格的上涨使投资性房地产的公允价值不断上升，净资产规模持续增加；另一方面投资性房地产当期增值体现在利润表的公允价值变动收益中，是武汉供销集团盈利的最主要来源，2017—2020 年其利润表确认的公允价值变动净收益分别为 2.75 亿元、1.57 亿元、1.50 亿元及 0.49 亿元，占同期利润总额的比重分别为 83%、67%、83%、39%。

四、国有股权

（一）公用事业类资产的股权

地方政府手中掌握的公用事业类资产，主要是供水、污水处理、垃圾处理、燃气热力、公共交通、轨道交通等。由于这些经营性的资产基本上都有相应的企业或事业单位进行管理和运营，因此在地方政府向城投公司注入的时候，往往会直接通过划转股权的方式，将这些经营性资产纳入城投公司的合并报表范围。这些公用事业类资产，是地方政府最为优质的资产，不仅能够提高城投公司的净资产，还能多元化城投公司以土地整理和委托代建为主的业务结构，同时还能改善现金流量表中的经营性净现金流，一举多得。不过，需要说明的是，这些资产虽然划转至城投公司，但是城投公司一般不会干预这些企业的经营，因为城投公司没有更多的经验和人员去进行更深入的管理，因此这些股权划转大多秉承的是"主管部门不变、经营方式不变、人事关系不变"的原则，能够对这些资产进行穿透式管理的城投公司尚在少数。

案例：长沙城投水务板块的支撑作用

长沙市城市建设投资开发集团有限公司（以下简称长沙城投）的主营业务包括土地一级整理开发、水务及污水处理、工程结算、燃气收入、加油站及其他业务等。其中水务及污水处理业务主要通过下属子公司长沙水业集团有限公司（以下简称"水业集团"）经营。

水业集团成立于2004年12月7日，是以2001年由长沙市国资委注入长沙城投的长沙市自来水公司为基础组建设立的国有独资公司，其经营范围涵盖长沙市区的引水、供水、污水处理、二次供水、工程施工等多个水务板块。2015年9月，长沙市住房和城乡建设委员会授予水业集团旗下长沙供水有限公司30年的水行业特许经营权，授权其对长沙市城区及未来新扩张需要提供城市供水服务的区域独家提供制水、供水服务、收取水费和从事供水经营性资产的投资、建设、运营和维护。

2017—2019 年，水业集团实现营业收入分别为 24.23 亿元、23.45 亿元、36.00 亿元，占长沙城投同期营业收入的比重分别为 64%、29% 及 36%；主营业务毛利润为 5.79 亿元、6.16 亿元、9.82 亿元，占长沙城投同期主营业务毛利润的比重分别为 64%、58% 及 68%，是长沙城投核心的业务板块之一。

（二）上市公司股权

有些地方政府还会通过地方国资委或持股平台控股或参股上市公司，这些股权资产留在地方政府或持股平台手上没有办法完全发挥其资产价值，但地方政府将其注入城投公司后，可大大增强城投公司的实力。但如果是把上市公司股东，尤其是大股东，"变"成城投公司，那么需要经历一系列复杂的变更程序，并进行充分的信息披露，这对上市公司来说未免动静太大，搞不好还会向市场传递错误信息，影响股票价格。因此，地方政府一般向城投公司注入的是上市公司股东的股权，也就是说城投公司是上市公司股东的大股东，既可以达到增加资产的效果，也不会影响地方政府向上市公司派驻董事或者高级管理人员。

如果地方政府参股上市公司，大概率不是以交易为目的，那么股权注入城投公司后会将其计入"以公允价值计量且变动计入其他综合收益的金融资产"，如果地方政府能够控股上市公司，那么在城投公司母公司层面股权资产会计入"长期股权投资"，合并报表层面会呈现"1+1"的状态，不仅资产负债会呈现叠加的状态，上市公司经营性业务的收入利润也会让利润表"改头换面"。不过，上市公司的股权对于城投公司来说也是一把双刃剑，如果上市公司的经营业务是顺周期的话，那么城投公司也会"母凭子贵"，但如果上市公司的经营业务受市场影响较大，那么城投公司也会因为上市公司经营业绩出现收入利润的大幅下滑，或者主营业务性质（过剩产能等）被机构投资者列入"禁入名单"，遭受较为严重的融资困境。

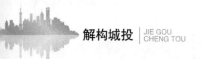

案例：景德镇国资旗下煤化工业务的两面性

景德镇国资运营投资控股集团有限责任公司（以下简称景德镇国资）成立于2004年，股东为景德镇市国资委。2009年6月，景德镇市人民政府将市国资委持有的景德镇市焦化工业集团有限责任公司（于2018年11月6日改名为景德镇黑猫集团有限责任公司，以下简称黑猫集团）的全部国有股权及权益划拨给景德镇国资，由其持有黑猫集团100%股权。

黑猫集团的主要产品包括焦炭、炭黑、煤化工附属产品及复合肥的生产和销售，负责该板块经营的黑猫集团多项产品在全国或江西省居于同行前列，炭黑产量更是位居全国第一。

在合并黑猫集团财务报表后，景德镇国资的营业收入呈现了以煤化工板块、公用事业板块和房地产板块为主的结构，其中煤化工板块收入占比约为70%。而黑猫集团所在的煤化工行业周期性较强，经营业绩易受宏观经济及行业景气度波动影响。尤其是永煤事件发生不久后，让煤化工相关收入占比较高的景德镇国资，出现融资成本上升的态势。

（三）其他城投公司或类城投公司的股权

由于历史原因或者管理上的需要，地方政府常常会根据主管部门或者经营类别的不同，将资产分散在不同的公司或单位中。比如与服务"三农"有关的有"农投"，与保障房建设有关的有"房投"，与产业园有关的有"产投"，与旅游业务有关的有"旅投"，与供水排水有关的有"水投"等，这些资产的分散弱化了区域城投公司的实力，尤其是行政级别低、财政收入少的区域来说更甚。这些股权资产既可以全部划转至新设的平台公司，也可以选择一家实力较强的城投公司作为"带头大哥"，将其他公司的股权资产划拨其名下。至于采用何种划转方式，也是需要跟城投公司的融资结合起来，由于债券发行需要有一定期限的完整会计年度，为了节约时间，往往都会采用后者；而在当前监管机构对评级公司的从严治理的态势下，新设公司则可以绕开对原有已评级主体提升级别的过高要求。

股权划转之后的管理方式也各有差异，有些城投公司仅仅只是单纯的股权架构调整，被划转的公司维持原先各自的运转，并不会做进一步融合，母公司仅以形式控股所代表合并后的资产在市场上便于融资。有些地市级别的城投公司就很有代表性，除了划转市本级的股权资产外，还会将下辖区县城投公司的股权上划至市本级城投公司（一般股权比例都为51%），以打造"城投大联盟"，形成资产实力更强的城投公司，争取更高的外部信用评级和更高的融资规模。也有很多城投公司会先取得划转后的股权后再在集团内部进行资产的整合与优化，除了满足融资需求外，还会满足地方政府对于国有资产管理和运营的需要，不过即便这样，这样的股权划转解决的也仅仅是资产聚合的问题，因为城投公司或者类城投公司的性质使然，注定无法在报表收入上贡献太多。

案例：建安集团的主体评级提升之路

建安投资控股集团有限公司（以下简称建安集团）前身为亳州城市建设投资有限责任公司，成立于2002年，股东为亳州市国资委，是亳州市政府组建的最重要投融资平台。建安集团自2009年首次获得主体级别AA-，2013年上调至AA，2018年再次上调至AA+。

回顾建安集团的调级之路，2012—2013年亳州市政府划转亳州市下辖4家区县城投公司51%股权给建安集团，达到增加公司资产总额、净资产及营业收入的目的。这4家区县城投公司包括：亳州金地建设投资有限责任公司（股东：建安集团持有51%，谯城区国资委持有49%）、涡阳县金阳城市建设投资有限公司（股东：建安集团持有51%，涡阳县财政局实际控制的安徽乐行城市建设集团有限公司持有49%）、利辛县城乡建设投资有限公司（股东：建安集团持有51%，利辛县财政局实际控制的利辛县城乡发展建设投资集团有限公司持有49%）及蒙城县漆园城市建设投资有限公司（股东：建安集团持有51%，蒙城县财政局实际控制的蒙城县城市发展投资控股集团有限公司持有49%），这4家公司的资产总额合计为385.87亿元，占建安集团2017年12月31日合并口径资产总额的38%；净资产总额合计为215.10亿元，占建安集团2017年12月31日合并口径净资产总额的48%，为建安集团主体级别的提升奠定了坚实的基础。

五、特许经营权

穿透公用事业类资产的股权，其实地方政府注入的是经营性基础设施的实物状态，而特许经营权则是基于这些经营性基础设施地方政府所授予的收费权利，这些权利要么是随着地方政府向城投公司注入前就已经附着在经营性资产内，要么是城投公司作为业主方完成项目建设后被地方政府赋予特许经营权留在账面之上，计入"无形资产"科目。特许经营权虽然无形，但却有价值，并且其价值也会源源不断地体现在利润表中。

特许经营权所涵盖的内容非常多，包括地下停车场、地下综合管廊、高速公路的收费权；围挡、路灯灯杆、沿街墙体等户外设施的广告经营权；道路、桥梁、场馆的冠名权；具有资源禀赋的采砂权、采矿权、滩涂水域养殖权、林木资产使用权、海域使用权等。在地方政府选择特许性经营权注入时，会首选这类有价资源，因为其评估价值会随着其稀缺性而引起的价格上涨而上升。比如，砂石作为建筑、道路、桥梁、水利水电等领域的基础材料，在基础设施建设中发挥着重要作用，然而由于环保限制、河道砂石开采量减少，供求失衡导致砂石价格不断上涨，2018 年以后部分地区砂石价格涨幅接近翻倍，收归国有的河道采砂权马上就成为地方政府手上香饽饽。

另外，有些特许经营权与其土地使用权是合并在一起的，难以分割，比如，林地的使用权和林木资产所有权，水域滩涂的使用权和水域滩涂养殖权，由于可以利用它们使用期限和划拨方式上的特点灵活处理，使得虽然计入"无形资产"，但是却能够"逃脱"摊销。虽然这些资产不如土地资产价值含量高，但是近期也有走高的趋势，在城投公司缺乏有效资产的困难时期，也能够起到充实报表的作用。

案例：威海产投的海域使用权

威海产业投资集团有限公司（以下简称威海产投），是威海市政府于2014年批准设立的国有独资公司，股东为威海市国资委。

2015年，根据威海市人民政府专题会议纪要〔2015〕第2号，威海市人民政府将5万亩海域使用权注入威海产投，海域使用权评估价格为22.28亿元，使得威海产投净资产大幅增加。威海产投对收到的海域使用权，一方面借方计入"无形资产"，另一方面计入"资本公积"。每年度，威海产投根据会计准则的相关要求，对海域使用权按照可使用的年限进行摊销。同时，根据财政部下发的《国家海洋局关于加强海域使用金征收管理的通知》（财综〔2007〕10号），威海产投还要按照规定足额缴纳海域使用金。

六、工程项目与应收账款

在城镇化进程当中，并不是只有城投公司承载整个地区的城市建设，住建部门、交通部门、水利部门都有相应的基础设施建设任务，这些项目与城投公司承接的基础设施项目类似，大多是缺乏收益的非经营性项目。对于土地资源匮乏、国有股权划转难度较大的地区，地方政府也会考虑将分散在各职能部门负责的在建基础设施项目划转至城投公司。

对于已经完工且已经结转的公益性资产，在一些老城投公司的财务报表里的"其他非流动资产"科目还能看到其身影，但是现在出于合规问题的考量，很少会再看到这样直接的注入方式。对于未完工或者未结转的工程项目，地方政府更多的是将其作为"存货"注入城投公司，与其说注入的是资产，其实更像是注入的业务，这些工程的后续开发会为城投公司带来收入和利润。

工程项目其实都算不上典型的地方政府可注入的资产，它只是资产注入的一种"中间状态"，最后沉淀在账面上的是应收账款，而应收账款的对手方就是地方政府的相关机构或部门。虽然这种注入方式也是取巧打了擦边球，有合规瑕疵存在，但是我们更多看到的是，应收账款这种资产凝结的是地方政府对城投公司的信用，而这种信用是可以用来融

资的，或者为融资提供保证。比如，一些非标融资可以接受应收账款作为担保物的，担保公司也认可应收账款来替代一部分土地资产作为反担保物。

由于地方政府每年可为基础设施项目支付的结算资金受其可支配财力的影响，因此城投公司无法像市场化经营的建筑施工类企业，根据合同完工进度确认收入并结转成本，一旦城投公司向委托方——地方政府开出工程价款结算单，财务报表层面会形成大量对地方政府的应收款项，会在债券发行时受到监管部门和债券投资者的关注，而把工程项目留在存货，虽然也会要求详细披露，但并不会造成太多不利影响，反而会因为侧面反映城投公司获得的地方政府支持力度大而得到信用上的支持，这也就是几乎没有城投公司就此计提存货跌价准备的原因。

七、小结

地方政府向城投公司注入的资产就像是"创业启动资金"，这些计入所有者权益科目的资产，就是城投公司的家底，城投公司开始运转之后，财务杠杆开始发挥作用，凭借家底实力所融入的资金在负债端形成债务，而债务大部分变成了资产端新增的工程项目和应收款项，由于资产形成过程中的固有模式，使得由经营收益所积累的未分配利润也非常有限。这些新形成的资产大多都缺乏再生产能力，应收款项更像是远期支票，因此只有不断地向城投公司输入新鲜的资产，债务的车轮才会继续滚动下去。这就是城投公司报表的运作逻辑。

第三节　城投公司的业务构建

城投公司如果要想运转起来，除了"资产"这个硬件以外，还需要"业务"这个软件来驱动。我们在前文提到了城投公司发行债券两个核心的指标——净资产和净利润，它们既反映公司经营状况，也约束融资规模。如果说净资产的形成主要靠地方政府注入，那么净利润的形成就需要城投公司将与地方政府有关的经济活动运转起来。而城投公司最主要的经济活动就是土地整理开发业务和基础设施建设业务，虽然这些业务在城投公司财务报告里的名称会有所不同，但是历经多年实质并没有多大变化，在城投公司彻底转型为市场化的经营企业之前，它们依然是城投公司业务构建的重要组成部分。

一、土地整理开发业务

前文我们提到城投公司被要求剥离土地储备职能，地方政府也不能再向城投公司注入储备土地，但这并不意味着城投公司不能从事与储备土地有关的工作。我们可以这样来理解，土地储备机构是一个供应土地的出口，但要达到供应的条件，需要将生地通过"N 通一平"等整理过程达到区域土地利用总体规划、土地开发计划的标准，并成为可供出售的建设用地，在生地变为熟地的过程中则需要大量的资金支持，但土地储备机构融资功能被切断之后，只靠"自有"资金去开展土地储备工作难度可想而知。而城投公司可以通过缔造与土地储备机构的合作关系，将原来的土地储备工作进行拆分，即"购销"的职能还在土地储备机构手中，"加工"的职能则可以放在城投公司进行，使整个土地整理业务在合法合规的前提下进行下去①。

城投公司虽然被剥离了土地储备职能，但是依然可以为土地储备机构"打工"，土地储备机构将土地出让前期的整理工作"委托"给城投公司进行打理，而城投公司可以借助便利的融资条件使业务推进有资金保障。至于城投公司被禁止"进行土地储备融资"，可以理解为，城投公司依靠自身信用筹措的资金并不算将储备土地抵押换取贷款的行为，

---

① 2016 年 2 月，财政部、国土资源部、中国人民银行、银监会发布《关于规范土地储备和资金管理等相关问题的通知》（财综〔2016〕4 号），要求"各地区应当将现有土地储备机构中从事政府融资、土建、基础设施建设、土地二级开发业务部分，从现有土地储备机构中剥离出去或转为企业，上述业务对应的人员、资产和债务等也相应剥离或划转"。

也就是说城投公司在融资的问题上比土地储备机构更具灵活性。城投公司将土地整理完毕后，将熟地交付给土地储备机构，但是手头并不宽裕的土地储备机构无力做到"一手交钱一手交货"，但鉴于两者都是在履行地方政府的相关职能，因此土地储备机构都是通过像城投公司"赊账"，待土地出让取得土地出让金后，再通过业务收入或者直接补充资本公积的方式回填城投公司举借的债务。

根据政策的变化和时代的演进，城投公司在土地整理业务上也是有很多版本的迭代，不过土地整理业务模式的变化并不是新模式对老模式的覆盖，而是会有多种业务模式并存的现象。

（一）土地出让金返还模式

我们可以把这种模式比喻成"进料加工"，不过土地不是城投公司"买"过来的，而是地方政府用划拨的方式将土地交付城投公司进行整理开发，一般来说划拨的土地并不在账面上，但是整理开发过程中所发生的收储资金、前期开发费用、基础设施配套费用、土地平整费用、房屋拆迁费用等成本计入"存货——土地整治成本"，土地整理完成后交由土地储备机构进行土地出让，财政部门收到土地出让价款后，扣除相关的税费的剩余款项划转给城投公司。对于城投公司来说，有两种处理方式，一种方式是，把划转回的土地出让金确认为土地整理收入，把账面上发生的相关土地整理支出结转为土地整理成本；另一种方式是，把划转回的土地出让金分为土地成本和土地增值收益，土地成本返还冲减存货中的土地整治成本，土地增值收益要么作为"加工"成本计入土地整理净收入，要么作为地方政府的注资款计入资本公积。

土地出让金模式，其实是原来土地储备职能一种变相延伸，虽然职能上分离了，但是城投公司的收益来源依然与土地出让金收入具有较强的关联性，也就是说地方政府因土地出让所取得的土地出让金收入高，城投公司按一定比例确认的收入就高，反之亦然。

（二）委托整理模式

土地整理业务还有一种更为简单的模式，笔者称为"来料加工"，这种方式下的城投公司一般不会涉及包括居民安置在内的土地征收职能，城投公司工作的重心则是在拆迁、管线铺设、场地平整、周边道路修缮等相对"后端"的工作，土地达到出让条件后，地方政府根据与城投公司签订的协议和验收结果，向城投公司支付土地开发整理工程款。城投公司在土地整理业务上投入的资金计入土地整理成本，在土地整理成本基础之上加成一定比例确认为土地整理收入。委托整理模式一般不会受到地方政府土地出让情况的影响，收入规模虽然较土地出让金模式少了不少，但是由于加成比例固定，因此其收益也相对稳定。

（三）自有土地转让模式

这种模式与"进料加工"模式较为相似，但不太一样的是，"加工"环节变成了"自销"。在这种模式下，城投公司账面上的土地资产主要是地方政府通过"国有资产作价出资"注入的，也有的是通过正规的"招、拍、挂"程序以相对较低的价格取得的。对于这些资产城投公司都能够提供相应的土地权属证明，也就是说，城投公司拥有这些土地资产完整的支配权，可以依法开发、使用、转让并形成收益。城投公司可以根据地方政府的整体规划及招商引资的需求，根据市场价格适时地将名下的土地资产转让给土地需求方。城投公司依据土地成交确认书确认销售收入，以土地取得成本、后续开发成本及依据政策缴纳的规费等相关成本、费用根据实际发生额结转销售成本。

参考：自有土地模式下的账务处理

（1）政府向公司注入土地时：

借：存货——开发产品

　　贷：资本公积

（2）公司进行自有土地开发过程中发生成本支出：

借：存货——开发成本

　　贷：银行存款

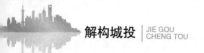

（3）土地完成招拍挂后，收到土地出让金后确认收入并结转相关成本：

借：银行存款/应收账款

　　贷：主营业务收入

借：主营业务成本

　　贷：存货

二、基础设施建设业务

土地整理业务虽然普遍存在于城投公司，但还并不一定是每家城投公司都会涉及，而城市基础设施建设业务则几乎就是城投公司的标配。与土地整理业务一样，城投公司缔造与地方政府基于城市基础设施建设的业务关联也是一直在不断演进。最早出现的是代建制，1993 年，厦门市在深化工程建设管理体制改革的过程中，通过招标或直接委托的方式，选择专业化的项目管理公司，对基础设施和社会公益性的政府投资项目实施投资管理和建设组织工作，并逐步在全国推广。2004 年，国务院提出，"对非经营性政府投资项目加快推行'代建制'"①，以实现有效控制投资、确保工程质量。

原本的项目代建是业主方委托代建方负责整个工程项目的管理，包括可行性研究、设计、采购、施工、竣工试运行等工作，但并不负责为项目融资。也就是说地方政府"有多少钱"，城投公司"办多少事"，城投公司在地方政府的项目资金能够如期保障的前提下进行建设管理。但在城市基础设施建设快速发展的大背景下，地方政府的财力无法完全满足基础设施项目建设的资金需求，资金短缺问题迫使城投公司的建设模式做出调整。

（一）BT 模式

BT 模式（建设—移交模式）是地方政府授权的项目业主通过招投

---

① 2004 年 7 月，国务院发布的《关于投资体制改革的决定》。

标或是竞争性谈判协议确定项目建设单位（即 BT 建设单位），BT 建设单位承担项目的资金筹措和工程建设，项目建成竣工验收后移交项目业主方，由项目业主方按合同约定支付对价、回购项目的一种项目建设模式。笔者接触的很多年轻员工认为 BT 模式是一种违规的存在，但其实 BT 模式本质上并没有什么问题①，它被设计出来的初衷是通过转让项目所有权将项目建设的风险转移给项目承建方，让项目建设方更有主动性地做好项目管理，因为在保证质量的前提下能节省的成本就是未来的工程利润。只是在基础设施建设项目过程中，这种建设模式逐渐蜕化成了地方政府通过城投公司放大债务规模的一种融资方式，而积累在地方政府层面的回购压力则让风险隐患越来越大。因此，2012 年以后，国家出台很多政策文件对 BT 模式进行限制②。

与传统的代建模式相比，BT 模式也算是一种广义的"委托"代建，只不过传统的代建模式委托的只是"施工"动作，工程项目的所有权并没有转移，虽然从事基础设施建设项目已经有了政府信用的隐含保证，但因为传统代建制下在较短周期内按进度结算代建管理费的原始设定，也不太适合将施工动作本身作为举借长期债务的信用基础。而 BT 模式委托的是整个"工程"，工程项目的所有权转给了城投，地方政府在把项目转手的同时，也把基础设施建设的融资外挂在了政府预算之外，而城投公司作为工程项目的业主方，手握地方政府注入的资产、背靠地方

---

① 2003 年 2 月，建设部发布《关于培育发展工程总承包和工程项目管理企业的指导意见》（建市〔2003〕30 号），"鼓励有投融资能力的工程总承包企业，对具备条件的工程项目，根据业主的要求，按照建设—转让（BT）、建设—经营—转让（BOT）、建设—拥有—经营（BOO）、建设—拥有—经营—转让（BOOT）等方式组织实施"。

② 2012 年 12 月，财政部下发《关于制止地方政府违法违规融资行为的通知》（财预〔2012〕463 号），要求"地方各级政府及所属机关事业单位、社会团体等不得以委托单位建设并承担逐年回购（BT）责任等方式举借政府性债务"；2015 年 6 月，财政部下发《关于进一步做好政府和社会资本合作项目示范工作的通知》（财金〔2015〕57 号），明确"对采用建设—移交（BT）方式的项目，通过保底承诺、回购安排等方式进行变相融资的项目，财政部将不予受理"；2016 年 11 月，财政部发布《地方政府性债务风险分类处置指南》（财预〔2016〕152 号），明确"地方政府或其部门举借 BT 类债务的，由地方政府依法承担偿债责任"；2017 年 11 月，财政部下发《关于规范政府和社会资本合作（PPP）综合信息平台项目库管理的通知》，要求集中清理采用建设—移交（BT）方式实施的 PPP 项目。

政府基于回购协议远期付款的现金流，更适合基于 BT 模式进行项目融资。其实不管是传统的代建模式还是 BT 模式，施工建设的实质没有太大差异，都能够保证按时保质地将基础设施项目交付给地方政府，而 BT 模式是拉长了付款周期的"代建+垫资"，所以说 BT 模式更像是一种融资模式，并且是在明面上加重地方政府隐性负担的融资方式。

传统代建模式与 BT 模式的差别也会传导至财务报表的处理上。狭义上的代建，地方政府购买的只是"管理服务"，有点类似与我们装修房子的"包工不包料"，项目建设方收取代建管理费，是"净额"的概念，已确认收入但未收到的计入"应收账款"。而 BT 模式，其合同标的是"工程实体"，项目建设方根据委托方的要求将项目完工后向委托方"交钥匙"，建设方根据项目回购协议的约定，完工后一次性收取或者分阶段收取项目回购款来确认收入，并根据相对应的建设支出确认成本，可以理解为"全额"的概念，因 BT 模式带有融资的性质，因此已确认收入但未收到的计入"长期应收款"。

参考：BT 模式下的账务处理

（1）前期投入时，公司以实际发生的成本作为工程建设成本核算：

借：存货/其他长期资产——××项目

　　贷：货币资金/应付账款

（2）项目完工，政府进行回购时，按照回款协议以及双方确定的实际工程交付量确定回款金额：

借：货币资金/应收款项

　　贷：主营业务收入

借：主营业务成本

　　贷：存货/其他长期资产

（3）收到代建回款时，确认银行存款：

借：银行存款

　　贷：应收款项

（二）委托代建模式

笔者在这里有必要把代建制做进一步的延伸，代建模式大致可以分为三类，第一种是替代业主方履行代建管理职能，第二种是工程施工阶段合同总承包代建，第三种是项目全过程总承包代建。我们其实一直在说城投公司的代建业务，城投公司的代建行为可以拆成两个动作，城投公司通过第一种代建类型——"代建管理"取得地方政府的工程项目，由于城投公司并没有从事工程施工的建筑单位，因此一般会用第二种或者第三种模式，再次向有施工能力的单位进行委托，这就是传统的代建模式。但由于 BT 模式对于地方政府的融资放大功能使得隐性债务规模上升过快，经过大范围调整之后在建设模式上又向传统代建模式往回走了半步，也就是现在普遍存在的委托代建模式。在这种模式下，城投公司虽依然需要借助于工程建设单位的施工能力，但是加深了参与项目工程的程度，可以说是传统代建模式与 BT 模式的折中产物。

虽然"垫资代建"并不符合地方政府债务管理的现实要求，但是如果没有"垫资"的行为，城投公司就失去了在基础设施建设中的融资作用，仅只是履行"代建"职能，那么它的作用就被削弱了。因此，地方政府为了既符合现行政策的规定，又能够继续发挥城投公司的融资作用，就把"融资代建"进化成了"账期管理"，工程项目的所有权还在地方政府或主管的职能部门手上，在建设过程中以施工进度快过付款进度的时间差来实现城投公司的融资功能。

现在之所以能够允许带有一点垫资性质的代建行为，是因为现行的委托代建模式并不会像 BT 模式那样把融资行为做得太过纯粹，在 BT 模式下如果所有的工程项目是完工移交后一次性付款，那么到付款节点时地方政府的回购压力可想而知，让风险淤积在地方政府层面。而经调整之后的委托代建模式，会根据合同的约定，按照项目完工进度回收工程投资成本及确认代建管理费，但至于实际支付工程款的时间，就要视地方政府的财力而定。这种城投公司应收账款的账面压力对地方政府对于基础设施建设项目结算工程款是一种约束，因为不断累积的应收账款会被城投公司的净资产所制约，如果城投公司要想继续融资，地方政府就要拿出等价的资源来去匹配，一旦城投公司的应收账款崩坏，城投公司的融资职能就会瞬间受损，地方政府由于没有办法承担失去城投公司融资功能的后果，因此，地方政府会按时与城投公司结算一定比例的工程款，这也间接限制了地方政府无节制的膨胀债务规模。把握住城投公司的应收款项，就控制住了地方政府融资的水龙头，相信读者会更容易理解为什么监管机构拽着应收款项不放，也应该明白尽职调查的方向和重点。

参考：委托代建模式下的账务处理

（1）在项目实际建设过程中支付给施工企业的工程款时：

借：存货——开发成本

　　贷：银行存款/货币资金/应付账款等

（2）按照完工百分比确认收入及结转成本时：

借：应收账款

　　贷：主营业务收入

　　　　应交税费

借：主营业务成本

　　贷：存货——开发成本

（3）在收到委托方回款时：

借：银行存款

　　贷：应收账款

（三）PPP 模式

既然委托代建也有擦边球的嫌疑，中央政府就希望用更好的方式来规范基础设施的建设。因此，政府和社会资本合作（Public-Private Partnerships，PPP）模式被提了出来，即地方政府或城投公司与工程施工单位共同出资组建特殊目的公司（SPV），SPV 负责工程项目的设计、融资、建设、运营，待特许经营期满后将项目移交给政府。不过，需要厘清概念的是，PPP 是一种合作关系，包括 BT 和 BOT 其实都是广义 PPP 的范畴，其存在形式也因项目内涵的差异而有所不同（如图 3-1 所示）。早在 20 世纪 90 年代国家就开始在基础设施领域进行 PPP 模式的探索，到 2014 年后所提到的 PPP 模式更多是狭义上的，这种模式希望让社会资本参与更深，并作为责任主体承担投资风险，平衡地方政府放大债务规模的冲动。

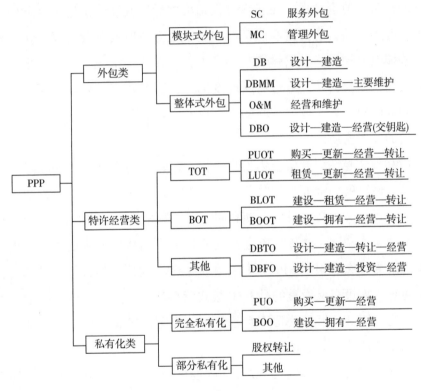

图 3-1　PPP 模式的广泛性

　　PPP 模式的实质是基于"施工利润+经营收益"组成的预期现金流来推动基础设施项目的融资、建设和运营。对于地方政府来说，希望能够在财政预算的范围内发挥资本市场的配置功能，争取到至少覆盖项目总投资的资金；对社会资本来说，则是希望能够通过施工管理、项目经营和资金运作来提高项目的整体性收益。在这样的模式下，经济回报不合理的项目就会被市场过滤，从而迫使基础设施项目的结构转型，地方

政府或城投公司也能从债务负担中解脱出来，从原来基础设施项目的"发牌方"逐渐演变成为"攒局者"。

PPP模式的构想是希望吸引民营资本参与到基础设施建设中来，但民营资本在面对如此大规模的投资下很难同时应对融资、建设、运营多条战线，因此，国有建筑施工企业便成为社会资本方的主力军。但现实是建筑施工企业依然追逐的是施工利润而非项目经营，PPP模式最具代表性的运营环节也经常会在建设过程结束之后，就被建筑施工企业转手他人，有不少项目的运营职能又会回到了地方政府或城投公司手里。甚至有些城投公司干脆自己做起社会资本方，在这种情况下，SPV更像是城投公司的项目公司，不过有所改变的是，地方政府未来要支付的工程款都纳入政府预算，业务重心的后移也使得城投公司有了基础设施使用者付费的经营实质。

PPP模式意图引导资金去发现价值，但较长的投资回收期和融资上的劣势，使得就算纸面上的收益回报可观也很难让精明的民营资金下场参与。并且，大多数项目的合理利润利率中最先被挤出的就是资金息差，而不是施工方利润。这样，资金就成了PPP项目成功推进的关键，也就不难理解为什么有很多PPP项目，在资金食物链顶端的银行才是幕后真正的主导。而银行又看重的是PPP模式背后政府介入的程度和社会资本方的实力，因此，城投公司不管是代表政府还是代表社会资本方都无法完全从融资职能上剥离出去。

穿透PPP的实质之后，城市基础设施依然是"委托—建设"的内核，虽然游戏规则变化了，但是游戏玩家并没有变化，甚至玩家的固有打法都没有太多变化，城投公司在基础设施建设上的职能很难被彻底取代。虽然，PPP模式是希望通过社会资本的介入来降低地方政府的融资负担和债务压力，然而SPV高资产负债率的报表结构特质，使得没有任何一方愿意将其纳入合并范围之内，反而是通过更加复杂的基金股权设计使其甩在体系之外，使得隐性债务更加隐性，同时也使得城投公司在收入构建上有了更多灵活调整的空间。

参考：PPP 模式下项目公司的账务处理

（1）项目公司与施工方签订施工合同，施工方阶段性完成工程后：

借：工程施工——合同成本

　　贷：应付账款——供应商/货币资金——银行存款

（2）项目公司向施工方支付工程款后：

借：应付账款——供应商

　　贷：货币资金——银行存款

（3）项目建设期结束后，项目公司根据政府方竣工决算审计为确认价，确定政府付费总金额：

借：长期应收款

　　贷：工程结算

（4）建设期满，对已建成并通过竣工验收的项目，运营期间收到政府支付的款项：

借：货币资金

　　贷：长期应收款

借：主营业务成本

借：工程施工——合同毛利

　　贷：主营业务收入

（5）工程结算完成：

借：工程结算

　　贷：工程施工——合同成本

　　贷：工程施工——合同毛利

（6）运营期间发生的成本：

借：主营业务成本

　　贷：银行存款/应付账款

（四）政府购买服务模式

政府购买服务和 PPP 几乎是同时被提出来的，两者都是为了转变政府职能，吸引社会力量参与市政建设的，推行公共服务市场化。不过两者也有很明显的差别，PPP 强调是合作关系，收益共享和风险分担，这一点从 SPV 的设置上就可以看得出来，而政府购买服务更像接近于传统的买卖关系；在 PPP 模式下，政府购买的是工程实体，以及与工程有关的融资、投资、建设、运营等全过程，政府购买服务模式下，政府购买的是服务动作，是属于政府自身职责范围且适合通过市场化方式提供的服务事项；在 PPP 模式下，投资规模一般比较大，期限长，而政府购买服务模式下，一般规模相对较小，期限较短，在政府购买服务刚刚推出的时候，虽然以指导性目录的方式圈定了购买范围，但这只是相对宽泛的指导方向，在政策性银行的助推下，有些地方把凡是跟政府有项目支出关系的都往政府购买服务上面靠，因为这可以让城投公司所承担的地方政府支出责任的隐性业务关联变成"合法"关系。虽然这些项目并没有纳入预算支出的安排，仅只是形式上的套用，但凭借着政府购买服务做构建的业务关系就可以更加便捷地为项目融到资金。2017 年后，针对这些把政府购买服务概念扩大化的行为，中央政府进行了政策性的约束，规定不能购买"不属于政府职责范围的服务事项"，也不能"将工程和服务打包"①，更不能带有"融资行为"。虽然在政策支持下，留下了对棚改项目采用政府购买服务的口子，但由于过度包装的问题，2018 年以后，棚改项目也从政府购买服务目录拿掉了。

对于城投公司所涉及的业务范围来说，政府能够购买最多的其实还是"委托—代建"业务，只不过是被预算管理规范化的"委托—代建"，是城投公司对项目的工程管理服务，更接近于我们所提到的相对传统和纯粹的代建模式，多以"净收入"的概念体现在城投公司的财务报表上。

参考：购买服务模式下的账务处理

---

① 2017 年 6 月，财政部发布的《关于坚决制止地方以政府购买服务名义违法违规融资的通知》（财预〔2017〕87 号）；2021 年 1 月，财政部颁布的《政府购买服务管理办法》（财政部令第 102 号）。

（1）与施工方签订施工合同，施工方阶段性完成工程后：

借：存货

　　贷：应付账款——供应商/货币资金——银行存款

（2）向施工方支付工程款后：

借：应付账款——供应商

　　贷：货币资金——银行存款

（3）建设期间，政府根据工程进度对工程服务费进行核定，拨付工程服务费：

借：货币资金

　　贷：主营业务收入

　　贷：应交税费——应交增值税

（4）建设期满，对已建成并通过竣工验收的项目，政府每年正常支付购买服务费：

借：货币资金

　　贷：长期应收款

三、保障性住房业务

保障性住房是伴随着城投公司一路成长起来的，城投公司在 2008 年以后的快速发展与保障性住房的政策导向有很强的正相关性，在 2012—2014 年企业债的募投项目里有接近 30% 都是保障房项目，就连无法通过交易所单 50% 测算的城投公司都可以用保障性住房作为募投项目取得豁免，由此可见，保障性住房业务对于城投公司业务体系中的重要性不言而喻。它也与土地整理业务、委托代建业务联系得非常紧密，比如，从事土地整理业务必然会涉及房屋拆迁和土地腾退，而这些被拆迁居民的安置或回迁，就需要城投公司建设保障性住房来解决。如果是地方政府要以政府购买服务的方式进行棚户区改造，那么委托代建的不仅仅是土地整理，还有保障性住房的工程建设。如果说城投公司的土地业务是基础，委托代建业务是过程，房地产业务更像是结果，不过这样的表述并不准确，因为三者经常相互交织在城投公司的业务之中。那么本部分我们就以介入房地产业务的程度和业务类型，从委托代建、房地产开发、运营租赁三个部分来进行展开。

（一）委托代建模式

城投公司在委托代建模式下的保障性住房业务，地方政府一般都会将土地整理业务一并打包，因为从房屋拆迁、居民安置、土地整理到小区建设，是一个业务链条相对完整且相互关联的过程。因此，就算只是委托代建，大多数城投公司也都会涉及拆迁安置方案、规划建设方案、项目融资方案的制定过程中。保障房项目建设完工并验收合格后，会由地方政府回购，以实物的方式安置居民或者向特定群体销售，城投公司则一般会以成本加成的方式向地方政府确认委托代建收入，同时结转与保障建设相关的成本。不管是异地安置还是原址回迁，由于保障性住房的交付一般会滞后于被收储土地出让，以此地方政府有足够的时间差用土地出让收益覆盖保障房建设的施工费用。

（二）开发销售模式

城市土地面积的扩张和居住环境的改善伴随在城市化进程当中，对于在这个过程中被拆迁的居民来说，诉求各有不同，有要以房换房的，有要现金补偿的，也有两者兼而有之的。因此地方政府委托城投公司建设回购保障房项目的模式，目的是用于实物安置被拆迁居民，由于主城区的土地出让价值更高，用于安置过于"奢侈"，因此安置小区的位置离主城区较远并且以划拨地为主，这样小产权房可以居住而淡化了交易价值。如果追求房屋的升值和未来出售，更多地被拆迁居民会选择货币安置区购买土地性质为出让的住房，这样就存在地方政府将保障房开发业务交给城投公司的前提条件，城投公司就可以通过"融资+建设+销售"的开发模式丰富收入来源，也能降低政府回购的资金压力。

在建设过程上，与委托代建模式没有什么太多不同，虽然地方政府被免除了回购义务，但仍然需要从土地出让收入中拿出一部分安排对被拆迁居民的货币化安置，而城投公司就不是获得"稳赚不亏"的代建管理费，而是需要考虑如何在建设和销售过程中做到资金平衡，即房屋的销售收入≥拆迁成本+平整成本+土地成本+保障房建设成本+相关配套设施建设成本+其他支出。不过既然是保障性住房，对于具有购买资格的居民来说就不会有太高的定价，因此也会附带商业配套的收入去平衡项目投资，如果想从项目中获取可观的营业利润那就非常考验城投公司的成本控制能力和项目管理能力。

参考：保障房开发销售模式的账务处理

（1）在安置房项目建设阶段，建设过程中发生的支出：

借：存货——开发成本

　　贷：银行存款

（2）在项目销售阶段，收到安置房销售款：

借：货币资金

　　贷：预收账款

（3）在项目交房阶段，确认收入并结转成本：

借：预收账款

　　贷：主营业务收入

借：主营业务成本

　　贷：存货——开发成本

（三）经营租赁模式

并不是所有的居民都有因被拆迁而获得拥有保障性住房的机会，尤其是对于人口流入比较大的城市，不少常住居民无法获得足够的住房保障，因此，国家提出要发展保障性租赁住房，满足居民的合理住房需求。在这样背景下，城投公司从保障性住房的"建设+销售"模式往后延伸一步，把资产留在账面上探索"建设+租赁"的房东模式。对于这种新建的保障房，项目完工后会从存货转至投资性房地产，账面收入也从委托代建收入或保障房销售收入变成租赁收入。在经营租赁模式下，保障房取得的方式不仅只有新建，地方上也存在一些历史遗留下来的老旧闲

置房产，通过划拨的注入城投公司后，加以更新改造也可以用于出租以满足住房的保障性需求。另外，为了加快房地产去库存的进程，有些城投公司也会收购商品房项目配建的保障房或者由其他保障房建设主体整体开发的保障房，专门从事带有民生属性的经营租赁。

但城投公司既然在市场化转型，就不可能只作公益不赚钱，而经营租赁模式无法推广开的愿意主要还是房地产市场较低的租售比，因此城投公司大多数采用"租售并举"或"先租后售"的方式来平衡整个项目投资。同时，城投公司也在以保障房及其配套设施为基础，向物业服务等多元化业务延伸，扩大收入来源，因此我们也经常会在城投公司的财务报表上看到物业服务收入、停车费收入、新能源汽车充电服务收入、广告媒体收入等多种类型。另外，为了盘活沉淀在账面上的资产，城投公司在政府的鼓励下将保障性租赁住房项目作为底层资产，通过 ABS 或 REITs 的方式拓宽融资渠道，避免城投公司因为资产现金回收率低所可能产生的短期流动性风险。

案例：保障房经营租赁模式的账务处理

（1）购买保障性租赁住房时：

借：投资性房地产

贷：银行存款

（2）收取租金时：

借：银行存款

贷：主营业务收入——租金收入

四、其他经营性业务

上文提到的土地整理业务、基础设施建设业务、保障性住房业务，可以说是承担了地方政府在基础设施领域的某些重要职能，这些与地方政府的关联性较强的业务构建出了城投公司的主要收入来源，但这些业务经营性的成色不足，回款依赖于地方政府的财力状况，账面上的经营性净现金流长期保持负值的状态。在加快市场化转型和增强偿债能力的要求下，城投公司需要那些既能提供收入，又能改善现金流的业务。

（一）商品房业务

城投公司的保障房业务基本上都是踩着盈亏平衡线，因此才有了可行性研究报告中要通过商业配套来进行收益平衡的设计。但是其比例注定不会太高，并且实际上的收益也会比纸面上的收益少，因此在从事保障房建设的过程当中，城投公司就会"夹带私货"从事商品房的开发，增加整个项目开发的收益来源。还有一种情况也很典型，地方政府受制于财力缺乏资金及时支付城投公司的工程款，那么就会将城投公司整理过的土地经评估后再去置换城投公司账面的应收账款，或者将地段较好的土地以"合理"价格出让给城投公司，"以地还钱"，这些土地除了换取抵押贷款外，最大化其价值的方式就是从事商品房的开发。也就是说，城投公司不在项目内找资金平衡，而是在收益不同的项目之间"算大账"。

不过房地产业务仅仅是锦上添花并不适合作为核心业务，其收入或者利润在总收入中超过一定的比例会被认定为房地产公司，从而使融资受限。笔者曾经接触过一些城投公司，之前背靠地方政府的拿地优势和商品房的刚性需求，仅靠房地产业务的资金循环就能够较好地运转起来，由于没有考虑相对长期的业务布局，当整个房地产行业被逐渐收紧后，开始谋求在公开市场上融资以缓解资金压力，但除了实控人的光环之外，过高的房地产收入占比很难让监管机构和市场认可它们的城投身份。

为了避免这样的情况，城投公司从事房地产业务除了自行独立开发，也存在和大型房地产开发公司合作开发的模式。一般是城投公司以"招拍挂"的土地使用权作为对项目公司的投资，大型房地产公司以现金进行出资，并负责商品房项目的建设、管理、销售等。这种模式城投公司可以凭借承接的土地整理业务和地方政府的关系，近水楼台先得月，发挥获取土地方面的优势，又可以规避城投公司在商品房开发项目开发、

管理、销售等方面经验不足的短板，提升项目的运营效率。最重要的是合作开发的业务模式可以把房地产业务置于合并财务报表体系外，以项目股权投资收益替代房地产开发收入，在某种程度上规避了房地产行业的政策制约。

案例：沣东集团的房地产业务

西安沣东发展集团有限公司（以下简称沣东集团）成立于2009年，前身是西安沣渭新区开发建设集团有限公司，是西咸新区沣东新城内重要的基础设施建设主体，早在2011年就承接了区里首个保障房建设项目，并于2017年实现保障房建设收入。凭借早年保障房项目建设的经验，公司从2013年开始涉足房地产开发业务，并于2018年开始逐步实现收入。

沣东集团的房地产开发业务范围涵盖住宅地产及商业地产，以住宅为主，该业务主要位于沣东新城境内。下属房地产公司自成立以来，先后在沣东新城开发建设了多个地产项目，覆盖了住宅、写字楼、商业等多种业态。公司房地产项目由公司自主开发，进行前期取得土地、项目设计与建设、销售等各个环节。

（二）建筑施工业务

建筑施工业务跟委托代建业务的不同之处在于，委托代建业务是在承接地方政府委托的项目后以"甲方"的身份向施工单位发包，管理工程项目；而建筑施工业务则是城投公司以"乙方"承接建筑施工业务，赚取施工利润。城投公司从事建筑施工业务，丝毫不会有业务上的"违和感"，因为无论以何种模式去承接基础设施项目，穿透到底层还是需要具备相关业务资质建筑的施工单位来让业务落地，并且还可以让城投公司用自己最熟悉的业务试手市场化转型；城投公司从事建筑施工业务，工程施工收入可以让收入结构多元化，既是城投公司也是经营性地方国企，方便拓展融资渠道，还可以避免层层转包的现象，让比较可观的施工利润"肥水不流外人田"。

为了让建筑施工业务在城投公司内生根，有些地方政府会通过股权划转的方式将地方政府控制的建筑施工类企业并入城投公司，也有些城投公司会去收购资质相对齐全的建筑公司承接自身业务。但是否能做好建筑施工业务，主要还是要看城投公司的发展战略，因为建筑施工业务需要建筑工人和施工资质，并不像委托代建业务那样成立工程部就能够让业务运转起来，对城投公司的管理能力和市场化运作理念有很高的要求。

案例：东湖高新的建筑施工板块

> 东湖高新集团股份有限公司（以下简称东湖高新）成立于1993年，控股股东为湖北省建设投资集团有限公司，实际控制人为湖北省国资委。
>
> 东湖高新以工程建设、环保科技和科技园区为三大主营板块，2018—2020年实现营业收入86.93亿元、94.23亿元及105.94亿元，其中工程建设板块收入分别为64.96亿元、71.79亿元及81.69亿元，占营业收入的比重分别为74.74%、76.19%及77.12%。工程建设业务板块经营主体为其下属子公司湖北路桥集团有限公司（以下简称湖北路桥）。
>
> 湖北路桥始建于1956年、"一五"计划时期，前身为湖北省交通厅公路局工程处。目前，湖北路桥已是一家融公路、桥梁、隧道、交通工程及相关业务于一体的大型建筑企业，拥有公路工程施工总承包特级资质、市政公用工程施工总承包一级资质、桥梁及隧道工程专业承包一级资质、建筑工程施工总承包一级资质等，拥有高速公路，各种复杂结构桥梁及隧道，交通、市政、轨道工程，房屋建设、综合改造、建筑工程的项目管理、工程总承包以及项目规划、投资、建设、运营、维护、管理的能力和经验。

（三）商业贸易业务

商贸类业务资金流转快、交易金额大、交易时间短，能够迅速使收入规模上到一个较高的水平。在早期，有些城投公司采用引入贸易类业务的方式，改变城投公司的收入结构和现金流情况，以满足交易所对债券发行主体收入单50%的要求，在早期，大多数城投公司的商贸业务多为"向虚"，甚至有第三方机构专门以为城投公司引入商贸类业务为生。

由此，在债券审核过程中监管机构也尤为关注城投公司商贸业务的真实性，甚至有些地方政府禁止城投公司开展"空转""走单"等无实质性贸易业务的商业往来。

而在城投公司市场化转型逐渐深化的过程中，商贸类业务也有逐渐"向实"的趋势，因为城投公司作为基础设施项目的承接方和委托方，有从事商贸类业务的天然优势和土壤。城投公司可以将地区内有关基础设施建设的建材进行集中采购，一方面可以保证材料质量让建筑施工企业不能在材料上做文章，另一方面可以通过压低采购成本，赚取材料价差，改善城投公司的盈利能力，另外还有条件以"包料"的方式压缩施工利润，降低整个基础设施建设项目的投资成本。

商贸类业务由于业务门槛较低，毛利润较薄，为了提高盈利能力，城投公司就会开展应收账款融资、保理业务和供应链金融等融资性行为，加快资金流转的水平，有些城投公司专门以此开展的融资性贸易在近期也在逐渐收紧。对于贸易收入高，采购成本也高的商贸类业务，如果对市场判断不准确或者资金管理出现问题，反而会给城投公司的经营带来较大的冲击，因此，城投公司也需要考虑用施工方利润做缓冲，保障业务的安全性。

案例：宜昌高新的贸易板块

宜昌高新投资开发有限公司（以下简称宜昌高新）成立于2013年，是宜昌高新区最主要的基础设施建设主体，主要从事宜昌高新区范围内的土地征迁、基础设施建设及安置房建设等业务。

宜昌高新于2018年开始开展物资贸易业务，通过商品购销差价获利，主要贸易产品包括钢材、商品混凝土以及PVC（聚氯乙烯）。2018—2020年，宜昌高新实现营业收入分别为14.76亿元、15.57亿元及35.39亿元，其中贸易业务板块收入分别为0.16亿元、7.22亿元及23.06亿元，占营业收入的比重分别为1.11%、46.53%及65.17%。

对于钢材、商品混凝土等物资，采取询价方式建立材料采购供应商库，上游供应商由宜昌高新从采购库中抽取，根据客户订单需求集中采购钢材及商品混凝土等大宗材料，下游客户主要为宜昌高新的基础设施建设项目施工主体。对于PVC等大宗物资贸易业务，主要是从新疆宜化化工有限公司等生产企业采购PVC（聚氯乙烯）等材料，后销售给全国的贸易商及原料需求企业，业务模式为预收下游客户的采购货款后，再由新疆宜化化工有限公司等生产企业采购物资并发货。

（四）公用事业类业务

城投公司的公用事业类业务收入主要是基于上文我们所提到的地方政府注入的公用事业类资产，以及其所附带的特许经营权所产生的。这类业务一般带有垄断或是相对垄断的性质，并且其收费标准由政府确定，能够为城投公司带来相对稳定的收入和现金流。城投公司取得的公用事业类资产，由于有保障民生的属性存在，所以其营业收入受限于行政定价，经营管理也由原单位以固有模式在负责，城投公司无法干预太多，所以这类业务对于城投公司来说只能算是半经营性的。真正能够发挥城投公司经营性空间的是自建项目，通过前文我们所提到的结构转型在成本端上表现出来，用降低经营成本所提高的毛利率水平，来降低地方政府对这些公用事业类业务财政补贴的压力。

案例：西安城投的供气业务板块

西安城市基础设施建设投资集团有限公司（以下简称西安城投）的主营业务板块中经营了包括天然气、城市供热、城市公共交通服务、供热市政工程建设等公用事业类业务，而天然气则是第一大业务板块。

为提高其在居民天然气业务方面管理和技术水平，西安城投引入香港中华煤气有限公司共同经营西安市天然气业务，于2006年成立了西安秦华天然气有限公司（现名为西安秦华燃气集团有限公司，以下简称秦华燃气），其中持股比例为51%。秦华燃气拥有西安市城六区特许经营权，2009年4月，西安市市政管理委员会经西安市人民政府授权，与秦华天然气签订《西安市城六区管道燃气特许经营协议》，约定特许经营权限25年。2018—2020年，天然气板块的营业收入 66.89 亿元、77.24 亿元及 79.36 亿元，占营业收入的比重分别为 55.58%、55.03%、48.79%。

五、小结

地方政府需要城投公司在基础设施建设发挥融资功能，那就需要除了配置资产，还要通过构建业务关系的方式，形成与监管要求相匹配财务报表结构。土地整理收入、委托代建收入和保障房建设收入是目前大多数城投公司报表上所列示主要业务收入，但这些业务的模式远比本节中讨论的要复杂。比如说委托代建模式，委托方都介入项目施工的哪些环节，委托方以何种方式介入项目施工，以及介入项目施工的深度等，因此本节只是做归类概念上探讨，模式上的理解还需要结合项目实质来进行分析。

城投公司所从事的主要业务与地方政府密不可分，有地方财政强有力的支持，更准确地说是依赖"土地财政"的支撑，以形成"城投公司融资—基础设施建设—地价上涨—政府土地出让收入偿还债务"的循环，这也是城投公司在业务构建上的主脉络。当然在城投公司市场化转型的大背景下，城投公司也开始小心翼翼地在形式上去塑造经营性业务，但不管是依然依赖土地循环的商品房业务，还是走向以融资为目的的商业贸易，暂时都还很难实现城市建设去平台化的理想。

第四章

城投公司的融资选择

人生的意义不在于拿一手好牌，而在于打好一手烂牌。

——佚名

地方政府为了加快城市化进程组建城投公司，又将资源赋予城投公司形成资产基础和业务关联，城投公司再通过财务报表的构建进行资本运作，来满足基础设施建设的资金需求，一路下来，融资就成了城投公司几乎最重要的职能。而城投公司在债务工具扩表上又有非常多的选择，通过银行信贷、发行债券、信托计划、融资租赁等多种方式都可以实现融资的目的，经验丰富的城投公司不仅要了解债务工具之间的差异，把握政策对债务工具的影响，合理安排资金规划，还要对利用债务工具之间的互补作用，将城投公司的融资功能发挥到极致。

第一节　城投公司的融资图谱

债务工具就像城投公司的武器库（如图 4-1 所示），城投公司在债务工具的选择上需要做到既要"向外"又要"向内"。"向外"指的是城投公司需要了解债务工具的秉性，基于自身的客观条件下，在市场或者政策发生变化的时候能够抓住机会或调整策略；"向内"指的是城投公司不能总期待宽货币带来的融资便利，而是需要提升资本市场中的"段位"，以不断增强的信用力解锁更多债务工具，在一个更高的维度拓宽融资渠道，这对城投公司来说至关重要。

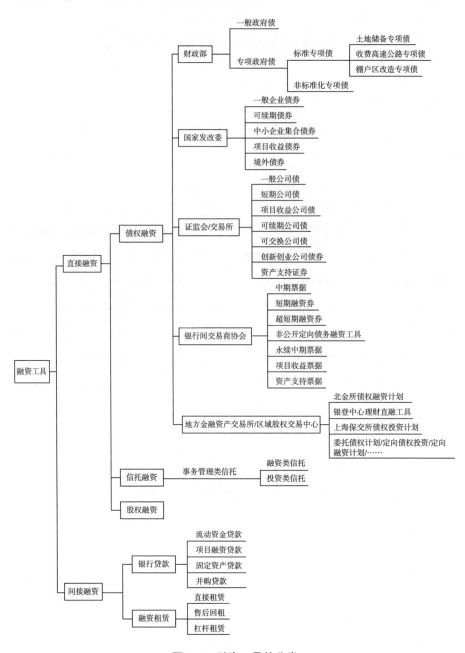

图 4-1　融资工具的分类

一、城投公司的融资方式

市场的融资方式根据不同的维度有不同的分类方式，根据资金供给者与资金需求者是否直接发生债权债务关系，可以分为直接融资和间接融资；根据在资产负债表右边所享有的权利，可以分为股权融资和债权融资；根据债权类资产交易的场所，也可以分为标准化融资和非标准化融资。不同的维度之间也会有频繁的相互交叉，比如信托贷款既是直接融资方式的一种，也被列为非标准化融资产品。

具体到某一大类的债务工具也有很多维度，并且这些带有创新意味的专有名字会让类别的界限变得模糊。以企业债为例，国家发改委先后推出了将近 20 个企业债券品种，但是这些品种并不完全是绝对的并列关系，为了便于区分和归纳，笔者习惯将其分为载体类债券和项目类债券。比如，项目收益债是由项目公司发行，以项目收益现金流为主要偿债来源的债券；可续期债券是不规定债券到期期限且允许计入所有者权益的债券，这些债券品种或多或少都承载着特殊的功能。除了极个别的创新品种，绝大多数债券品种都要设计项目投资，根据募集资金投向的不同，衍生出很多专项债券品种，比如绿色债券、农村产业融合发展专项债券、社会领域产业专项债券等。这些特殊类别的募投项目可以选择搭载不同的载体来发行债券，比如，绿色项目根据公司的实际情况和融资需求，既可以设计成绿色项目收益债，也可以搭建为绿色可续期债券；再比如，农村产业融合发展项目可以选择一般企业债券作为载体发行，也可以选择以小微企业增信集合债券的形式发行，但债券名称都会称为农村产业融合发展专项债券。

债务工具的品种分类也不是一成不变的，会根据整个行业的发展重新进行分类。比如，信托有十多种不同的分类维度，按照资金来源可以分为单一信托和集合信托，按照信托财产的形态可以将信托分为资金信托与财产信托，按照管理模式可以分为通道类信托、被动管理型信托、主动管理型信托，如果按照投资方向来分那就更多了，比如房地产类信托、基础设施类信托、证券投资类信托等。2022 年，《关于调整信托业务分类有关事项的通知（征求意见稿）》出台，信托业务将被划分为资产管理信托、资产服务信托、公益/慈善信托三大类，通过分类的调整，也能侧面体现出监管部门希望信托公司加强服务能力和主动管理能力，而不是只依赖通道赚"雁过拔毛"的钱，通过产品线的调整促使信托加快转型的步伐。

我们从图 4-2 中可以看出，债务工具的创新对于城投公司来说可以分为两个层面，在城投公司资产负债表的右边，负债端被填满了各种各样的债务工具，尤其使我们刚才所提到的载体类债务工具，覆盖了城投公司不同层次的融资诉求。而在资产负债表的左边，项目类融资工具则是负责去引导城投公司的投资方向，在资产端响应国家产业政策的同时，增强城投公司的经营属性，以项目投资作为驱动力探索市场化的转型。当下城投公司的困境在于，金融机构对其资产负债表右边的开发程度要胜过左边，这也变相压缩了城投公司的转型空间。

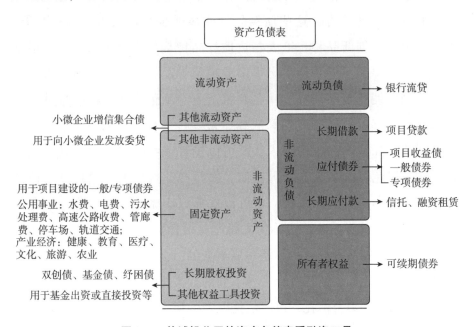

图 4-2　从城投公司的资产负债表看融资工具

城投公司的负债端之所以膨胀过快，这跟银行、券商、信托等金融机构的天生特质分不开，除了银行与银行之间、券商与券商之间、信托与信托之间，要在自己牌照的领域内争夺城投公司的负债端，这些不同类别的金融机构之间也要为扩展融资领域而相互比肩，甚至连债券审批的监管机构也有做大做强债券市场的诉求，因此，我们可以看到发改委、证监会/交易所、交易商协会三个债券审批部门都有可以相互找到可以对标的品种（如图4-3所示）。

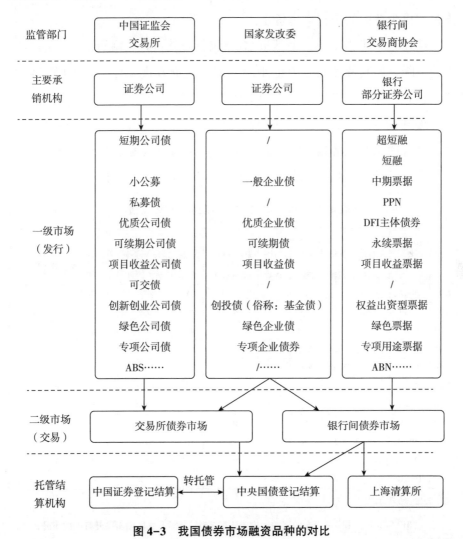

图4-3　我国债券市场融资品种的对比

二、城投公司的融资结构

虽然国家"积极支持符合条件的国家级经开区开发建设主体申请首次公开发行股票并上市"①，但是城投公司就算能过清产核资这一关，较高的资产负债率和极低的净资产收益率水平很难吸引到足够的战略投资者，也许在市场化转型到达一定程度之后，城投公司会更加广泛地打开股权融资的渠道，但是就目前而言，我们还是把本章讨论的重点放到城投公司更为普遍的债权类融资上。

从表4-1可以看出，虽然近20年银行贷款占社会融资的规模的占比不断下降，但其依然是国内企业最主要的融资方式。有些学术研究会把我们较高的间接融资比例与美国所代表的"证券主导型融资体系"较低的间接融资比例去比较，但间接融资和直接融资的占比没有绝对优劣之分，这跟国家的经济运行的模式有关系，比如德国就是"银行主导型融资体系"，其间接融资比例基本上保持在40%左右（如图4-4所示）。

表 4-1   2002—2021 年社会融资规模占比情况　　　　单位：亿元

年份	社会融资规模	其中：							银行贷款融资占比	股权融资占比	债券融资占比
		人民币贷款	外币贷款	委托贷款	信托贷款	未贴现银行承兑汇票	企业债券	非金融企业境内股票			
2002	20112	18475	731	175		−695	367	628	95.50	3.12	1.82
2003	34113	27652	2285	601		2010	499	559	87.76	1.64	1.46
2004	28629	22673	1381	3118		−290	467	673	84.02	2.35	1.63
2005	30008	23544	1415	1961		24	2010	339	83.17	1.13	6.70
2006	42696	31523	1459	2695	825	1500	2310	1536	77.25	3.60	5.41
2007	59663	36323	3864	3371	1702	6701	2284	4333	67.36	7.26	3.83
2008	69802	49041	1947	4262	3144	1064	5523	3324	73.05	4.76	7.91
2009	139104	95942	9265	6780	4364	4606	12367	3350	75.63	2.41	8.89
2010	140191	79451	4855	8748	3865	23346	11063	5786	60.14	4.13	7.89
2011	128286	74715	5712	12962	2034	10271	13658	4377	62.69	3.41	10.65
2012	157631	82038	9163	12838	12845	10499	22551	2508	57.86	1.59	14.31

---

① 2019 年 5 月，国务院发布的《关于推进国家级经济技术开发区创新提升打造改革开放新高地的意见》。

续表

年份	社会融资规模	其中：							银行贷款融资占比	股权融资占比	债券融资占比
		人民币贷款	外币贷款	委托贷款	信托贷款	未贴现银行承兑汇票	企业债券	非金融企业境内股票			
2013	173169	88916	5848	25466	18404	7756	18111	2219	54.72	1.28	10.46
2014	158761	97452	1235	21740	5174	−1198	24329	4350	62.16	2.74	15.32
2015	154063	112693	−6427	15911	434	−10567	29388	7590	68.98	4.93	19.08
2016	177999	124372	−5640	21854	8593	−19514	29865	12416	66.70	6.98	16.78
2017	261536	138432	18	7994	22232	5364	6244	8759	52.94	3.35	2.39
2018	224920	156712	−4201	−16062	−6975	−6343	26318	3606	67.81	1.60	11.70
2019	256735	168835	−1275	−9396	−3467	−4757	33384	3479	65.27	1.36	13.00
2020	347917	200310	1450	−3954	−11020	1746	43748	8923	57.99	2.56	12.57
2021	313408	199404	1714	−1696	−20073	−4917	32865	12133	64.17	3.87	10.49

数据来源：国家统计局和人民银行统计数据。

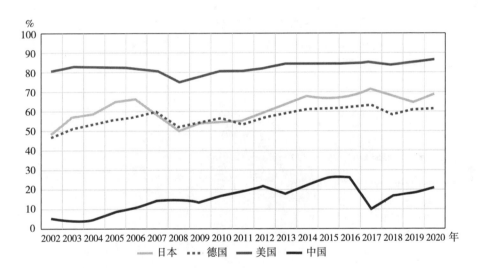

图 4-4　2002—2020 年中、美、德、日四国直接融资占比

（数据来源：世界银行、OECD、国家统计局）

　　城投公司在所有债务工具中银行信贷的规模占比与社会融资整体中贷款的规模占比较为相近（如图 4-5 与图 4-6 所示），这些银行贷款可以说是城投公司主动负债中的基础部分。因此在 2021 年，交易所在公司债的审核中重点关注两个比例，"银行借款余额低于有息负债总额的 30%" 和 "银行借款与公司债券外其他公司信用类债券余额之和低于有

息负债总额的 50%"。侧面传递出的信息是，如果银行贷款少于一定的比例，从融资结构上来看是有点不那么健康的。

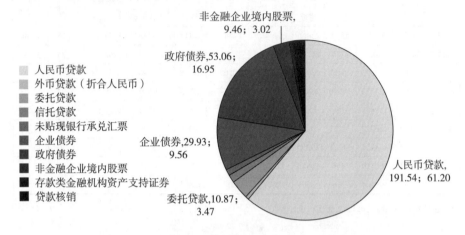

图 4-5　社会融资规模存量结构（单位：万亿，%）

（数据来源：人民银行、银保监会、证监会、中债登和交易商协会）

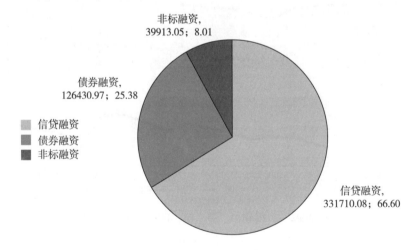

图 4-6　城投公司融资规模存量结构①（单位：亿元，%）

（数据来源：Wind、公开资料）

---

①　以发债城投的公开数据资料整理后作为城投公司整体融资结构的代表，限于数据的可得性可能存在数据偏差。

与间接融资不断下降的趋势相对应的就是逐渐提高的直接融资比例，从 2008 年开始，随着城投公司直接融资渠道的打开，迎来了债券投行的黄金 10 年（如图 4-7 所示），金融机构用层出不穷的债务工具不遗余力地开发着城投公司的负债端。其中的趋势是，债券作为中长期债务工具的代表向短端和准权益端覆盖，债券的募集资金用途中债务置换类和补充流动资金类的规模增速要超过项目投资类的规模增速，债券的上报、审核与发行进入"标准化快餐"时代，城投公司债务规模的膨胀变得更快，也更容易。每次货币宽松之后，留下的都是城投公司更上一步的融资规模，直到监管机构用更严谨的尺子来去度量债务水平。

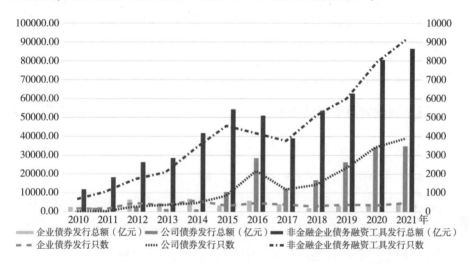

图 4-7　2010—2021 年三大标准化债券的发行情况

（数据来源：Wind）

但事实是，城投公司在基础设施投资上的需求并不会被收严的债券审核政策所完全压制，非标准化债务产品就成了突破融资壁障的出口。当债券一级市场陷入低谷的时候，城投公司就会选择信托贷款、融资租赁等非标融资在监管的边缘地带打开融资的通道。不过，非标准化产品毕竟只是解决短期融资困难的应急手段，如果产生非标依赖，那么影响的是城投公司较为长期的融资能力。非标融资的典型特征就是较高的融资成本，发改委将综合融资成本达到银行相同期限贷款基准利率 2 倍以

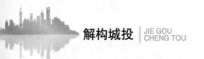

上认定为高利融资，而高利融资超过总资产的9%，就会被限制发行绝大部分企业债品种的可能；当然不排除用降低名义利率，抬高融资费用的方式规避上述条款，但是投资者也会穿透有息债务结构来看城投公司整体的非标融资的规模，来判定融资结构的健康程度。

不管是融资租赁，还是为数不少的单一资金来源信托，这些虽然被定义为非标准化产品，但资金至少大都源自银行。而有些城投公司在融资出现困难时，会将非标准化融资下沉到更深的地方，比如，利用地方金融资产交易所或区域股权交易中心的融资产品，募集来源于非金融机构或个人投资者的资金。如果大量运用这些融资工具就意味着，城投公司纯粹在用地方政府的隐性信用在融资，城投公司利用政府资源所搭建的显性框架在逐渐坍塌，这不仅是在政策的边界试探，还会把城投公司推向信用风险的边缘。

三、城投公司的融资成本

无论谈及什么样的债务工具，最终的归宿终将是融资成本，并且融资主体还会习惯性地去跟银行贷款或相同主体评级的其他城投公司去作对比。但问题是，不同债务工具的定价逻辑完全不同，硬性地在绝对数值上作对比，有点关公战秦琼的感觉。以银行贷款为代表的间接融资，债务产品提供方是有绝对的定价能力，只不过其"售价"跟"进货价格"和"赚多赚少"有关，这是一个双方谈判和评估生意是否划算的过程。但是对于发行债券为代表的直接融资，债务产品的提供方没有定价能力，"不提供资金，只是通过债务工具搬运资金"。因此，资金成本的决定权在于愿意为这个产品下注的投资者，而不同的投资者又有不同的资金成本和风险收益曲线。

债务工具所呈现的融资成本特征，受很多因素的影响。首先是宏观因素，货币政策和财政政策左右了城投公司融资成本的基本面。货币政策代表了资金的供给，当市场上的资金供给加大，那么市场上的资金就会变得便宜，由于投资者追求是利差，因此它要求的收益回报就会低，宽松的货币大概率上意味着更低的融资成本。而当财政政策作用于基础设施建设的时候，大概率会释放出放宽信用的信号，如果说货币像水流，那么信用就是阀门，信用会直接影响到债务产品的供求关系，从而对城投公司的融资成本产生影响。不过需要注意的是，宽货币并不意味着宽信用，因为水流会被阀门所拦截，宽财政也不意味着宽信用，因为财政向信用的传导需要合适的介质。

其次是城投公司自身的信用力。具备强信用力的城投公司对融资成本的影响是非常直接的，信用力可以通过外部主体评级的表现形式展示出来，但并不是所有在一个宽标准评级符号下的城投公司都会有相似的信用力水平。不仅不同评级公司的评级符号有不同的信用力，城投公司自身的信用力也有很多无法衡量的隐性因素，比如政府对城投公司的支持力度。但城投公司能做的是将信用力通过外部表现形式展示出来，比如第三章我们所提到的更好的资产质量、更扎实的业务结构等。如果在市场行情较好的时候，信用力影响的可能是票面利差，但如果市场行情不好的时候，较低的信用水平可能根本无法以常规手段募集到资金。虽说没有卖不出去的债，只有成本不适合的债，但是低信用力的城投公司会为此付出太多成本（如图4-8所示）。

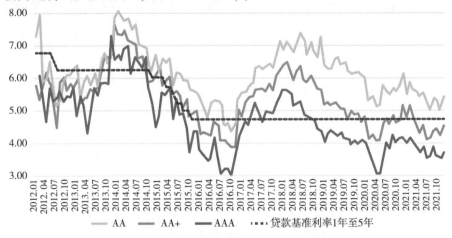

图4-8 2012—2021年不同主体级别3年期债券发行利率比较

（数据来源：Wind）

最后才是债务产品本身的要素。比如期限长短（如图4-9所示），在市场方向不确定的时候，短期限的债务产品会更受欢迎，市场利率向下的预期比较确定的时候，则长期限的债务产品会更紧俏；发行方式，公开发行的债务产品流动性更好，因此，会有更高的流动性溢价（利率低），非公开发行则相反；发行市场，银行持有的债券存量超过总量的80%（见图4-10所示），对于一些规模较小的城商行或者农商行来说，在交易所市场几乎找不到协议式回购的对手方，所以为了便于质押更愿意持有银行间市场的债券；资金用途，募集资金投向是创投类的债券就会比一般债券的发行利率要高一些，毕竟在安全性上，有亏损风险的股权投资比不上政府有隐性还款责任的基建投资。投资者会根据市场情况，在风险和收益之间做出权衡，而众多投资者的风险偏好决定了债务产品的融资成本。

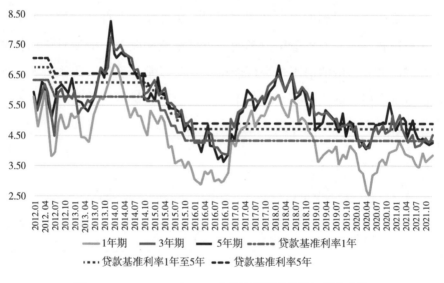

图4-9　2012—2021年 AA+主体不同期限的发行利率比较

（数据来源：Wind）

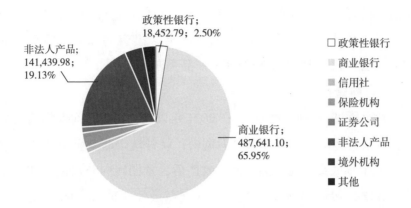

图 4-10　截至 2020 年末在中债登存量债券托管的投资者构成（单位：亿元，%）

（数据来源：中债登、Wind）

四、城投公司的融资建议

在激烈的市场竞争下，众多金融机构都在不遗余力地推销在自己牌照下的债务产品，而城投公司作为融资市场的大甲方，面对眼花缭乱的债务工具，笔者认为需要把握以下几个原则。

（一）全局性

城投公司要根据债务工具的特性合理地安排融资规划，保持合理的融资结构：将短期、中期、长期的债务产品进行匹配，在满足融资需求的同时，提前考虑债务集中兑付的压力；在选择债务产品的时候，除了成本之外要考虑到资金使用的便捷度，成本低廉但使用难度较大的资金，其资金沉淀的成本对城投公司也是一种消耗；即使愿意用较高的融资成本去为灵活的资金买单，也不能让债务产品的偏好影响整体融资结构的健康度；在融资的节奏上循序渐进，对公司财务状况缺乏信心的情况下，可以先从要求相对较低的债务工具开始尝试，一边接触资本市场一边对照监管的要求调整公司的治理结构和经营模式，逐步满足更高标准的要求；充分考虑监管政策变化对融资产品申报周期的影响，将不同监管机构的债务产品进行合理搭配，避免单个债务产品的成败对整体融资安排产生重大影响；一个符合产业政策和收益要求的投资项目，要站在尽可能盘活项目周边及关联的角度去进行融资，将收益性与公益性相结合，如果仅用"容易"的融资产品吃掉"容易"融资的部分，那么剩下的"困难"的部分可能没有适合的债务产品去匹配。

（二）前瞻性

笔者亲历过一些城投公司，在2021年以前觉得银行间市场的债务产品比较宽松，募集资金核查也较为宽松，就钟情于非金融企业债务融资工具，2021年底交易商协会的审核收严后，意图转向公司债，结果发现不满足首发公司债的新设门槛，而没有存量公司债就意味着没有办法"借新还旧"，这就是债务产品偏科对城投公司整体融资产生的不利影响。因此，在遇到那些以融资为辅，打通渠道为主，愿意花时间和精力亲历债务产品筹备过程的城投公司，笔者都会由衷地赞叹其融资工作的前瞻性。随着资管新规、新证券法、注册制等法律法规的逐渐完善，融资体系也在不断成熟和持续创新，债务产品的审核重点也在随着政策导向而在调整和变化。城投公司应对不确定性最好的办法就是更新自己的融资工具箱，打通多种融资渠道；未雨绸缪，开阔视野，留足备选方案；储备待发行项目，在应对政策窗口期时留有筹码。除了融资工作本身的前瞻性布局，更需要对融资的基础——城投公司的业务进行提前规划，构造一个能够为融资渠道铺垫的财务基础。

（三）长期性

在城投公司融资渠道拓宽的过程中，难免会遇到不同金融机构因监管政策理解不同，而向城投公司提出解决融资障碍的要求，比如注入有潜在负面影响的资产，资产体量提高的代价是经营风险的增加；剥离原本并表的资产，进行虚假调整，因财务报表不一致造成公开市场融资受阻；因某只债券发行缺乏足够多的投资者，采用"违规发行+打折销售"方式，导致债券估值的不利变动，影响后续融资的成本；为了保证债务产品的存续，放任应披未披或虚假陈述情形，导致监管处罚或者投资者拉黑的后果。对于城投公司而言，应重视融资渠道的稳定性和长期性，不应为了一两笔解燃眉之急的融资，或在融资时出现的临时或突发情况，去打破自己的融资规则。因疏通单笔融资而治标不治本的解决方案，可能会影响公司声誉或损害财务报表，并且需要很多年的时间才能修复。虽然说城投公司需要依赖金融机构的专业性，但是金融机构都只能在某些单项领域给出最"利己"的建议，城投公司则需要在了解监管政策原理、债务工具特性和资产市场运行逻辑的前提下，在一个更长期的维度把握城投公司的融资规划。

（四）信用力

城投公司在融资过程中需要树立一个关键的观念，真正决定融资成本的不是债务产品，而是城投公司自身。虽然在理论上债权投资的整体风险要小于股权投资，但是在股权市场的注册制和退市制度尚完善的情况中，股票即便失去了投资价值，还有壳资源价值和交易价值，但国内缺乏足够的债权投资的对冲工具，银行信贷还可以通过展期操作将风险押后，但是债券类债务工具一旦违约，投资者不仅票息挣不到，还会把本金都折进去。因此，融资责任主体的信用高低就会成为最核心的考虑因素，所以央企、省级国企，高评级的优质企业更容易获得融资，资质较弱企业难以获得融资。在我国现行的融资环境下，脱离信用载体，完全以项目本身进行融资的少之又少，因此，在当地经济财政实力的客观约束下，尽可能地提高自身的信用认可度，打造一个更好的城投公司比所谓"好"的债务产品都要更可靠。

（五）辨别力

伴随着城投公司债务规模的不断膨胀，从事政府信用类业务融资的中介机构也不断增长。截至目前，国内具备债券承销资质的证券公司数量已经超过 100 家，具备银行间品种承销牌照的银行也有 70 多家，租赁、保理等非标机构数不胜数，还有其他各类管理咨询公司等混杂其中。单就证券公司来说，由于经纪业务佣金费率的不断下滑和快速提高的薪酬成本和固定支出，新兴的中小型证券公司更多是在不依赖资本金的投行业务上发力来实现业务快速扩张。但是，在标准化债券业务通道化的趋势下，能够真正为公司提供合理化建议的中介机构越来越少，都在为

了加快业务的周转循环而进行标准应对，中介机构"不种树只砍树"的功利性选择，让打造平台的压力都堆积在城投公司内部。而城投公司也仅仅是寄望通过"赛马"来压低显性的中介机构费率，这样的结果就相当于只是"借"用了中介机构的业务牌照，而没有用汇聚才智的思维借力中介机构衍生的专业输出。

曾经有位监管机构的资深人士建议城投公司选择中介机构需要有辨别力，城投公司选择的应该是具备优秀专业能力和工作态度的团队，而不是证券公司的名气，因为不管什么级别的证券公司都需要人把业务落地。并且，用"赛马"来去选择券商的结果就是，缺乏让某个证券公司持续提供增值类服务的动力，因为"前人栽树，后人乘凉"的逆向选择，会让中介机构选择更加急功近利，从长期来看，损害的反而是城投公司自身。而尽职负责、经验丰富、长期稳定合作的团队可以成为城投公司的智库，帮助城投公司进行长远的且具有个性化特征的融资筹划和业务发展规划。

五、小结

笔者认为一个优秀的债券投行从业人员，除了熟悉单个债务工具的特性之外，最应该具备的是能以更宽广的视角来看待这些债务工具，以融资主体的长远发展为基础提供更加合理的建议。而对于城投公司来说，融资是一个体系化的工程，有些时候牵一发而动全身，中介机构只会对某只债务产品负责，而城投公司的融资部则需要对整个战场负责，并且，融资工作会有市场波动的压力，也会有公司内部资本运作的压力，更会有地方政府建设投资需求的压力，融资工作则是要在多种约束条件之下，利用多种债务工具的配合为融资寻找最优解。

第二节　城投公司债务工具的融资选择

随着资本市场的不断发展，债权类债务工具越来越丰富，它们在从短期到中长期填满了资产负债表的右半边，以不同的载体形式覆盖了城投公司绝大部分的融资需求，这些债务工具有着不同的属性和特点，城投公司需要做的就是充分挖掘这些债务工具的潜力来与城投公司的债务滚动和项目投资所匹配。

一、债务工具对融资需求的期限覆盖

（一）短期产品

在债券市场未"开化"之前，城投公司融资的资金来源主要是银行贷款，由于城投公司企业身份和政府背景的二象性，以"芜湖模式"为起点，使其成为承载国家产业政策支持项目和超长期政策性银行项目贷款的载体，而城投公司短期的经营性需求则一般由商业银行按照企业逻辑通过流动资金贷款来解决。流动资金贷款不需要绑定特定的项目，弥补的是日常生产经营所需营运资金与现有流动资金的缺口，并且银监会对于如何测算流动资金贷款有一套完整的方法，银行间债券市场的非金融企业债务融资工具和交易所的公司债都是参考图 4-11 的公式进行测算。对于城投公司的流动资金贷款也是一个从松到紧到更紧的过程，并且在销售收入这个问题的认知上，每家银行实际操作都不太一样，但大致相同的是，依赖于地方政府还款的这些业务很难与生产制造企业那样的业务性质相比较，即城投公司报表上所体现的"经营性"可能不会得到银行的认可，所以在进行缺口测算的时候，几乎挤不出来什么新增流动资金的额度。

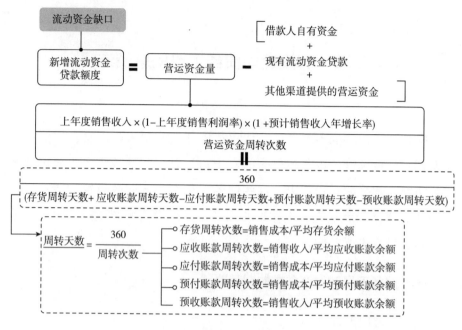

图4-11　流动资金贷款的计算公式

在银监会对流动资金贷款的问题上还没有这么严谨的时候，20世纪80年代末，人民银行曾经推出过"短期融资券"来解决银行信贷资金不足的问题，那个时候的"短期融资券"比信贷指标宽松得多，有点像是私募性质的集资。有融资需求的企业到证券公司或者信托公司的营业部经过简单评估后，报送人民银行省分行的金融管理处审批就可以拿到发行许可，然后登报宣传，就会有投资者前来认购，投资者既有企业，也有个人。不过，短期融资券也无法逃过当时"一放就乱"的怪圈，乱集资，乱拆借，并且不兑付的现象频频发生，随着短期融资券的失控，人民银行干脆就把公司类债务产品的权属转让给了国家计委，这也就是为什么我们把发改委的债务工具叫企业债券，但是募集说明书上写的是明明白白的"公司债券"。

2005年以后，人民银行想重新打造一套属于银行体系的债务工具，但是鉴于"公司债券"这个"大号"已经被国家计委为前身的国家发改委收辖，并且公司债券的承销都是由证监会监管的证券公司担任。人民银行就干脆开个"小号",以1年期以内的债务产品作为回避1年期以上"公司债券"定义的突破口,用"短期融资券"为代表的"非金融企业债务融资工具"来承载公司类债务工具的实质。不过为了不重蹈覆辙,重塑后的短期融资券需要接受人民银行的监督管理,要由评级机构、审计机构、律师事务所等中介机构对发行的短期融资券承担相应的责任,并且只能在"银行间债券市场"对机构投资人发行,不对社会公众发行。

短期融资券既然不算"公司债券",就不受证券法中"公开交易"要满足"期限为一年以上"条件,因此到2008年人民银行发布为非金融企业债务融资工具[1]立名时,短期融资券已经成为企业普遍选择的短期债务产品,在不到3年的时间里,300多家企业累计发行了7000多亿元,增速迅猛。在债务工具缺乏的年代,交易商协会趁热打铁,推出了超过1年期的"中期票据"和270天以内的"超短期融资券",来丰富融资产品线。

(二)中长期产品

如果说银行间的非金融企业债务融资工具是从短期工具起步的,那么发改委的企业债则是定位于针对项目投资的长期工具,对于项目投资来说,建设需要2~3年,之后4~5年产生的收益差不多能够覆盖债券部分的资金投入,所以7年的债务期限非常契合项目投资回款的时间。另外,7年期债券因为没有可对标的贷款期限,相当于变相绕开了老证券法"债券的利率不超过国务院限定的利率水平"的限制。因此,在2015年之前,企业债覆盖5年以上的融资需求,非金融企业债务融资工具覆盖5年以下的融资需求,两者在债务期限上形成互补。另外,企业债在设计之初,本来就意识地针对平台类公司和产业类公司两类发行主体,同时期形成的还有公司债服务上市公司,企业债服务非上市公司的格局,而非金融企业债务融资工具则是"两边通吃"。

---

[1] 2008年4月,人民银行发布《银行间债券市场非金融企业债务融资工具管理办法》(中国人民银行令〔2008〕第1号)。

2015 年之后，公司债突破了发行主体范围上的局限，从上市公司扩展到了所有的公司制法人，不过与非金融企业债务融资工具的"曲线救国"不同，在老证券法的隐含区分里，公司债券主要是作为中长期的债务工具，而 5 年以上的长期限产品市场几乎都是企业债的，对担保没有强制要求的公司债就瞄准了能够快速扩充规模的中期限产品，但这在无形之中就跟银行间市场的债务产品全面对标（如图 4-3 所示）。笔者印象深刻的就是在 2015 年公司债刚刚扩编的时候，给城投公司提交的融资方案里面充满了跟非金融企业债务融资工具的优势比较和利率分析。

由于证监会在公司债上的重新定位和交易商协会在非金融企业债务融资工具上的持续发力，以及监管机构对资金池期限错配问题的纠偏，使得中短期债务产品能够符合投资者对于收益率和风险偏好的综合要求，也能够满足融资主体降低融资成本的现实选择。长久期债务产品的配置需求被压缩，使得其规模在债券市场上被稀释，发行标准化债券的期限呈现较为明显的下降趋势（如图 4-12 所示），3 年期左右的债务工具逐渐成为标准化债券市场的主力品种。不仅是标准化债务产品，非标准化债务产品也大多是覆盖在这个期限内，原因很简单，城投公司长期以来绷紧的兑付压力，迫使投资者做出"看近不看远"的选择。不过，这样也让风险城投能力一般的融资主体更融资陷入流动性危机。

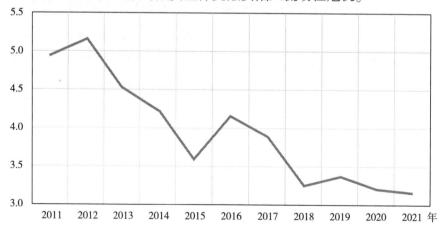

图 4-12 2011—2021 年城投公司标准化债券的发行期限（算术平均）

（数据来源：Wind）

在控制债务规模总量，信用逐渐收紧的背景下，融资主体在短期债务产品的主动需求多了起来，对于外部信用评级一般的融资主体，把期限压缩可以迎合市场对短端的投资偏好，便于债务产品的发行；对于外部评级较高的融资主体，选择短期债务产品可以博取长短期品种之间的期限利差，不论市场的资金面如何，这些高等级融资主体都是投资者资金投放的重点客户，因此它们不会过于担心短期债务产品中的接续问题；对效率要求较高的融资主体则会利用某些短期债务工具的审核便利，比较有代表性的就是中资境外债，由于 365 天以下的短期债券无须国家发改委备案登记，因此多数融资主体会选择 364 天的短期品种从而提高债券发行时效。

虽然公司债券有中长期债务工具的默认定义，但是证监会和交易所在重塑公司债之前就对短期债务产品有了布局，公司债分为公开发行和非公开发行两类，公开发行一级转为二级对应的是交易，非公开发行则对应的是转让。因此，在可以不违反上位法的前提下对非公开发行 1 年期以内债务品种进行探索，先是试点了只能证券公司作为融资主体的短期公司债，后来 2019 年推出融资主体扩大化的正式版私募短期公司债，但范围局限在了主体信用级别 AA+ 或者两年内曾发行过短期融资券的公司，之后又逐步把适用范围放宽到债券级别 AA+。在新证券法把"公司债券上市交易，应符合公司债券的期限为一年以上"的规定删除之后，短期债务产品的最后障碍也没有了，交易所顺势推出了公募短期公司债，不过发行主体被限定在优质主体。可以看出，公司债的短期品种是一点点在放松，不过与一般期限的品种相比要求依然较高。

以长期限品种为主的企业债，为了适应投资者的市场偏好，也可以"科学设置各期债券的选择权、还本方式"，也就是说在极端情况下可以通过发行条款的设置达到降低债务产品期限的效果。设置投资者回售选择权确实是可以调整期限结构的好方式，使实际融资期限可长可短，但2020 年以后，交易所在公司债的问题上却对与主体信用级别较低的城投公司，不建议设置选择权。之所以这样调整也很好理解，证监会和交易所是为了更加准确地评估交易所债券市场的整体偿债风险，便于把握调控债务规模调整的节奏，另外，也规避一些融资主体利用"借新还旧"政策中"前六后三"① 的规定，用选择权"虚幻一枪"在融资规模上取巧。

附上选择权可以让长期限债务工具能够达到既满足发行人对债务工具功能性要求，也能够让其不脱离资本市场的现实基础。比如，对于永续类债务产品，因为没有固定到期期限，偿债顺序劣后于普通债务，具备次级债属性，所以可以计入所有者权益，也就是说发行永续类债务产品既可以融到资金，又不会增加资产负债率。但这对发行人是好事，对于投资者来说未必也是好事，永续类债务产品偿债顺序靠后，利息支付还可以递延，也没有股票的流动性，更别提表决权了，债券中的股票有点徒有其名的味道。因此，投资者要收回本金的诉求和永续类债务产品特性之间的分歧，只能用选择权化解，融资主体可以在每个重定价周期末延长一个重定价周期或者全额兑付，这样的品种就会形成"3+3+3+……"的结构，融资主体可以通过永续的角度理解，投资者可以 3 年期来理解，两全其美。

非标准化产品虽然这样没有选择权的设定，但一般都会用带有回购条款的协议来间接实现选择权的实质。信托就这样通过"明股实债"的方式介入城投公司债务融资，但是在表现形式上却在财务报表的所有者权益中，虽然按理说这种带有回购条款的债务产品要计入长期应付款，但有些审计城投公司的会计师事务所并不会像审计上市公司一样严苛，因此城投公司的债务产品就有被调整的空间。

由于永续类产品和"明股实债"的形式意义大于实际意义，那么真正能够在长期限债务工具上处于绝对优势的只能是政策性银行的项目贷款，不仅期限动辄就是 10 年、20 年，而且贷款利率还非常优惠。但政策性银行的项目贷款不仅在审批时对项目的要求非常高，而且在使用时

---

① 交易所的公司债券募集资金可用于偿还发行日起 6 个月内到期的存量公司债以及置换发行日之前 3 个月内到期用自有资金偿还的公司债券。

强调专款专用，提交必要的佐证材料以保证款项使用的真实性，收获低利率的同时丧失的资金使用的灵活度，并且还可能会付出资金沉淀的隐性成本。对于符合国家产业政策的真实项目，城投公司可以尽力争取政策性银行超长期限贷款的支持，但也不能指望着会从这类带有政策指导性的资金中占到"大便宜"。

二、债务工具城投化下对资金用途的诉求

（一）境内标准化产品

企业债作为历史最悠久的债券品种几乎是随着城投公司的发展轨迹在同步发展，这也就是为什么会有人用城投债来代称企业债。企业债所表现出的城投化特征，让人忽略了企业债在设计之初同时也是为产业类公司提供融资手段的，可能对于产业类公司来说，补充流动资金的需求常有而项目投资的需求不常有。对于国家发改委来说，引导产业投资和基础设施项目建设是核心，先有项目，后有项目的融资需求，而项目的长期资金融资需求通过债券解决。也就是说，债券是项目立项之后才需要考虑的事情，因此企业债承担的是项目融资的载体，而城投公司又承担着企业债的载体，所以在第一章城投公司的发展历史中，我们可以看到，国家发改委是通过对城投公司设约束条件来传递政策导向，放松或者收紧企业债的发行规模。

虽然企业债曾经作为拓宽地方政府投资项目配套资金的渠道，间接推动了城投公司的发展，但是国家发改委并没有完全放任城投公司的平台化，2010 年之后，城投公司也被鼓励增强"自营性收入"，甚至在早期的申报材料里面要求附上在"思想上"退出融资平台管理的文件①。但考虑到城投公司市场化转型的难度，国家发改委采取的策略是不回避城投公司与地方政府之间的联系，但债券募集资金的投向要是经营性项

---

① 这个文件的大概内容是，发行企业债的主体满足了退出融资平台管理的条件，比如"公司资产负债率低于 70%""公司的自身现金流能 100%覆盖贷款本息"等银监发〔2012〕12 号文件所规定的要求，但因为一些客观条件，暂时不退出融资平台管理。

目,并且募投项目的还款来源 70%以上要来自项目收益和城投公司自身收益。在鼓励项目投资和防范债务风险的大原则下,国家发改委对发债主体平台性质的把控采用的是穿透的方式,如果收入因承担公益性基础设施建设主要来自地方政府,那么申报企业债的时候需要提供本级政府债务余额和综合财力信息,并且对于来自地方政府的应收账款也需要地方政府出具针对还款安排的说明。虽然企业债不能要求政府提供显性的担保,但这些材料是与地方政府绑定联系的一种隐性佐证。

当然企业债作为债务工具所具备的较强的信用力,不只是形式上文件对政府信用的关联,比如对弱资质和高风险发债主体的增信要求,早期对发行债券间隔周期的规定,对资产负债率、应收账款占比等财务报表的结构要求,辅以有效净资产、净利润覆盖等条件约束发债规模。因此,企业债的发行规模在 10 多年的时间以来一直在 3000 亿~5000 亿元浮动(如图 4-7 所示),稳健的规模总量也是企业债能够牢牢占据城投公司资产负债表长端债务很重要的原因。随着新预算法的修订,企业债"替"地方政府解决基础设施项目配套资金的功能有被地方政府债取代的趋势,这些与地方政府建立联系的文件就显得有点"不合时宜";加上证监会和交易所对公司债的重塑,是更快的审核速度和更宽松的发行标准,因此,国家发改委就顺势调整了企业债申报的一些规定,弱化了跟地方政府的联系,并用多种专项债券引导城投公司转型。

2015 年是对城投公司债务逻辑影响很大的一年,虽然在政策层面传导出的是城投公司和地方政府的切割,但是在债券市场中掀起的却是城投公司大范围融资的热潮,如果说以前在城投公司的债权融资上是国家发改委主导的企业债和交易商协会所主导的非金融企业债务融资工具的"二人转",那么公司债的强势介入,就使得标准化债券市场变成了"三国杀",再加上政信类信托的持续输出、融资租赁的快速增长、地方金交所对债务工具的创新等,债权类融资市场呈现出一番"群雄逐鹿"的景象。

这些琳琅满目的债务工具的爆发,除了货币和信用较为宽松的背景板外，主要是募集资金的灵活使用使得城投公司能够满足"后城投时代"对资金的要求。长期限的银行贷款和国家发改委主导的企业债主要是以项目投资作为融资基础，而公司债、非金融企业债务融资工具和众多非标准化产品能够将募集资金用于补充流动资金，前两者在债权类直接融资市场占比超过90%（如图4-13所示），这与其较为灵活的资金用途分不开，这是城投公司看重的融资产品特性，甚至城投公司愿意为这样的资金付出"灵活性溢价"。就连以项目投资为主要特色的企业债，也在2015年之后，开始放大了补充流动资金的比例，来迎合市场对于灵活性资金的需求。

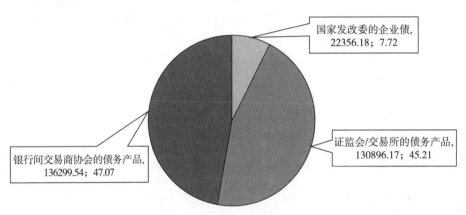

图4-13 截至2021年末三大标准化债券品种的占比（单位：亿元，%）

（数据来源：Wind）

公司债的主体范围扩大之后，由于其募集资金用途的灵活性，马上就出现了"城投化"的明显特征（如图4-14所示），虽然交易所预见到了城投公司对于公司债的需求，并且也将融资平台类的城投公司列入负面清单，但是城投公司可以利用地方政府融资平台认定标准的空间规避"城投身份"。比如，银监会的融资平台名单只能约束有年代感的老城投公司，新成立的城投公司一般都不会列在名单里，对于某些省份来说，老城投公司要退出这个名单也不是太难的事情；而来自政府性收入不能超过营业收入50%的规定则可以通过设置夹层的方式轻松解决，虽然在夹层的认定和业务实质的穿透上，交易所一直在给审核标准打补丁，但是在中介机构的帮助下城投公司总有办法越过约束。甚至在有些城投公司的申报材料里面有这样的极端情况，上年政府性收入占比99%，次年政府性收入瞬间归零，两年取平均低于50%。

图4-14 2015—2021年公司债和非金融企业债务融资工具的行业分类

（数据来源：Wind）

交易商协会推出非金融企业债务融资工具的时间比较早，它跟发改委的思路比较类似，并没有把融资的阀门放在城投公司的认定上，也没有强行去绑定项目，而是选择了高低分层的思路，对于行政级别在市级、省会及计划单列市下属区县以上的融资主体，可以将募集资金用于补充流动资金，但是对于行政级别比较低的融资主体，如果要注册银行间融资品种只能将募集资金投向保障性安居工程、城市轨道交通建设、农田水利项目、地下综合管廊建设、海绵城市项目等重点领域内。这样既给了高信用级别主体灵活度，又对低信用级别主体在政策方向上给予了产品引导。加上交易商协会是行业自律组织，对于募集资金使用后的监管也相对宽松，这种加倍的灵活性让非金融企业债务融资工具的优势更加明显。

由于公司债和债务融资工具在放大城投公司债务规模上的现实结果（如图 4-7 所示），使两个监管机构所主导的融资工具面临较大偿债压力，并且很难将城投公司从与地方政府千丝万缕的联系中脱离出来。因此，在 2020 年下半年开始，开始采取规模总量控制和隐性负债约束的策略，即所处地区债务率比较高的城投公司，或自身偿债压力较大、债务增速过快、债务结构不合理、非经营性占款较高的城投公司，募集资金只能用于债务产品的滚动存续，避免补充流动资金这种宽泛的用途使债务风险外溢。但不可回避的是，城投公司在基础设施建设领域的天然职能又使得其对灵活性资金的需求一直存在，投资压力和融资缺口让城投公司经常会面对拆东墙补西墙的情况，而非标准化产品则恰好能够在融资困难时满足城投公司在资金运作过程中对灵活性的诉求。

（二）境内非标准化产品

2008 年以后，庞大的经济刺激计划带动不只是企业债券和非金融企业债券债务融资工具的快速发展，信托也承担了出水口的作用。尤其是在 2010 年，监管机构在城投公司发行债券上的规范，给了政信类信托快速发展的机会，直到 2014 年，对政府性债务的全面管控和通道类产品的多元化，打断了资金信托在基础设施领域内的快速增长，毕竟城投公司拿着政府文件三件套（政府承诺函、财政承诺函、人大决议）就可以取得信托贷款的方式让地方政府的隐性债务有失控的风险。虽然增长放缓了，但政信类信托额的体量还是一直保持在 2.5 万亿元以上的水平，直到 2018 年资管新规颁布后，规模才有所下降（如图 4-15 所示），同步下降的还有资金来自银行的单一资金信托（如图 4-16 所示）。信托的自身的多变性也可以让政信类业务转换存在形态，2021 年在投向基础设施委托贷款的下滑或许可以在投向债券的证券类信托中找到答案（如图 4-17 所示）。

图 4-15　2010—2021 年投放到基础设施领域的信托规模余额与占比

（数据来源：中国信托业协会、Wind）

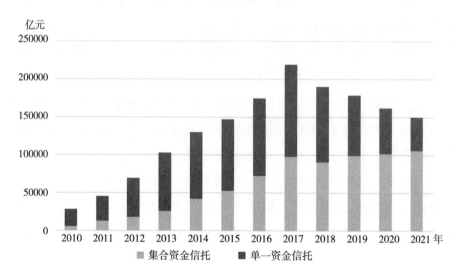

图 4-16　2010—2021 年集合资金信托和单一资金信托对比

（数据来源：中国信托业协会、Wind）

图4-17　2010—2021年投向债券的资金信托规模和占比

（数据来源：中国信托业协会、Wind）

由于在通道化的过程中需要地方政府的背书，因此城投公司以信托方式实现的融资与地方政府的距离还是太近了。融资租赁可以通过租赁物让城投公司与地方政府的关联更加隐蔽，这些地方政府注入到城投公司的资产，可以变成租赁合同的标的物，再以这些标的物通过售后回租的方式进行融资。在监管政策并不规范的时候，对于有些尺度比较大的融资租赁公司，万物皆可租赁，道路、管网、路灯、办公设备等，甚至是桌椅板凳都可以作为租赁标的物。另外，也有的城投公司通过在登记网站上披露的"时间差"放大融资倍数。融资租赁与城投公司的其他融资手段相比受到监管政策的影响较小，规模一路飙升，2018年末融资租赁整体的存量余额是2012年末的4倍多（如图4-18所示），而融资性租赁流入城投公司的占比虽没有公开数据统计，但是行业内普遍预测至少在40%以上，如果算上城投公司通过医院、学校等"表外"资产采用融资租赁模式流入的资金，可能比例会更高。不过随着融资租赁行业的逐渐规范，租赁物就不能再信手拈来了，需要能够证明的标的物价值的依据，带有产业属性的城投公司更容易以融资租赁的方式获得资金。

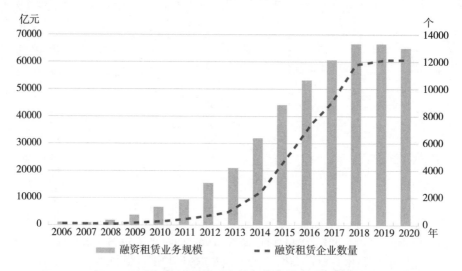

图 4-18　2006—2020 年融资租赁业务存量规模与从事融资租赁的企业数量

（数据来源：中国租赁联盟、Wind）

　　其实不管是信托还是融资租赁其资金大部分都是来自银行，当然银行也需要这样的通道，去做更安全和高收益的资金业务，但这些有点类似绕道放款的行为，还不如直接创造一条更为直接的准标准化通道，北京金融资产交易所（以下简称北金所）推出的债权融资计划就是这样的代表。虽然北金所也算是地方金融资产交易所，但它是人民银行批准，银行间市场交易商协会牵头组建的金融资产交易机构，算是比其他的金交所的段位要高一些。由于债权融资计划在审核逻辑上跟银行间的债务融资工具类似，但在审核的尺度上要宽松不少，也有低配版 PPN 之称。较好的出身和较宽的标准，使得债权融资计划在标准化产品和非标准产品之间反复挣扎，也有一些金融机构将其界定为"非非标"，即处于在标准化产品和非标准化产品中间的灰色地带，不计入非标限额。不过，就算债权融资计划不被认定为非标产品，几乎没有二级市场的债务产品也只有银行有优势，因此我们基本上看到的债权融资计划大多都是银行连承销带自认购，产品性质有点类贷款。

　　如果把北金所的债权融资计划看成银行信贷资金的通道，那么银行业信贷资产登记流转中心（以下简称银登中心）推出的理财直融工具也是类似的道理，在银行的理财资金和城投公司的用款需求之间建立一个有别于标准化债券产品的通道。这些债务产品的出现或多或少都源自银行摆脱渠道依赖的诉求，而对城投公司来说则享受了从银行流出的表外"流动资金贷款"。

在债务工具里面除了来自银行的资金，也会有来自个人的资金。资管新规使得单一资金信托褪去影子银行的角色，募集功能和主动管理将是集合信托未来的发展方向，尤其是市场有对于房地产信托贷款的替代需求，因此个人投资者的资金会通过信托产品进入城投公司的负债表。不过吸收个人投资者资金尺度最大的应该是地方金交所的定向融资产品，堪称"非标中的非标"，虽然它也有推介人或承销商等中介机构角色，但银行或者券商并不是必要存在，用产品合同就可以构建个人投资者和城投公司之间的资金流动通道。考虑到产品受众，一般都会依托于当地民众的城投信仰进行资金募集，这样的流动性资金虽然更加自由，但是也隐含着更大的风险，不过这类债务产品已经在一轮又一轮的监管加码下越来越少。

（三）境外市场产品

除了境内市场之外，境外市场也在慢慢生长，并且逐渐成为城投公司的另一个"融资天堂"。虽然城投公司到境外融资在 2015 年之前都是不温不火，国家发改委将中资境外债的额度审批制改为备案登记制，拉开了企业债迅速增长的序幕。2017 年，外汇管理局放宽了境外资金流回境内的管制[①]，但是由于当年城投公司被淹没在国内市场多债券品种快速增长之中，使得境外债这个小众债务产品就算有诸多利好也显得并不起眼。2017 年下半年债券市场遇到猛烈的监管政策调控，使得城投公司开始越来越多的尝试境外融资（如图 4-19 所示）。不过，随着城投公司的境外债规模的逐渐上升，监管机构对城投公司发行境外债的调控也与国内的监管政策开始趋同，2019 年，要求城投公司发行境外债仅能用于

---

① 2017 年 1 月，国家外汇管理局发布《进一步推进外汇管理改革完善真实合规性审核的通知》（汇发〔2017〕3 号）。

"借新还旧"，2021年，限制有隐性债务的城投公司发行境外债。虽然城投公司到香港联交所、新加坡证券交易所或者澳门金融资产交易所发行外币计价的债券是件新鲜而炫酷的事情，但对于大多数达不到国际评级公司投资级的城投公司来说，境外债券能够发行的前提条件是境内银行能够开出备用信用证。也就是说以银行自身的信用，为城投公司在境外筹措到一笔由众多银行或其他金融机构投放的外币贷款，对城投公司来说，境外债务工具的产品逻辑依然是来自银行资金的推力。

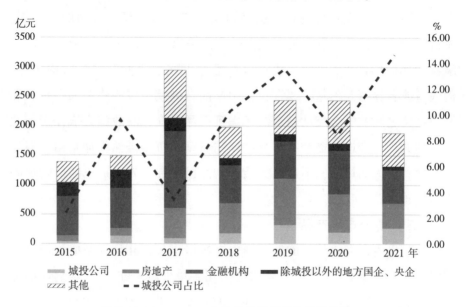

图4-19 2015—2021年中资美元债发行规模的情况

（数据来源：Wind、DM）

三、债务工具的规模约束和成本特征

城投公司向来访的金融机构询问最多的问题就是，是否有"好"的债务工具推荐，笔者认为"好"隐含着两方面的意思，第一层是能否在现有条件下突破融资限制，放大融资规模；第二层是在现在的结构框架下和融资品种选择上如何降低融资成本。融资规模和融资成本，这是以结果导向的城投公司最为关注的方面。由于不同监管部门之间存在政策

寻租的空间，因此，当某一类债务工具监管趋严之后，城投公司的融资需求就会被挤压向另外一类债务工具，城投公司其实是在用不同特性的债务工具填满城投公司的融资需求，在保持融资渠道畅通的同时寻求放大债务规模的空间。

（一）规模约束

从总量来看，在曾经"累计债券余额不超过公司净资产的百分之四十"的约束下，哪些债务工具计入"累计"三个监管机构的认定并不太一样，因此就存在通过债务工具发行顺序的先后来让融资规模最大化。另外，非公开发行的债务工具并不会挤占净资产"40%"的宝贵限额，因此，三个标准债大类的非公开品种和非标准化债务产品就可以让城投公司的债务端变得更加饱满。因此在新证券法下，干脆就取消了净资产"40%"的名义限额，取而代之的是"合理的资产负债结构"。不过，现在的政策导向是，谁铺开的债务谁就要负责收拾，既然当时在放大规模时就没有在融资限额的问题上考虑过产品交叉的问题，那么在融资收紧的时候，同样也是各扫门前雪，"借新还旧"的范围大多是各自所辖的债务产品。

在不考虑募集资金使用灵活度的问题，相对成熟的城投公司在债务工具的选择上，一般的选择顺序都会先在标准化产品之间寻找空间，比如，2021年初，交易所用区域债务率的颜色标识收缩公司债的规模，很多城投公司把融资诉求偏向了非金融企业债务融资工具。2022年初，交易商协会也开始同步收紧其产品线的发行标准，债券投行从业人员又建议城投公司把融资计划聚集在企业债和境外债的政策空间上，其结果就是企业债受理额度快速增加，境外债也因市场无法消化太多的供给增量致使发行难度陡升。就在本书行文之时，国家发改委又对境外债的申报条件和资金用途做出了窗口指导。像上面这样城投公司在债务工具上的辗转腾挪，在过去的10年里反复发生。凡事都会有例外，符合产业政策导向的债务产品，是可以通过搭红利便车寻求监管机构在融资规模约束上的豁免，让城投公司在即使融资环境不那么好的形势下也能够保持一定当量的融资强度。这就不难理解,为什么断章取义"适度超前开展基础设施投资"或"市场化原则保障融资平台公司合理融资需求",也会让部分城投公司和债券投行人员为不求甚解的预期而亢奋。

其实城投公司也在跟政策调整做博弈,在监管的政策周期里寻找机会,比如,2010 年,国家发改委就曾规定城投公司"所在地政府负债水平超过 100%",不予受理发债申请;2014 年,"已发行未偿付的企业债券、中期票据余额与地方政府当年 GDP 的比值超过 8%"会被严格控制发债规模;为了修正《关于加强地方政府性债务管理的意见》的影响和低迷的经济走势,2015 年发行企业债"不与地方政府债务率和地方财政公共预算收入挂钩"以及债券余额从"上年度 GDP8% 的预警线提高到12%",对于专项债干脆连"12%"也不要了,算是打开了债务规模的区域限制;2021 年,当交易所和交易商协会看着合计 26 万亿元的下辖债务产品规模,又开始重新通过地区债务率来收紧债券规模。城投公司的如意算盘是"政策收严→经济下滑→刺激经济→货币放水+信用宽松→债务扩张",也就是说只要扛过最艰难的时刻,政策的时针一定会叩响放松的钟声。

而非标准化债务工具就是城投公司选择度过困难时期的应急之法。在债券的"小年"2017 年,政信类信托的余额反而还创下新高超过 3 万亿元(如图 4-17 所示),对标准化产品的替补作用可窥一斑;2013 年后,政信类信托的规模增长接近停滞,融资租赁又扛过非标准化产品向城投公司输出资金的大旗(如图 4-17 和图 4-18 所示),道理很简单,在政策允许的范围内,银行的资金总是需要出口的。对于城投公司来说,之所以要优先考虑规模问题,因为需要保障地方上的基础设施建设不掉队,尤其是主体信用级别不高的,融资渠道较窄的城投公司,对成本的敏感度会低于对规模的诉求。而当城投公司达到一定体量或级别之后,就需要开始考虑时间换空间的问题,除了规模之外,会对成本提出更高的要求,只有这样才会让规模更大的债务顺利滚动和消化。

(二) 成本特征

在前文笔者不止一次地提到了决定融资成本的是融资主体的自身信用，在这里我们换个维度，从债务工具来看看决定融资成本的几个方面。

第一，债务工具的资金来源。比如，政策性银行的资金是"白捡的"，所以政策性银行给城投公司开出的项目贷款不仅期限长，利率还非常低，"秒杀"商业银行的贷款或其他债务工具；再比如，银行投向债券的资金有两类，一类是自营资金，一类是理财资金，前者是银行自己的钱，后者是客户的钱，因为资金成本不同，因此前者比后者要求的收益率就会低一些，或者在相同收益回报下，前者会比后者接受期限更长的债券产品。还有，北金所债权融资计划和其他地方金交所的定向融资产品，虽同为非标融资，但是因为前者资金来自银行，后者资金大多来自个人，吸收个人资金又会附带不低的销售成本和通道费用，使得后者的综合成本高于前者。

第二，债务工具的流动性溢价。相同债券期限和信用级别，公开发行的债券一般都会比非公开发行的债券发行利率低，是因为公开发行的债券有更好的流动性和质押可能，所以银行理财和公募基金等追求安全边际和流动性的资金会更愿意投向公开的债务产品。比如像北金所债权融资计划、大部分项目收益债和一些私募公司债，虽然资金也是来源于银行，但是因为没有什么流动性，对投资来说基本上就是持有至到期，既然不能放杠杆，理应有更高的投资报酬率，一只债券是否能够质押决定它在市场上投资者受众。

第三，债务工具的灵活性溢价。前文我们提到过城投公司对于灵活使用资金的诉求，我们可以这么理解，融资成本较高的信托贷款和融资租赁，与融资成本较低的银行贷款和企业债券，其成本差额就是城投公司为此付出的"灵活性溢价"。也就是说，像政策性银行贷款或企业债券这些融资工具，因为资金用途被锁死，丧失的灵活性使城投公司失去了一项比较重要的功能——与地方政府或其他部门的资金拆借。可以说，资金用途的灵活性与债务工具的资金成本呈正相关。

第四，债务工具的政策性溢价。在银行众多体系化的指标里对政策导向的支持是有考核的，因此银行的资金就会去追捧那些带有政策光环的债务产品。比如对于绿色项目的投放就有比例上的考核指标，但是绿色债务产品的募投项目需要符合绿色产业目录里的要求，而绿色项目往往缺少收益，包装痕迹太重又可能不满足绿色评价，因此绿色债务产品在市场上的供给较少，这就造成了绿色债务产品的融资成本感觉上会低一些。2020年上半年，笔者还对各路资金涌入武汉，不计成本地抢夺与疫情防控题材相关的债务产品记忆犹新，这也使得疫情防控债券把中长期债券发行利率砸出了历史最低水平。

第五，债务工具的收益补偿。在债券销售的过程，我们会称银行认购的量为"打底量"，这个不仅是指银行一旦确定投资，经决策流程后基本上不会"反悔"，还主要是指银行投资债券的票面利率可以压得足够低，其原因是，银行在本期债券的托管账户或融资主体的其他银行业务上，所产生的存款收益可以对冲一部分资金成本，因此在利差可以保证的情况下，票面利率就可以压到相对较低的水平，而券商的自营资金则没有这个优势。这也就是一些超AAA的主体在选择银行主承销居多的非金融企业债务融资工具和以证券公司主承销的公司债时，会选择前者的原因；同样就不难理解为什么会出现有些城投公司北金所债权融资计划的综合融资成本，低于同期限私募公司债发行利率的情况。另外，高评级主体比低评级主体高出的质押率其实也是某种隐性的收益补偿，使投资者以综合收益的考虑来评估债务产品的价值。

第六，债务工具的额外支出。债务工具的融资成本除了票面利率，写在合同里的贷款利率、名义租金等，还有很多附带成本，而那些附带的成本又分为显性的和隐性的，显性成本比如融资租赁的管理费、信托贷款的通道费、境外债高额的中介机构支出等，而有些成本则比较隐蔽，比如融资租赁还会因租金支付的方式不同呈现差别较大的IRR，如等额本金和等额本息的差别，每期租金在期初支付和在期后支付的差别，支付间隔期按每半年、每季度、每月的差别；在以前，银行贷款还有存款保证金，这部分资金既不能自由使用还要承担利息；境外债除了律师、评级、承销商等中介机构费用外，可能会面临的不确定的汇率风险，或者为了避免汇率风险而产生的锁汇成本，再加上银行备证费用水涨船高和债券市场的波动，使得其综合融资成本逐渐接近于甚至超过境内标准化债券的水平。

四、债务工具对融资主体的层次构筑

（一）高级别主体

随着债权融资市场的规模越来越庞大，债务工具也越来越多，在债券市场有一个很明显的趋势，就是用债务工具的许可条件对融资主体进行分层，就像是根据学生的成绩来分快班和慢班，快班的学生我们称之为"优质主体"，优质主体可以有更高效的审核方式，更灵活的发行方式，更宽泛的募集资金用途。当然进入快班并不容易，不仅融资主体需要经营稳健、财务状况良好，还要有一定的行业地位，市场认可度高，并且对产业发展有一定的推动作用。

为了给优质主体提供更多融资便利，更大程度上发挥服务实体经济的作用，近些年三个标准化债券的审核机构都陆续推出了自己的优质主体债券。对于优质主体的认定上，从表4-2中可以看出，虽然硬性财务指标有或多或少的差别，但基本上都是"巨无霸"的存在。交易商协会在2016年就开始对非金融企业分层，而第一类企业就理解为优质主体，在2020年的时候，将"两类"构架调整为"两层四类"，把原来第一类企业优质的标准稍微降低了点，定义为成熟层，而从成熟层里面又挑出更加"巨无霸"的定为第一类，我们可以理解为优质中的优质。优质企业债也有点特殊，国家发改委在硬性标准之外开了一个软口子，就是在当地具有行业领先地位的发行主体但不满足硬条件的，可以通过省改委推荐的方式申请优质主体资质，我们理解为学校推荐免试进入快班的特长生。

表4-2 三大类优质债券财务指标的要求对比

国家发改委对于优质主体财务指标的要求:

	国民经济行业分类	资产总额（亿元）	营业收入（亿元）	资产负债率
第一类（满足资产或收入其一即可）	农林牧渔业；批发和零售业；住宿和餐饮业；租赁和商务服务业；科学研究和技术服务业；居民服务、修理和其他服务业；教育；卫生和社会工作；文化、体育和娱乐业	>1000	>1000	不超过所在行业资产负债率重点监管线；未明确重点监管线的，原则上资产负债率不得超过85%
第二类	交通运输、仓储和邮政业；水利、环境和公共设施管理业；电力、热力、燃气及水生产和供应业；综合	>1000	>100	
第三类	采矿业；制造业；信息传输、软件和信息技术服务业	>1200	>800	
第四类	建筑业；房地产业	>1500	>300	

沪深交易所对于优质主体财务指标的要求:

国民经济行业分类	最近一年营业收入（亿元）	最近一年总资产（亿元）	资产负债率（%）	总资产报酬率（%）
批发和零售业；居民服务、修理和其他服务业；租赁和商务服务业；住宿和餐饮业；农林牧渔业；教育、卫生和社会工作；文化、体育和娱乐业	>1000	—	<75	>3
电力、热力、燃气及水生产和供应业；信息传输、软件和信息技术服务业；科学研究和技术服务业	—	>1000	<85	>3
建筑业；水利、环境和公共设施管理业；综合	>800	>1500	<85	>3
制造业；采矿业；交通运输业；仓储和邮政业	>800	>1000	<80	>3

交易商协会对于成熟层企业财务指标的要求：

行业分类	资产规模（亿元）	资产负债率（%）	总资产报酬率（%）
电信业务，公用事业，交通运输，能源	>1000	<85	>3
IT，大型制造业，纺织服装与消费品，金属，汽车与汽车零部件，医药，原材料	>1000	<80	>3
酒店、餐饮与休闲、旅游、媒体与文化，农、林、牧、渔，批发和零售贸易	>800	<75	>3
土木建筑，基础设施建设，综合及其他类	>1200	<85	>3

成熟层企业中，符合以下条件之一的为第一类企业：

（一）资产规模超过 3000 亿元、资产负债率低于 75%、总资产报酬率高于 3% 。

（二）最近 36 个月内，债务融资工具公开发行规模不少于 500 亿元。

（三）资产规模超过 8000 亿元，在国民经济关键领域中发挥重要作用。

成熟层企业中，不符合以上条件的为第二类企业。

优质主体发行债券一个很重要的特征就是"核准规模大"，并且，"一次核准、分期发行"，这有点类似于综合授信，只不过发起者不是银行而是监管机构。不过，这个优质主体的特权在现有的债券监管政策下，象征性意义多过实际意义，因为在现在的监管政策是允许一般资质的债券分期发行的，并且在实际操作过程中也非常普遍。交易商协会为了体现优质债券的特权，更是在发行条件上做到极致，DFI/TDFI 在注册时不仅不用明确用途，连发行规模、期限，甚至是发行中票还是 ABN 等哪类品种也都不需要明确，最终在发行时明确即可，类似以前老式公交车"招手即停，随停随走"的既视感。

而对于国家发改委的优质债券来说，除了象征意义还有产品逻辑的调整。虽说交易所和交易商协会对于一般发行主体的纸面标准相对于发改委要宽松不少，但是债券市场的投资者会用脚投票来否定"裸奔"的低资质主体债券，而国家发改委对弱资质主体附加担保的强制条件和对于募投项目较高的要求，使债券市场就会发生这样的现象：对于弱资质主体来说，反正要加担保还不如走更长期限的企业债，对于强资质主体来说，不需要募投项目的中票和公司债资金使用灵活，效率更高，期限也够用。针对资质中枢下移的问题（如图4-20所示），国家发改委在2018年末提出支持优质主体发行企业债券①，对于优质主体申报企业债做出的一个很重要的调整就是，对债券资金用途实行正负面清单管理，申报时只需明确债券募集资金拟投资领域，无须确定到具体项目，获批之后再根据项目投资的实际情况和资金需求，在发行前确定具体投向和发行额度。

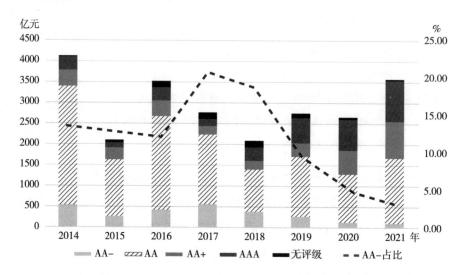

图4-20　2014—2021年不同主体评级发行企业债的规模情况

（数据来源：Wind）

（二）低级别主体

优质主体在标准化债券市场被鼓励，那么较低评级主体的融资之路是不是只剩下非标准化融资了呢？其实我们要厘清一个概念，由于低评级主体的抗风险能力较差因此很容易会跟资质差画上等号，但其实评级低并不绝对等于资质差。也有很多外部评级较高的城投公司，但其内部管理和资金运作足以归到资质差那一类了，同样，对于拥有较好的收益性项目和较强的还款意愿，但评级较低的发行主体，依然有可能符合其

---

① 2018年12月，国家发改委下发的《关于支持优质企业直接融资进一步增强企业债券服务实体经济能力的通知》（发改财金〔2018〕1806号）。

融资诉求的债务产品。

最早在 2003 年的时候，国家发改委就尝试过通过集合债券的方式为高新技术产业开发区的企业筹集资金，到 2007 年集合债券开始走向为中小企业服务，2009 年，交易商协会推出了产品逻辑与国家发改委类似的中小非金融企业集合票据。这类债券的特点是，发行主体大部分够不上发行企业债主体评级 AA- 的最低标准，由地方政府或者地方政府的部门作为牵头人或协调人将多个中小企业捆绑在一起，并辅以较强的增信措施。而担保人既可以是第三方的专业担保机构，也可以是当地主体评级较高的城投公司。但集合债券的问题是，把多个中小企业捆绑起来本身就不容易，再加上被捆绑的企业风险程度有高有低，存在信用力尚可的企业为信用力较差的企业买单融资成本的情况，较为分散的抵押物对提供担保的公司来说也是麻烦事。因此，这个品种并没有引起太多反响，这么多年的时间里也仅有 360 亿元。

2012 年，沪深交易所推出了中小企业私募债，其产品逻辑与集合债不同，它没有捆绑，也没有强制担保措施，基本上都是低资质主体"裸奔"，因此，在销售方式上基本是以证券公司代销为主，而投资者则大部分是追求高收益率的非银机构。虽然这个品种也是为了中小企业融资提供便利，但在当时，被城投公司发现了这样一个在国家发改委和交易商协会的"世外桃源"，虽然这个品种现在已经消失在人们的视野，但在其存在的 3 年时间中所发行的 1300 亿元规模里面，城投公司就占了 23%。

2014 年之后，交易商协会和国家发改委借把国外市政收益债的思路延伸到公司制企业中，分别推出了项目收益票据和项目收益债。这类产品的特点是轻资质、重项目，对于发行主体来说除了满足证券法的门槛条件外，其余几乎没有什么额外要求，你可以理解为是"单飞"的中小企业集合债券。不过与中小企业集合债券清一色补充流动资金不同，项目收益类债务产品对于项目、项目的收益、项目收益的来源、项目收益来源的确定性等就有着较为严格的条件，监管机构的意思很明确，"不图你是个好公司，但图你是个符合产业政策的好项目"。2018 年，交易所也用自己的项目收益公司债弥补了产品线上的空白，至此，三个监管机构都有了属于自己的项目收益类产品。不过，变的是监管机构在债券模式上的创新，不变的是投资者的投资逻辑惯性和债券市场的规则，因为银行等大型金融机构对于主体评级的要求，和项目收益债作为非公开品种不能质押的特点，跟中小企业集合债券一样，就算有强担保，投资者对其认可度也不高。逐渐地，项目收益类债务产品的意义更多在于，城投公司利用其创新工具的特点突破发债规模和发债通道的限制。

类似于项目收益类债务产品对于城投公司的启发是，可以利用母子公司所构建的担保关系，来替代城投公司直接作为发债主体可能遇到的政策限制。很典型的应用是在中资境外债上，由于中资境外债对发债主体的要求是不能有隐性债务，否则发行境外债仅限于偿还未来一年内到期的中长期境外债，即借新还旧。因此城投公司就可以用无隐性债务的子公司作为发行境外债券的主体，境内银行为子公司开具备用信用证，而城投公司再为本期债券进行反担保，就可以顺利解决因隐性债务而被限制融资的问题。

另一类对发行主体进行信用"脱媒"的债务工具是资产证券化，如果说项目收益类的债务产品是通过子公司作为"媒介"延伸其背后城投公司的信用，那么资产证券化类产品干脆连媒介都想不要了，准确地说，是不要内部媒介。而是将城投公司的某项资产通过"出售"的方式将风险和报酬转移给特殊目的载体（SPV），这个载体一般是由信托计划或者资产管理计划这种外部媒介担任。资产证券化的初衷是将发行主体能够产生现金流的资产，或者暂时不在资产负债表上，但依据某种特许经营权未来可以产生收益的资产，进行"出售"从而获得融资的方式。对于已经在资产端的资产，可以不增加负债的情况下，通过资产证券化，实现非现金资产变成现金的过程；而对于还不在资产端的资产，虽然还是增加了负债率，但也利用了资产证券化提前套现了资产。但是，市场是现实的，很少有金融机构愿意去博取劣后收益，即便发行主体提供担保，劣后级依然会由发行主体或者发行主体的关联方持有，虽然 SPV 不在表内，但是穿透 SPV 后的风险还在城投公司，因此城投公司仍然与意图"出表"的资产紧密联系在一起，成为放大债务的另一种方式。

五、小结

无论是标准化债务产品还是非标准化债务产品，在它们既长又短的发展历程中，在产品设计上相互借鉴和延伸，在不停地变化着外在表现形式去适应不同的市场在不同阶段的需求。债务工具在被泛城投化的过程中放大规模，而又因规模放大历经监管机构的调控，在监管调控下去规范发展路径和适应市场形势，城投公司又会因债务工具的变化做出或被动或主动的调整，在监管力量的穿透之下让融资承载其未来的发展。但无论监管政策如何变化，笔者秉承前文的观点，债务工具只是城投公司战术层面上的选择，而提高城投公司的综合信用力，才是战略层面的表现。

第三节　城投公司债务工具的投资方向

城投公司在资产负债表右边筹集的资金，有些是偿还有息负债，让城投公司的债务能够继续滚动下去，有些转换成资产形态留在资产负债表的左边，只不过寄存在资产端的形态有所不同，有的变成存货，有的变成固定资产，也有的变成金融资产。它们要么补充营运资金的流动性，承载地方政府公益性项目的建设需求；要么投资于经营性项目或者准经营性项目，形成对城投公司收益来源有支撑的有效资产。由于非标准化产品不要求指定项目，而间接融资大多为公司内部要求，在本节主要是对标准化债券产品的募集资金投向进行展开。

一、债务工具所形成的实物资产

（一）与公共服务有关的投向

与公共服务有关的项目既能够提高民生保障的内容和城市化的水平，契合国家政策引导的方向，又能够满足项目收益覆盖投资的要求，并且这种带有偏市场垄断性质的经营模式，能够给城投公司在转型过程中带来更多经营上的保障，其投资效果有很大的容错空间，应该算是城投公司使用带有募集资金投向的债务工具最适合的资产投资方向。

1. 保障性住房项目

保障房是企业债的常规项目，虽然没有专项债的光环，但它却是第一大类募投项目，目前整个用于保障房的募集资金占了整个企业债规模的27%。在对保障房项目规划融资时，最关键的是要重新构建保障房项目收益实现的逻辑，虽然说融资→房屋拆迁→土地整理→还建安置→政府回购，是大多数保障房项目的真实情况，但很明显政府回购可不算是"来自公司自身收益"。保障房项目跟其他大多数项目一样，主要是"量"和"价"的问题，"量"是要依据拆迁户数来确定建设面积，"价"则是要在"成本价"和周边商品房价格之间找到"官方指导价"，并经有权部门确认。不过考虑到保障房的准公益性，在收益覆盖总投资上可能会有一定的压力，因此加入一些商业配套的做法也非常普遍，正因如此，虽然国家鼓励租赁性住房，但也难做到让保障房留在账面上收取租金，即便是有，也是以"租售并举"的方式尽最大可能地满足收益覆盖的要求。

2. 交通运输类项目

跟交通类相关的项目在企业债中的占比也不低，高速公路、轨道交通、港口建设都是比较常见的募投项目。交通运输类的项目特点就是投资规模比较大，建设周期和回款周期也比较长，考虑到项目收益覆盖的问题，一般会采用多种融资工具组合的方式来筹措项目建设资金，并且在融资工具的选择上也经常会以长期限的产品或者可续期产品为主。由于这类项目批文的行政审批级别比较高，是政策性银行和国家发改委比较放心、真实性较强的募投项目，但相比其投资规模，收益还是显得有些单薄，并且不管是高速公路收费还是轨道交通收费，都有相对透明且可参考的标准，因此这些项目就会辅以周边商业配套增厚收益水平，广告位和商铺出租、房地产开发等都是比较常见的手段，为了增加项目收入的承销商也闹出过"大马路上修长城"的段子。如果说保障房项目是"量"相对固定，"价"相对有弹性，那么交通类项目就是"价"相对固定，"量"相对有弹性，在流量预测的标准参考就显得尤为重要。笔者在对某港口项目的实际操作过程中，就被要求对根据上下游的货运量和港口吞吐量进行预测。

3. 城市公用事业类项目

跟供水、电力、燃气、热力、污水处理、垃圾处理等居民生活息息相关的项目也是对收益有要求的债务工具的常客。水、电、气、热有一个共同的特点，那就是它们都分为两个部分，一部分是供给端，另一部分是通道端。（1）由于供水和排水管道的公益性，因此与供水有关的项目进行融资规划时一般都会进行自来水厂与管网的一体化设计，利用收益覆盖的空间将公益性内容列入投资规划。（2）由于我国电力系统厂网分离的原因，一般都是两者分别融资，不过火电、水电、核电这些基本上跟城投公司没有什么关系，城投公司一般只是在小功率的垃圾焚烧或者光伏分布发电上有所涉及。而在2015年推出的配电网建设改造专项债券，也因输电和配电改革的进程，很少有城投公司能够匹配与之相关的项目。（3）燃气和热力的项目则是上面两者的折中，在进行融资规划时，既可以合，也可以分。合，城投公司可以将储气设施或者供热锅炉与输送管道一起打包筹划，收益来源是供气或者供热的使用者付费；分，城投公司投资建设的管道，可以向燃气公司或者热力公司收费。（4）污水处理和垃圾处理项目，既可以国有也可以民营，如果国有那就是发行企业债的优选项目，如果民营则可以进行PPP设计。这两者融资规划的思路都很简单，根据污水或者垃圾处理量以及"政府购买服务"的价格

来测算未来收益。

如果把上面所提及管道线路都放到一起进行铺设，就有了城市地下综合管廊的雏形，城市地下综合管廊在设计之初是为了解决频发的城市内涝积水问题，虽然修建成本比较高，但是为了在城市基础设施快速更新过程中，一劳永逸地解决城市地下老旧管网改造，降低供水、供热、排水、燃气、强电、弱电等主管单位反复挖沟埋设管线的频次，就效仿东京、巴黎、柏林等拥有百年历史的地下世界，用"综合"的方式将其装到宽阔的地下空间去，以此提高城市综合承载能力和城镇化发展质量。由此，住建部先是列出了十个试点城市，随后国家发改委推出了城市地下综合管廊建设专项债券以支持此类项目建设。由于当时没有可参考的收费标准，因此笔者在承做全国第一只城市地下综合管廊专项债的时候，就用 N 年内管网铺设成本的折现来作为入廊费的收费基数，确定了固定或浮动年收费与运营年限，很容易就能确定项目收益。不过与供水或者污水处理项目不同的是，管廊的收费标准并不在发改委物价局的指导价格之内，因此，如果以"官方"的形式确认收费标准也是这类债券能够成功获批的关键要素。这类项目还有个小小的优势，就是既然是营造地下空间，那么地上的道路可以一起作为融资规划的建设内容。

还有一类政策支持的项目是与公共交通有关系的城市停车场。随着居民生活水平的提高，汽车保有量也快速增加，为缓解我国城市普遍存在的因停车需求爆发式增长而导致的停车难问题，2015 年，国家发改委推出了城市停车场建设专项债券。停车场专项债的募集资金既可以新建也可以收购，除了立体停车场外，地面停车场和地下停车场几乎没有建设难度，这类项目由于需求广泛和筹划难度较低马上成为城投公司放大融资规模的工具。基于此，国家发改委对于停车场专项债过度包装的审核也越来越严格，比如要说明项目建设的必要性、合理性，建设规模要跟当地汽车保有量和现有停车位数量相匹配，若有充电桩建设内容的，还需要结合当地新能源汽车的发展情况进行分析。

（二）与产业经济有关的投向

相较于与公共服务有关项目，虽然支持产业类项目的债务产品所要求的项目收益更容易筹划，但是缺少了垄断性的保护，对城投公司的后续经营算是不小的考验，城投公司可以在众多产业鼓励政策中寻找契合发展方向的项目，并用与之相对应的债务工具满足融资需求。

1. 第一产业

"十三五"期间，国家的一项重要任务就是打赢脱贫攻坚战，而脱贫攻坚主要的对象就是经济较为落后的乡村，三个债券审批的监管机构都分别推出了服务国家脱贫攻坚战略的债务产品。2016年，国家发改委核准了第一只也是仅有的一只带有扶贫标识的债券，这只债券是以项目收益债作为载体发行的，项目收益来源是城乡建设用地增减挂钩指标流转收益和财政专项补助。可能是考虑到土地财政在收益覆盖里面的角色，国家发改委在2017年正式推出农村产业融合发展专项债券，不刻意扶贫，而是把对三农的支持落脚到产业上，在引导方向上也相对比较细致，比如鼓励绿色生态循环农业，延伸农村产业的价值链，比如农产品加工、农业生产性服务设施、仓储物流等，并推动新技术在农业领域的渗入，比如农村电商、智慧农业等，并探索对乡村旅游、农业养老等新业态形式。

2017年，交易所和交易商协会的扶贫专项公司债和扶贫票据也先后落地，与企业债要求严格的收益覆盖不同，交易所和交易商协会把募投项目的落脚点除了放在产业扶贫上以外，更多的还覆盖到了扶贫搬迁、乡村基建、就业扶贫偏公益性为主的方面。虽然大部分城投公司的重心是在城市基础设施建设上，但从上交所将此类债券称为"社会责任公司债券（扶贫）"就能感受到监管机构对城投公司新的寄望，而作为债券投行推行这类扶贫债务工具的"小小私心"莫过于证监会对于证券公司的分类评价加分。截至2020年末，交易所和银行间两个市场合计发行了将近1000亿元的扶贫类债券。2021年，随着全面建成小康社会的目标达成，国家的任务也从"脱贫攻坚"向"全面推进乡村振兴加快农业农村现代化"延伸,交易所和交易商协会则顺势分别推出了乡村振兴公司债券和乡村振兴票据,接棒扶贫专项类债务工具,在募集资金的使用方向上与之前也较为类似,是"农村产业发展+农村基础设施"相结合的方式。

2. 第二产业

这一大类主要瞄向的是跟产业未来发展方向有关的泛制造业。比较有代表性的是2015年国家发改委推出的战略性新兴产业专项债券,其涵盖的领域非常多,比如节能环保、信息技术、生物制造、高端装备制造、新能源、新材料等与国家战略产业发展相关的行业。但由于这类领域对于专业技术和人才的依赖,使得城投公司很难涉足这个领域直接对项目进行投资,因此,鲜有城投公司发行此类专项债券,更多的是通过股权投资或者是园区服务的方式来介入这些与城投公司天然职能较远的领域。

3. 第三产业

与第一产业的政策导向和第二产业的专业屏障不同,城投公司有很多可以介入第三产业的方面。

(1)偏向保障民生相关的债务产品有国家发改委在2015年的养老产业专项债券,主要是为了解决养老服务和产品供给不足的问题,跟停车场一样,这类债务产品在审核时关注更多合理性的问题,比如,选址是否合乎逻辑,建设内容是否符合老年人的需要,收费定价是否脱离当地的实际情况。在最初,很多城投公司在对待养老产业是套用了保障房收益覆盖的逻辑,以养老地产之名履商业地产之实,随着房地产政策的收紧,这类产品的审核也逐渐趋严,发行规模骤减。

不过,在2017年国家发改委又推出了针对"新三驾马车"的社会领域专项债券,这个威力加强版的债务工具下面有6个子项,分别是健康产业、养老产业、教育培训产业、文化产业、体育产业、旅游产业。在社会领域专项债券项下对养老产业更加聚焦,主要在项目要有较大的比例涵盖老年人的护理服务和设备等投资内容,也就是我们所说的"真养老",而不是换个地方居住的"虚养老";由于医疗改革的问题,城投公司介入这个医疗领域更多的是对于在医疗体系之外的辅助医疗和健康管理，因此才泛称为健康产业；当然，传统教育体系也是城投公司无法涉及的领域，因此这里更多的是以职业培训机构为切入点，作为教育体系的补充；文化和体育产业中的场馆建设，对于城投来说是一个更好的投资方向，场馆收费是相对确定的收益来源，较长的投资回收期也有商业配套可以对冲；旅游产业则是社会领域专项债里面最易于应用的，项目投资和盈利的逻辑都非常清晰，收益覆盖的效果也是相对最好的。

（2）在企业债的募投项目里面，除了保障房以外，第二多的就是产业园区，这也就是我们上文所提到的，通过园区建设和服务来对第二产业进行支持，不是简单的在园区内卖地，而是通过提供标准化厂房和物业管理，使得城投公司主动进行重资产经营，在帮助引入企业降低压力的同时，将资产留在账面减小招商引资失败的后果。2015年国家发改委推出的双创孵化专项债券就是偏向产业服务类的债务产品，不过一般的产业园区建设由于"双创"成色不足难以冠之双创孵化之名，只有纳入中央预算内资金引导范围的"双创"示范基地、国家级孵化园区、省级孵化园区以及经国务院科技和教育行政管理部门认定的大学科技园中的项目才有可能是专项债券的建设范围。

（3）两者兼而有之的债务产品有国家发改委推出的县城新型城镇化产业专项债券，交易商协会推出的城市更新专项债务融资工具和革命老区振兴发展债务融资工具。这三者都有一个共同的理念特征，就是将基础设施建设和产业发展相结合，为城投公司未来的转型埋下伏笔。县城新型城镇化的建设既可以衔接乡村振兴战略，又满足城镇化进程高质量发展的要求，也可能将双创的市场进行下沉，目前在此类专项债券的产业属性还不算太足，更多的是将县城城镇化补短板与公用事业类项目相结合的方式进行打包统筹。城市更新则是接替了原来的棚户区改造，不过其内在逻辑不再是通过吸收集体用地让城市在面积上不停生长，由于不断扩大的城市会让公用设施的边际效益快速降低，因此将不断铺开的城市变成立体发展的城市，符合未来城市发展基础设施集约化发展的潜在趋势。至此，加上前文提及的农村产业融合发展专项债券、乡村振兴公司债券/票据、县城新型城镇化产业专项债券、城市更新专项债务融资工具等诸多债务产品完成了全国不同类型城市与乡村的覆盖革命老区振兴发展债务融资工具更像是上面这些融资工具的一个缩影，由于赣闽粤、陕甘宁、左右江、大别山、川陕等革命老区遍布全国，既可以传承红色文化，也可以促进绿色发展。

（三）与绿色项目有关的投向

绿色项目几乎横跨了农业、制造业、建筑业、交通运输、水利、能源等，并且考虑到监管机构对绿色项目的支持力度，以及因绿色项目的衍生品种，因此，笔者将其单列一类。

2015 年末，中国金融学会绿色金融专业委员会和国家发改委先后发布《绿色债券支持项目目录（2015 年版）》和《绿色债券发行指引》，2016 年初，交易所和交易商协会①也分别开始绿色公司债和绿色债务融资工具的试点，标志着绿色债务产品开始成为债券市场的新方向。绿色债务产品的核心是项目要符合绿色目录的要求，交易所和交易商协会需要提交绿色评估认证报告，而绿色企业债则是要环资司的专业意见。对于轨道交通、新能源发电、新能源汽车等绿色项目有较强的收益性，但是对于污染防治、环境修复、生态保护则是很难有明确的收益逻辑，前者一般是偏产业类的大型城投公司才会涉及，而后者的公益性很容易又成为一般城投公司的建设任务，如果没有合适收益补充方式与其结合很难成为企业债的募投项目，因此对于收益性要求没那么高的绿色公司债和绿色债务融资工具就成了城投公司向绿的选择。

2021 年，交易所和交易商协会有在绿色债券的基础上，衍生出了子品种——碳中和债和蓝色债券。前者是为了实现国家的"双碳"目标，对具有碳减排效益的绿色项目给予支持，募集资金可用于清洁能源、清洁交通、可持续建筑、工业低碳改造等项目的建设、运营、收购等；后

---

① 银行间交易商协会正式发布《非金融企业绿色债务融资工具业务指引》是在 2017 年 3 月。

者则是支持对海洋有积极作用的环境、经济和气候效益影响的绿色项目，将募集资金用于推动海洋保护和海洋资源的可持续利用。

交易商协会还在借鉴国际经验的基础上，推出了可持续发展挂钩债券，是融资主体将具票面利率与可持续发展目标相挂钩的债务融资工具，可以理解为融资主体与投资者进行的对赌，如果融资主体在一定时限内完成了可持续发展绩效目标，则投资者要接受票面利率下浮，反之如果没有完成，则融资主体会把票面利率上调，这也是督促融资主体有计划、有目标实现节能减排任务的新方式。

二、债务工具所形成的金融资产

上面一小节所提及的债务工具所募集的资金，除去一部分用于存量债务的延续和转换，有些形成了固定资产、有些形成了投资性房地产、有些形成了存货，但是还有一类，城投公司越来越多的在形成金融资产。

（一）形成债权资产

读者是否还对前文说的中小企业集合债券留有印象，这个债券产品因为在实操过程中的难度逐渐凋零，国家发改委在 2017 年推出了一个名字相近，但产品逻辑完全不同的产品——小微企业增信集合债券。中小企业集合债券是中小企业作为发行主体，城投公司作为担保人的结构，而小微企业增信集合债券则是城投公司作为发行人，而小微企业获得的是城投公司对其发放的委托贷款。小微企业增信集合债券本质上是一种转贷行为，不需要具体建设项目，也不需要在申报发行时明确具体委贷对象。该品种申报发行的主要障碍在于需要地方政府、发行人和委贷银行共同签署三方协议，明确各方的权利义务，政府需按发行规模的5%出资设立风险缓释基金，该协议因地域不同出具的难度也不同，是实操过程中的最大障碍。

国家发改委还有一个相对冷门的产品，是 2016 年推出的市场化银行债券转股权专项债券，有收债转股、以股转债、发股还债的多种应用场景。我们用主流和简单的产品逻辑表述就是，融资主体发行债券募集资金能用于收购银行对标的企业发放贷款，形成融资主体的债权资产，而被收购的债权中附带着未来能够转换成股权的权利，一般来说标的企业或标的企业的子公司是上市公司，其股权有着较好的变现能力，股权经市场化推出后作为融资主体的偿债来源。这类债务产品投资的时候是债权，变现的时候是股权，因为其对融资主体较高的要求和多个参与方的协调难度（如图4-21所示），所以这类债务产品并没有广泛应用起来。

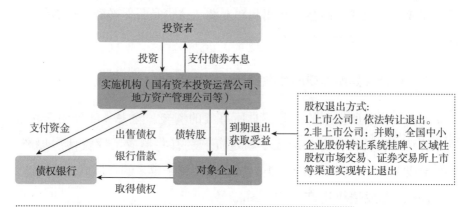

图 4-21 债转股专项债的操作模式

（二）形成股权资产

早在 2013 年，国家发改委在《关于加强小微企业融资服务支持小微企业发展的指导意见》（发改财金〔2013〕1410 号）中埋伏了一个投资方向，就是募集资金可以投资于创业投资企业、股权投资企业、产业投资基金，这个债务产品虽然没有专项债的标识，但是由于在其进化演变当中，大多是创业投资基金和政府出资产业基金的出资或者增资，因此也有了"基金债"的俗称。虽然基金债无须募投项目，只需准备未来对基金进行投资或者增资的计划和协议，这对于缺少募投项目的城投公司来说算是个"取巧"的债务产品。然而基金债的对融资主体信用评级的要求一直都不低，并且企业债的审核机构会对融资主体基金运作的经验、基金的人员配置、公司基金投资的制度和流程、拟投资基金的内容和真实性进行综合判断，同时还会征求投资司的专业意见。

交易所与国家发改委相似的债务产品叫创新创业公司债券，简称双创债，这个债务产品有两个应用方向，一类就是我们前文所介绍类似中小企业私募债的方式，针对的是种子期、初创期、成长期、成熟期的创新创业公司；一类则是现在应用比较广泛的，用于基金投资。公司债项下的双创债相较于企业债的基金债申报要求略微宽松，对基金出资的比例没有明确的限制，但该债务产品对于城投公司而言，其主要融资主体是园区经营公司和国有资本投资运营公司，并且对于没有基金业务基础或产业投资经验的传统城投公司而言，发行创新创业公司债券的难度较大。

交易商协会也有与前者相呼应的债务产品，是2017年开始试点的双创专项债务融资工具，也是通过股权投资或者基金出资的形式支持科技创新企业发展。与公司债一样，这类产品的融资主体也是国有资本投资运营公司、园区经营企业和实体产业运营主体。审核的重点与前两者也非常类似，一是对于双创的认定，基金穿透后不能投资于上市公司股权，二是要符合政府出资产业投资基金和创业投资基金合规性的相关要求。

另外，还有一类债务工具并不局限于上面的双创类型的投向，而是可以用于更广范围的股权投资。2014年，交易所和交易商协会开始分别尝试并购重组私募债券和并购票据，由于2015年初交易所就改良了公司债，将股权投资或收购资产纳入了公司债募集资金的常规投向，很快在市场上销声匿迹。并购票据虽然在交易商协会的推动下，走得比并购私募债要远，但是到目前为止也仅不到300亿元。2020年，交易商协会推出的权益出资型票据可以看作是并购票据的加强版，为融资主体并购标的公司、收购资产、子公司增资、参股投资等多元化用途提供资金支持。该债务工具刚推出时，因其可以用于项目资本金投资，受到大量城投公司的追捧，后交易商协会迅速将项目要求调整为国家重大战略项目，申报门槛被抬高后实际发行案例并不多。

交易所在2018年曾经推出过直接投资于上市公司股权的债务产品——纾困公司债券，这是2018年去杠杆时期，民营企业及上市公司股东大规模出现违约风险的背景下推出的债务产品。城投公司发行纾困公司债券一般是为了扶持和救助当地重要产业类民企，也有部分城投公司借纾困之名，行收购之实，将其作为收购上市公司的一种融资工具。民企违约风潮褪去后，随着股市回暖，该品种的发行量也大幅下降，目前审核的核心主要是看是否有真实纾困需求。不过随着市场的发展，确实有越来越多的城投公司成为上市公司的股东，这些股权资产则通过可交换公司债券进行融资或者减持。可交换债券由于具有股债双重属性，进可攻退可守，既可以作为减持工具，也可以把上市公司股票作为质押物进行低融资成本，相较于债券属性来说，更是资本运作的工具。作为城投公司来说，还延伸出了以纾困债收购上市公司，再以可交债减持，以及可交债和定增手段相互结合的操作手段。

三、债务工具对固定资产的盘活

城投公司除了外部信用融资外，也需要向内部资产和资金管理要效能，即如何通过债务工具，进行现有资产盘活和资金调配，减少资源沉淀。

（一）以收费收益权为基础资产的资产证券化

城投公司以项目的未来收益为基础，通过债务工具形成实物资产，当项目开始产生收益后，除了简单地获取项目经营收入，逐步收回投资外，以项目未来收入为基础资产发行资产证券化产品也是城投公司盘活存量资产的基本方式之一。其中，基础设施收费等未来经营收入类资产证券化产品最为直接，其现金流源于城投公司基于 PPP 项目或者从事带有准公益性质的燃气、供电、供水、供热、污水及垃圾处理等市政设施，公路、铁路、机场等交通设施，停车场、健康养老等公共服务设施所形成的收费收益权。目前，交易所 ABS 和交易商协会 ABN 均有此类产品，原理基本一致（如图 4-22 和图 4-23 所示）。

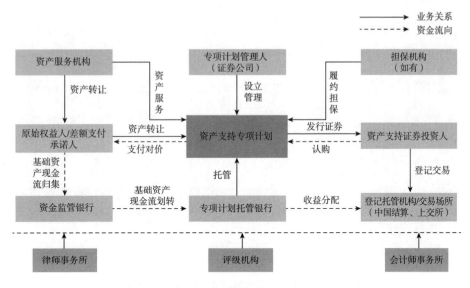

图 4-22　以收费收益权为基础资产的 ABS 交易结构图

（二）以保障房未来收益为基础资产的资产证券化

保障房项目曾经是城投公司投资规模最大的项目类型之一，因此城投公司也必然会形成规模较大的保障性住房资产。基于保障房销售方式的特殊性，销售对象可以确定、销售收入可预测性强，也就具备了资产证券化的基础。通过发行资产支持证券盘活保障房存量资产的方式最早可以追溯至 2014 年，"建发禾山后埔—枋湖片区棚户区改造项目专项资产管理计划"是最早发行的保障性住房类 ABS，基础资产为原始权益人与地方政府签订的保障房相关合同债权，地方政府作为直接或间接债务人对保障性住房 ABS 项目承担还款义务。2014 年底，《资产证券化业务基础资产负面清单指引（征求意见稿）》《资产证券化业务风险控制指引（征求意见稿）》等规定公布，明确禁止将直接或间接债务人为地方政府的资产作为基础资产开展证券化业务，保障房项目开始以市场销售收入作为主要还款来源，在交易结构上普遍增加信托受益权或者委托贷款债权，采用双 SPV 模式（如图 4-24 和图 4-25 所示）。

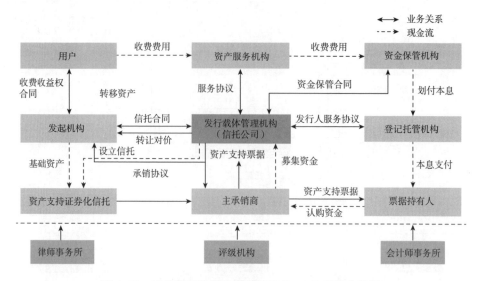

图 4-23　以收费收益权为基础资产的 ABN 交易结构图

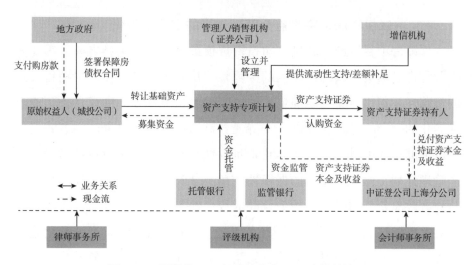

图 4-24　早期单 SPV 保障性住房 ABS 交易结构图

目前，能够进行资产证券化的保障房项目一般要求纳入省级棚改计划的完工项目。对于 2018 年及以前纳入保障房棚改计划的，可以为政府购买服务形式，但相关职能部门需就该项目政府购买服务的合法合规性、是否新增地方政府隐性债务等方面出具说明，募集资金仅限于项目建设及偿还存量保障房棚改债务工具，原则上不得偿还其他有息负债。对于

2019 年及以后纳入保障房棚改计划的保障房棚改项目，回款来源应来自市场化销售回款。

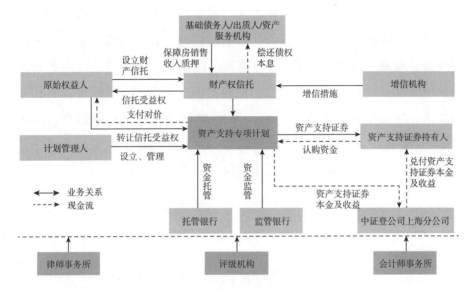

图 4-25 财产权信托模式的双 SPV 保障性住房 ABS 交易结构图

（三）基础设施公募 REITs

公开募集基础设施证券投资基金（简称基础设施公募 REITs）是指依法向社会投资者公开募集资金形成基金财产，通过基础设施资产支持证券等特殊目的的载体持有基础设施项目，由基金管理人等主动管理运营上述基础设施项目，并将产生的绝大部分收益分配给投资者的标准化金融产品。

基础设施公募 REITs 收益同样依赖于基础设施项目运营产生的收益，属于基础设施收费收益权类资产支持证券的升级产品。但与其不同的是，公募 REITs 没有固定利息，收益完全产生于资产自身的现金流和基金份额的价格上涨，也没有原始权益人主体信用担保，更多的是权益性质。通俗来讲，可以将基础设施公募 REITs 理解为基础设施资产发行上市后的"股票"，投资人通过持有 REITs 基金份额，成了基础设施项目的"股东"，且基金份额跟普通股票一样，也会有交易价格和涨跌，只是波动相对较小。

此类产品真正实现了收益完全与基础资产挂钩，剥离了主体信用，是近年来监管机构力推的金融工具。运用基础设施 REITs 盘活存量资产收回资金，用于新的优质项目建设，形成良性循环，打破基础设施行业高负债、重资产运营模式。目前，该产品仍处于试点阶段，试点行业包括交通、能源、市政、环保、仓储物流、园区、保障性租赁住房和新基建领域等基础设施项目，对项目的运营时间、收益率、规模等都有较高的要求。在发行审核流程上，由国家发改委和证监会双重监管，采用"决议发起项目—省级发改委无异议专项意见—国家发改委推荐函—证监会及交易所审查反馈"的申报审核流程（如图 4-26 所示）。

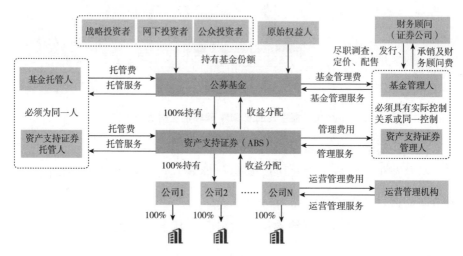

图 4-26　基础设施公募 REITs 交易结构图

（四）以应付账款为基础资产的反向供应链资产证券化

城投公司在承接基础设施工程项目建设过程中，往往会形成对上游供应商的应付账款，主要包括向城投公司提供工程承包/分包的工程类债权、向城投公司提供贸易或购销货物的采购类债权等。此类债权的共同债务人均为同一核心城投公司或其下属子公司，因此就可以核心城投公司信用为支撑，采用"1+N"反向保理模式。主要的交易过程通常如下：①供应商（主要是施工企业）向城投公司提供货物/服务而享有对城投公司的应收账款。②供应商将该应收账款转让给保理公司，从而形成了保理公司的保理债务。③保理公司将其持有的保理债务打包发行资产证券化产品，城投公司通过对每笔应付款项提供付款承诺和对资产证券化产品提供差额补足/担保，将自身信用嵌入资产证券化产品中。

在此类模式中，保理公司是产品的名义发起人，实际发起人为城投公司（如图4-27所示）。从最终的效果看，供应商按期获得了回款，城投公司虽然没有直接融资，但通过资金管理，延长了应付账款还款期限，实现变相融资。在实际工作中，由于城投公司相对上游供应商，大多在供应链中处于相对较强地位，因此不仅可以让上游供应商进行配合，有时甚至可以让供应商给予部分贴息以换取付款时效。

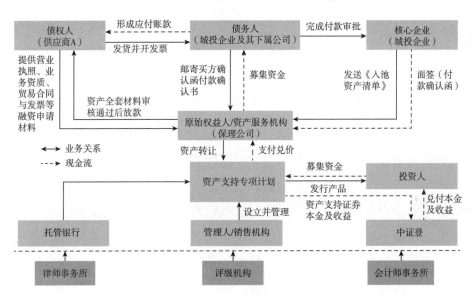

图4-27 以应付账款为基础资产的反向供应链 ABS 交易结构图

应付账款 ABN 的基础资产形成与应付账款 ABS 类似，但交易结构有所不同（如图4-28所示）。

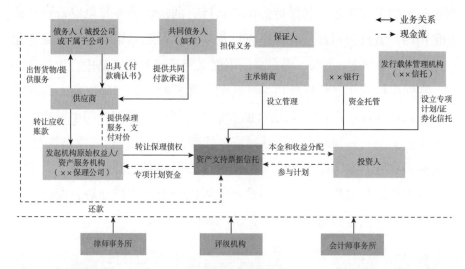

图 4-28　以应付账款为基础资产的反向供应链 ABN 的交易结构图

四、小结

城投公司转型的路径是通过各种各样的专项品种在进行政策表达。城投公司会比较关心本章第二节中融资的各种要素，以及资产负债表左边所形成债务压力的延续和滚动，但笔者认为城投公司关注的重点应该是资产负债表左边所形成的资产。这些带有专项标识的债务工具，不能成为为了融资而融资的快速通行卡，而是需要借助这些募集到的资金用到符合城投公司战略发展和业务转型的长远规划的项目中去，地方政府虽然在很多方面都影响着城投公司，但也许城投公司也能够以发展的意识为地方政府引导方向。

附表 5　企业债券品种大全

企业债券品种	发行主体要求	基本发行条件	募集资金用途	特殊审核政策
一般企业债券 推出时间：1987 年 3 月 相关指引：《企业债券管理暂行条例》	1. 具备健全且运行良好的组织机构； 2. 最近三年平均可分配利润足以支付企业债券一年的利息； 3. 应当具有合理的资产负债结构和正常的现金流量； 4. 鼓励发行企业债券募集资金投向符合国家宏观调控政策和产业政策的项目建设； 5. 不存在不得再次公开发行公司债券的情形：对已公开发行的公司债券有违约或者延迟支付本息的事实，仍处于继续状态；改变公开发行公司债券募集资金用途	1. 资产负债率 > 85%，债务负担较重、偿债风险较大的企业，原则上不得申请发行企业债券； 2. 近三年发行人收到的财政补贴金额算数平均值与营业收入算数平均值之比不超过 3：7； 3. 发行人主体评级 AA 及以上的企业，政府类应收款项原则上不超过净资产 60%； 4. 注册制实施后，已取消了公开发行债券累计余额不得超过发行人净资产 40% 的限制，但在实际审核时，净资产规模仍然是重要的参考指标	企业债券募投项目应符合国家产业政策和国家发展方向。企业债券募集资金必须用于注册的用途，不得用于弥补亏损和非生产性支出，不得用于房地产买卖、股票买卖和期货交易等与本企业生产经营无关的风险投资。目前政府回购项目、政府代建项目、纯公益性项目和商业地产项目均不适宜作为募投项目	1. 一般企业债的申报通间隔期原则上为 1 年，即新申报企业债券距上一只债券的受理日期应为 1 年以上，创新品种可豁免该要求； 2. 合并范围内同一主体，能有一只企业债券在申报通道内，原则上仅发行完毕之前不得新申请

续表

企业债券品种	发行主体要求	基本发行条件	募集资金用途	特殊审核政策
创投企业债券 推出时间：2013 年 7 月 相关指引：《关于加强小微企业融资服务支持小微企业发展的指导意见》（发改办财金〔2013〕1410 号）	同一般企业债	同一般企业债	募集资金全部用于出资设立（增资）创业投资基金和政府出资产业基金	1. 债券募集资金不得超过发行人认缴投资额的 50%； 2. 债券募集资金应与所投基金总规模保持合理比例，其中，债项评级 AAA 的，发债规模应不超过所投资基金总规模的 50%；债项评级 AA+ 的，发债规模应不超过所投资基金总规模的 40%； 3. 主体评级 AA 级及以上，且债项评级 AA+级及以上（根据窗口指导意见，近期基金审核要求债项评级达到 AAA）
城市地下综合管廊专项债券 推出时间：2015 年 3 月 相关指引：《城市地下综合管廊建设专项债券发行指引》（发改办财金〔2015〕755 号）	同一般企业债	同一般企业债	募集资金用于城市地下综合管廊建设，不超过 40% 可用于偿还银行借款、补充流动资金	需提供当地政府出具的强制入廊文件、有效定价依据等支持性文件

续表

企业债券品种	发行主体要求	基本发行条件	募集资金用途	特殊审核政策
战略性新兴产业专项债券 推出时间：2015 年 3 月 相关指引：《战略性新兴产业专项债券发行指引》（发改办财金〔2015〕756号）	同一般企业债	同一般企业债	募集资金用于发展战略性新兴产业，不超过 50% 可用于偿还银行借款、补充流动资金	募投项目需为以重大技术突破和重大发展需求为基础，对经济社会全局和长远发展具有重大引领带动作用、知识技术密集、物质资源消耗少、成长潜力大、综合效益好的产业
城市停车场建设专项债券 推出时间：2015 年 3 月 相关指引：《城市停车场建设专项债券发行指引》（发改办财金〔2015〕818号）	同一般企业债	同一般企业债	募集资金用于房地产开发、城市基础设施建设项目中配套建设的城市停车场项目，不超过 40% 可用于偿还银行借款、补充流动资金	1. 全套合法性文件必须齐备，不可缺少稳评文件； 2. 募集资金可用于购买非同一控制人下属公司已建成的停车场，但比例不得超过募集资金用于募投项目建设部分的 50%； 3. 募投项目商业配套比例原则上不超过总建筑面积的 20%，充电停车位符合国务院文件要求； 4. 需征求专业司局的意见。 允许发行人将募投项目建设、运营形成的停车场产权、专项经营权、预期收益进行抵质押作为增信措施

企业债券品种	发行主体要求	基本发行条件	募集资金用途	特殊审核政策
养老产业专项债券 推出时间：2015 年 4 月 相关指引：《养老产业专项债券发行指引》（发改办财金〔2015〕817号）	同一般企业债	同一般企业债	募集资金用于建设养老服务设施设备和提供养老服务项目，不超过50%可用于偿还银行借款、补充流动资金	1. 需对项目投资、建设、运营等有关情况进行充分的信息披露和风险提示；2. 项目涉及养老服务设施用地的，应符合《养老服务设施用地指导意见》，需征求当地国土部门意见，同时建议由当地民政部门说明符合养老机构设立许可办法；3. 如果涉及医院的，建议由当地卫生部门说明符合相关规定；4. 募集资金可用于购买非同一控制人下属公司已建成的养老设施，但比例不得超过募集专项资金用于募投项目建设部分的50%；5. 需征求专业项目的意见；6. 募投项目为养老产业项目的，项目收益不能来源于养老公寓出售收入，只能来源于养老服务公寓出租人及收入及养老服务公寓出租项目

242

续表

企业债券品种	发行主体要求	基本发行条件	募集资金用途	特殊审核政策
项目收益债券 推出时间：2015 年 7 月 相关指引：《项目收益债券业务指引》《项目收益债券管理暂行办法》（发改办财金〔2015〕2010 号）	1. 公开发行项目收益债券，要求发行人主体评级达到 AA-及以上，债项评级评级达到 AA 及以上；非公开发行项目收益债券项评级需达到 AA 及以上，但不受发行人主体评级限制； 2. 在项目运营期内的每个计息年度，项目收入应该能够完全覆盖债券当年还本付息的规模。项目投资内部收益率原则上应大于 8%。对于政府购买服务项目收益入占全部收入比例超过 30%的项目，内部收益率可放宽 6%； 3. 债券存续期内财政补贴占项目收入的比例合计不得超过 50%	只能用于该项目建设和运营，不得置换项目资本金或偿还与项目有关的其他债务	1. 发行债券的项目，其《可行性研究报告》应由具有甲级资质的工程咨询公司编制。项目收益和现金流应由独立第三方（包括但不限于具有咨询、评估、评级资质的会计师事务所、咨询公司等）进行评估，并对项目收益和现金流覆盖本付息出具书面意见； 2. 项目实施主体、差额补偿人和项目收入归集账户监管银行应签署差额补偿协议，约定各方权利义务和差额补偿程序

续表

企业债券品种	发行主体要求	基本发行条件	募集资金用途	特殊审核政策
小微企业增信集合债券 推出时间：2015 年 11 月 相关指引：《小微企业增信集合债券发行管理规定》（发改办财金〔2015〕3127 号）	同一般企业债	同一般企业债	将募集资金以银行委托贷款的方式发放给小微企业，并采用风险缓释基金等多种偿债保护措施	委贷对象：1. 符合《关于印发中小企业划型标准规定的通知》（工信部联企业〔2011〕300 号）中的中型、小型、微型企业划型标准规定；2. 所在行业符合国家产业政策；3. 与小微债发行人无隶属、代管或股权关系；4. 在小微债募集资金委贷银行中无不良信用记录；5. 现阶段商业银行对信用贷款对象提出的其他条件。 集中度：对单个委贷对象发放的委贷资金累计额不得超过 1000 万元且不得超过小微债募集资金规模的 3%。同一控制人下的企业，合计获委贷资金不得超过上述规定数额和比例

续表

企业债券品种	发行主体要求	基本发行条件	募集资金用途	特殊审核政策
双创孵化专项债券 推出时间：2015 年 11 月 相关指引：《双创孵化专项债券发行指引》（发改办财金〔2015〕2894号）	同一般企业债	同一般企业债	募集资金用于涉及双创孵化服务的新建基础设施、扩容改造、系统提升，建立分园，收购现有设施并改造等，包括但不限于纳入中央预算内资金引导范围的"双创"示范基地、国家级孵化园区、省级孵化园区以及经国务院科技和教育行政管理部门认定的大学科技园中的项目建设，不超过 50% 可用于偿还银行借款、补充流动资金	1. 需征求专业司局意见；2. 如有保障性住房建设内容的，建议由地方住建部门说明保障性住房建设的必要性和与双创孵化的关系；3. 需说明项目产业聚集优势、上下游行业具体情况，未来发展规划、企业入驻情况等内容
配电网建设改造专项债券 推出时间：2015 年 11 月 相关指引：《配电网建设改造专项债券发行指引》（发改办财金〔2015〕2909号）	同一般企业债	同一般企业债	募集资金用于电力需求稳定、未来收入可预测的配电网建设改造项目及相关装备制造项目建设，不超过 50% 可用于偿还银行借款、补充流动资金	1. 允许配售电企业以应收售电款、电网资产收益权等为专项债券提供质押担保；2. 允许装备制造企业以对资质优良且无不良信用记录的企业应收账款为专项债券提供抵押担保

续表

企业债券品种	发行主体要求	基本发行条件	募集资金用途	特殊审核政策
可续期企业债券 推出时间：2015 年 11 月 相关指引：《国家发展和改革委关于简化企业债券申报程序加强风险监管和改革创新的意见》（发改办财金〔2015〕3127 号）	同一般企业债	同一般企业债	同一般企业债	发行条款里附带赎回（续期）选择权或无明确到期日的企业债券。发行人可自主决定延还支付利息或在一定条件下强制还迟支付利息
绿色企业债券 推出时间：2015 年 12 月 相关指引：《绿色债券发行指引》（发改办财金〔2015〕3504 号）	同一般企业债	同一般企业债	募集资金用于支持节能减排技术改造、绿色城镇化，能源清洁高效利用、新能源开发利用、循环经济发展，水资源节约和非常规水资源开发利用、污染防治，生态农林业、节能环保产业、低碳产业、生态文明先行示范区实验、低碳试点示范等绿色循环低碳发展项目建设，不超过 50% 可用于偿还银行借款，补充流动资金	1. 需征求专业司局的意见； 2. 债券募集资金占项目总投资比例放宽至 80%； 3. 在资产负债率低于 75% 的前提下，核定发债规模时不考察企业其他公司信用类产品的规模

续表

企业债券品种	发行主体要求	基本发行条件	募集资金用途	特殊审核政策
市场化银行债权转股权专项债券 推出时间：2016年12月 相关指引：《市场化银行债权转股权专项债券》（发改办财金〔2016〕2735号）	同一般企业债	同一般企业债	募集资金用于银行债权转股权项目，不超过40%可用于偿还银行借款、补充流动资金	发行人向积极稳妥降低企业杠杆率工作部际联席会议办公室（以下简称部际联席会议办公室）报送项目基本信息后，即可向国家发改委申报发行债转股专项债券。在国家发改委核准股专项债券前，发行人应完成市场化债转股合同签订并正式生效，向国家发改委提供相关材料，并向联席会议办公室报送项目进展信息
政府和社会资本合作（PPP）项目专项债券 推出时间：2017年4月 相关指引：《政府和社会资本合作（PPP）项目专项债券发行指引》（发改办财金〔2017〕730号）	同一般企业债	同一般企业债	募集资金用于特许经营、购买服务等PPP形式开展项目建设、运营，不超过50%可用于偿还银行借款、补充流动资金	主体信用等级达到AA+及以上且运营情况较好的发行主体申请发行PPP项目专项债券，可适当调整企业债券现行审核政策要求：1. 核定发债规模时不考察非金融企业债务融资工具的规模；2. 发行人可根据实际情况自主选择是否设置债券形式增信方式；3. 以项目收益专项债形式申请发行PPP项目专项债券，可不设置差额补偿机制，但应明确项目建设期间利息偿付资金来源，并提供相应法律文件

企业债券品种	发行主体要求	基本发行条件	募集资金用途	特殊审核政策
农村产业融合发展专项债券 推出时间：2017年8月 相关指引：《农村产业融合发展专项债券发行指引》（发改办财金[2017]1340号）	同一般企业债	同一般企业债	募集资金用于农村产业融合发展项目，不超过50%可用于偿还银行借款、补充流动资金	农业产业化龙头企业申请发行农村产业融合发展专项债券，需满足以下所列条件：1.企业资产规模不低于3亿元或者年度涉农业务收入不低于2亿元；2.拟投资项目总投资农村产业融合发展项目不低于1亿元。鼓励通过保底收购价＋二次分配、农民参股持股等方式与农民建立紧密利益联结机制的项目申请发行农村产业融合发展专项债券
社会领域产业专项债券 推出时间：2017年8月 相关指引：《社会领域产业专项债券发行指引》（发改办财金[2017]1341号）	同一般企业债	同一般企业债	募集资金用于社会领域产业经营性项目建设，或者其他经营性领域配套社会领域产业相关设施建设，不超过40%可用于偿还银行借款、补充流动资金	以项目未来经营收入作为主要偿债资金来源。对项目收费标准由政府部门定价的，地方价格部门应及时制定和完善项目收费价格政策

续表

企业债券品种	发行主体要求	基本发行条件	募集资金用途	特殊审核政策
优质主体企业债券 推出时间：2018年12月 相关指引：《关于支持优质企业直接融资进一步增强企业债券服务实体经济能力的通知》（发改办财金〔2018〕1806号）	1. 主体信用等级达到AAA； 2. 主要经营财务指标应处于行业或区域领先地位； 3. 生产经营符合国家产业政策和宏观调控政策； 4. 最近3年未发生公司信用类债券或其他债务违约，且不存在处于持续状态的延迟支付本息事实，最近3年无重大违法违规行为，未纳入失信黑名单		在偿债保障措施完善的基础上，允许使用不超过50%的债券募集资金用于补充营运资金	1. 一次核准额度、分期自主发行。经国家发改委核准后，发行人可根据市场情况和自身需求，自主灵活设置各期债券的具体发行方案，包括但不限于各期债券发行规模、期限、选择权及还本付息方式； 2. 发行人在申报阶段可仅设立主承销团，在各期债券发行时明确牵头主承销商及承销团成员
县城新型城镇化产业专项债券 推出时间：2020年8月 相关指引：《县城新型城镇化产业专项债券发行指引》（发改办财金〔2020〕613号）	同一般企业债	同一般企业债	募集资金用于符合《国家发展改革委关于加快开展县城城镇化补短板强弱项工作的通知》（发改规划〔2020〕831号）、市场化自主经营、具有稳定现金流的单体项目或综合性项目建设，不超过40%可用于偿还银行借款、补充流动资金	以募投项目未来经营收入作为主要偿债来源。其中，项目收费标准由地方政府部门定价的，地方政府应督促主管部门应及时制定及完善项目收费价格政策

附表 6　公司债券品种大全

公司债券品种	发行主体要求	基本发行条件	募集资金用途	特殊审核政策
一般公司债券（公开发行） 推出时间：2015年1月 相关指引：《公司债券发行与交易管理办法》	1. 具备健全且运行良好的组织机构； 2. 最近三年平均可分配利润足以支付企业债券一年的利息； 3. 应当具有合理的资产负债结构和正常的现金流量； 4. 国务院规定的其他条件		1. 存在隐性债务城投公司（不分级别），发行公司债券的募集资金均不能用于补充无流动资金和项目建设，只能用于偿还有息负债； 2. 所属区域城投公司（即红橙区域），无论是否有隐性债务，发行公司债券的募集资金只能用于偿还存量公司债券，其中偿还存量公司债券需满足"前三后六"的时间要求，即可以偿还发行日起6个月内到期的公司债券以及12个月内到期的公司债，日之前三个月内到期的公司自有资金偿还的公司债券； 3. 特定品种不能用途：绿色公司债券募集资金必须100%满足绿色要求	审核重点关注事项： 1. 募集资金原则上应用于优先用于偿还存量公司债券：（1）发行人非经营性往来占款和资金拆借余额超过最近一年末经营性往来占计总资产10%；（2）银行借款余额低于有息负债的30%，且银行借款之和低于有息负债余额低于其他公司信用类债券余额之和低于有息负债结构总额的50%；（3）发行人偿债能力因有息债务结构变化受到显著不利影响。 2. 审慎确定公司债券申报规模，且原则上募集资金应用于优先用于偿还存量公司债券：（1）发行人控股股东、实际控制人存在债务违约等负面情形；（2）债务短期化；（3）存量公司债券规模大，私募公司债净资产40%；（4）有息负债余额过大公司超过净资产30%，最近一年末资产负债率均超出行业平均水平超出稳定且显著影响偿债能力；（5）发行人母公司单体资产质量较低，盈利能力较弱，有息负债负担较重的；（6）发行人偿债能力缺乏稳定且显著影响偿债能力；（7）城市建设企业总资产规模小于100亿元或主体信用评级低于AA（含）的。 3. 审慎确定公司债券申报规模：（1）最近一期末发行人对外担保余额超过当期末净资产；（2）报告期内资产负债率超过总资产50%或（3）受限资产总额过总资产50%。
一般公司债券（非公开发行） 推出时间：2015年4月 相关指引：《非公开发行公司债券负面清单》（2019年修订）		非公开发行公司债券实行负面清单管理，具体内容如下： 发行人存在以下情形的： 1. 最近24个月内违反公司财务会计文件存在虚假记载，或公司存在其他重大违法行为； 2. 对已发行的公司债券或者其他债务有违约或者延迟支付本息的事实，仍处于继续状态； 3. 存在违规对外担保或者资金被第三方占用的情形，仍未予规范状态； 4. 最近12个月内因违反公司债券相关规定被中国证监会采取行政监管措施，或者被自律组织采取纪律处分，尚未完成整改的； 5. 最近两年内财务报表曾被注册会计师出具保留意见且保留意见所涉及事项的重大影响尚未消除，或被注册会计师出具否定意见或者无法表示意见的审计报告； 6. 因严重违法失信行为，被有权部门认定为失信被执行人，失信生产经营单位或者其他失信主体，并被有关部门依法限制发行公司债券； 7. 擅自改变前次发行公司债券募集资金的用途而未做纠正；		

250

续表

公司债券品种	发行主体要求	基本发行条件	募集资金用途	特殊审核政策
	（8）本次发行募集资金用途违反相关法律法规或募集资金投向不符合国家产业政策； （9）除金融类企业外，本次发行债券募集资金用途、或本次发行债券募资金用途为购买的金融资产，委托理财等财务性投资，或本次发行债券募集资金用途为直接或间接向证券买卖投资于以买卖有价证券为主要业务的公司； （10）本次发行文件存在虚假记载、误导性陈述或重大遗漏； （11）存在严重损害投资者合法权益和社会公共利益情形。 2. 以下特殊行业或类型的发行人： （1）地方融资平台公司。本条所指的地方融资平台公司是指根据国务院相关文件规定，由地方政府及其部门和机构等通过财政拨款或注入土地、股权等资产设立，承担政府投资项目融资功能，并拥有独立法人资格的经济实体； （2）主管部门认定的存在"闲置土地""炒地""捂盘惜售""哄抬房价"等违法违规行为的房地产公司； （3）典当行； （4）未能同时满足以下条件的租赁公司：经营融资租赁业务满3年（含）以上；主体信用评级AA级（含）以上；近注册资本不低于人民币6亿元；主体信用评级AA级（含）以上；三年无重大违法违规行为； （5）未能同时满足以下条件的小贷公司：经省级主管机关批准设立或备案，且成立时间满2年；省级监管评级或考核评级最近两年连续达到最高等级；主体信用评级达到AA级（含）以上			

续表

公司债券品种	发行主体要求	基本发行条件	募集资金用途	特殊审核政策
优质公司债 TDFI/DFI 推出时间：2018 年7 月 相关指引：《上海证券交易所公司债券预审核指南（五）优化融资监管》《深交所公司债券业务办理指南第4 号——公司债券优化审核程序》	基础范围： 1. 有定期或连续的主体评级记录，最新境内主体评级为 AAA 级； 2. 最近 36 个月内累计公开发行债券或债务融资工具不少于 3 期，发行规模不少于 100 亿元； 3. 最近两个会计年度未发生连续亏损； 4. 最近 24 个月内各类债券或者其他债务无逾约或者延迟支付本息的事实，控股股东、控股子公司各类债券及债务融资工具无违约或者延迟支付本息的事实； 5. 最近 12 个月内未被相关主管部门采取限制直接债务融资业务等行政处罚；最近 12 个月内未因违反公司债券相关规定被证券交易所或等自律组织采取纪律处分； 6. 最近三年内财务报表未被注册会计师出具否定意见或者无法表示意见的审计报告，如被注册会计师出具保留意见的审计报告，保留意见所涉及事项的重大影响项已经消除； 7. 生产经营符合国家产业政策和宏观调控政策； 8. 交易所根据投资者保护需要确定的其他标准。 优选指标（需满足条件之一）： 1. 发行人上市公司认可度高、行业地位显著，经营财务状况稳健。发行人是纳入上证 50 指数范围的上市公司或者符合基础范围的其他上市公司。 2. 交易所认可的其他公司，包括在债券市场可采取储架发行或者类似制度安排的发行人、交易所所根据国家发展需要认可的其他发行人	可用于项目建设、补充流动资金、偿还有息负债等，较为灵活	发行该品种需要取得交易所的适用优化融资监管函件，若个别指标不满足要求，亦可尝试沟通进行豁免

续表

公司债券品种	发行主体要求	基本发行条件	募集资金用途	特殊审核政策
短期公司债券 推出时间：2020 年 5 月 相关指引：《上海证券交易所公司债券发行上市审核规则适用指引第 2 号——特定品种公司债券（2021 年修订）》《深圳证券交易所业务指引第 5 号——短期公司债券》	1. 公开发行：（1）适用交易所公司债券优化融资监管安排，且发行人最近 3 年平均经营活动现金流量净额为正或最近一年末的速动比率大于 1；（2）综合实力较强、内部控制和风险控制制度健全的证券公司。 2. 非公开发行：（1）发行人已在境内证券交易所市场上市，其股票未被风险警示、暂停或终止上市等，同时发行人不存在被有权机关立案调查或处罚的情况；（2）发行人近 2 年内已在国内相关债券市场发行短期公司债券本息的事实，且不存在违约债务延迟支付债券或其他债务本息的事实；（3）发行人主体信用评级或债项监管评级达到 AA+或以上；（4）发行人属于国家金融监管部门认可的金融企业；（5）经交易所认可的其他情形	募集资金用途应当与债券存续期限保持合理匹配，募集资金限于偿还 1 年内到期的债务和补充流动资金，不得用于长期投资需求	发行余额管理；可以单独编制申请文件并单独申报，也可与其他期限的普通公司债券编制统一申请文件并进行申报
乡村振兴公司债券 推出时间：2021 年 7 月 相关指引：《上海证券交易所公司债券发行上市审核规则适用指引第 2 号——特定品种公司债券（2021 年修订）》《深圳证券交易所业务指引第 3 号——乡村振兴专项公司债券（2021 年修订）》	1. 企业注册地在脱贫摘帽不满五年的地区，且募集资金主要用于支持乡村振兴相关领域的公司债券； 2. 募集资金主要用于乡村振兴相关领域项目的建设、运营、收购，或者偿还项目贷款的公司债券	1. 募集资金用于乡村振兴领域相关项目的乡村振兴公司债券，确定用于相关领域的金额应不低于募集资金总额的 70%； 2. 支持乡村振兴领域包括支持发展脱贫地区乡村特色产业、促进脱贫地区稳定就业、改善脱贫地区人口基础设施条件、提升脱贫地区公共服务水平，通过市场化法治化的方式优化乡村就业结构、健全乡村产业体系、完善乡村基础设施等	应当在募集说明书中披露拟投资项目的基本情况，包括不限于乡村振兴、巩固脱贫攻坚相关范畴的依据、具体实施计划、政策支持情况等

253

公司债券品种	发行主体要求	基本发行条件	募集资金用途	特殊审核政策
纾困公司债券 推出时间：2018年10月 相关指引：《上海证券交易所公司债券发行上市审核规则适用指引第2号——特定品种公司债券（2021年修订）》《深圳证券交易所公司债券创新品种业务指引第4号——纾困专项公司债券》	上交所要求发行人应具备良好的盈利能力和偿债能力，主体信用评级达到AA+或以上，并符合下列情形之一： 1. 发行人为国有资产管理业务的其他企业等。发行人应当是所属地方政府相关部门或机构对本次纾困计划的参与方，且以适当方式包括不限于所属地方政府相关部门或机构认可或本次纾困计划的认可或纾困用途的认可等； 2. 发行人为产业链核心企业，能够通过支付预付款、清偿应付款等形式用于纾困用途，尤其是中小企业上下游企业、清偿应付款等项等方式降低上下游企业现金流压力和融资成本。 深交所要求： 1. 发行人应当为具备良好的盈利能力及偿债能力的国有资产管理公司、金融控股公司，开展投资或资产管理业务的其他企业等，且主体评级为AA+以上； 2. 发行人应当符合地方政府债务管理的相关规定； 3. 发行人应当获得所属地方政府相关部门或机构对本次纾困专项公司债券发行出具的批复文件，相关会议纪要或要或其他认可方式		上交所要求： 1. 应主要用于支持面临流动性困难的上市公司及其股东融资，或者纾解民营企业和中小企业的融资和流动性困难，确定用于纾困用途的金额应不低于募集资金总额的70%； 2. 募集资金可通过投资纾困基金、购买企业资产、向产业链上下游企业支付预付款、清偿应付款或发放委托贷款等形式用于纾困用途； 3. 募集资金用于投资纾困基金的，相关纾困基金运营和运作应由政府或其指定的国有资本运营主体运营和运作，并符合《资管新规》等相关规定。 深交所要求： 1. 应当主要用于支持上市公司及其股东融资，缓解上市公司及其股东流动性压力。中。募集资金用于投资纾困基金的，相关纾困基金原则上应当由政府或其指定的国有资本运营主体运营，不得向社会资本方募集； 2. 募集资金运用不得违反《关于规范金融机构资产管理业务的指导意见》（银发〔2018〕106号）及地方政府债务管理的相关规定	

续表

公司债券品种	发行主体要求	基本发行条件	募集资金用途	特殊审核政策
项目收益公司债券 推出时间：2018 年 8 月 相关指引：《上海证券交易所公司债券预审核指南（四）专项公司债券——项目收益专项公司债券（征求意见稿）》	发行主体既可以是项目公司，也可以是项目公司的直接或间接股东	债项评级应达到 AA 及以上	募集资金用于项目建设与运营，募投项目应当符合国家产业政策和行业发展方向，符合固定资产投资管理有关规定。申报项目原则上应已取得相关批复手续，且为已开工项目。重点支持 PPP 项目，有利于结构调整和改善民生的项目以及提供公共产品和服务的项目。可以使用不超过 30% 的资金补充营运资金和偿还银行贷款	项目收益公司债券的期限不应超过项目的实际运营期
可续期公司债券 推出时间：2017 年 12 月 相关指引：《上海证券交易所公司债券发行上市审核规则适用指引第 2 号——特定品种公司债券（2021 年修订）》《深圳证券交易所公司债券创新品种业务指引第 2 号——可续期公司债券》	主体信用评级和债项评级应达到 AA + 或以上	与一般公司债券一致	与一般公司债券一致	会计师事务所应对本次发行可续期公司债券的相关会计处理出具专项意见，说明本次发行可续期公司债券计入权益情况及其相关依据

公司债券品种	发行主体要求	基本发行条件	募集资金用途	特殊审核政策
绿色公司债券 推出时间：2016 年 3 月 相关指引：《中国证监会关于支持绿色债券发行的指导意见》《绿色债券支持项目目录（2021 年版）》《上海证券交易所公司债券发行上市审核规则适用指引第 2 号——特定品种公司债券（2021 年修订）》《深圳证券交易所公司债券创新品种业务指引第 1 号——绿色债券（2021 年修订）》	一般主体：与一般公司债券一致 绿色主体认定：最近 1 年合并财务报表中绿色产业领域营业收入比重超过 50%（含），或绿色产业领域营业收入比重虽小于 50%，但绿色产业领域营业收入和总利润均占到发行人总营业收入和总利润的 30%以上的公司，可不对应发行绿色公司债券，但募集项目申报发行绿色公司债券资金应应用于公司绿色产业领域发展	与一般公司债券一致	应用于绿色产业领域的业务发展，其中确定用于绿色产业项目（绿色项目识别和界定参考）建设、运营、收购或偿还绿色项目贷款等的募集资金总额应不低于募集资金总额的 70%	1. 对于符合国家绿色债券支持项目目录相关要求的绿色项目，发行人在申报发行时及存续期内可自主选择是否聘请独立的专业评估或认证机构出具评估意见或认证报告； 2. 对上述范围之外投资者不容易识别或发行人认为需要聘请第三方评估或认证的绿色项目，申报发行时应聘请独立的专业评估或认证机构出具评估意见或认证报告

续表

公司债券品种	发行主体要求	基本发行条件	募集资金用途	特殊审核政策
创新创业公司债券 推出时间：2017年7月 相关指引：《中国证监会关于开展创新创业公司债券试点的指导意见》《上海证券交易所公司债券发行上市审核规则适用指引第2号——特定品种公司债券（2021年修订）》	种子期、初创期、成长期、成熟期的创新创业公司，创业投资或产业类企业，以及主体信用评级或债项评级达到AA+或以上的产业类企业、园区经营公司和国有资本投资运营公司等募集资金专项用于支持创新创业的企业	与一般公司债券一致	除创新创业公司外，其他发行人发行专项募集资金应不低于双创公司债券募集资金确定用于支持创新创业金总额的70%，具体用途包括：1. 通过直接投资或基金投资等方式，对创新创业公司进行股权投资；2. 用于为创新创业公司提供服务的园区经营或基础设施建设等	关注投资基金的基本情况、投资标的、投资决策等内容
可交换公司债券 推出时间：2008年10月 相关指引：《上市公司股东发行可交换公司债券试行规定》《上海证券交易所公司债券融资监管问答（四）——非公开发行可交换公司债券》	公开发行：普通公司债券公开发行条件，另需满足《上市公司股份发行可交换公司债券（非公开发行）要求一致	非公开发行：与一般公司债券一致	与一般公司债券一致	公开发行：1. 标的股票发行申请时不存在限售条件，并且上市公司最近一期期末净资产不低于人民币15亿元，或者最近三个会计年度加权平均净资产收益率平均不低于6%；2. 发行金额不超过标的股票按募集说明书公告20个交易日均价计算的市值的70%；3. 换股价格：不低于募集说明书公告前20个交易日目标股票均价和前一个交易日均价；4. 换股期：发行结束日起12个月后方可换股。 非公开发行：1. 标的的股票为交易所A股股票；不存在司法冻结等权利受限情形；不存在限售条件；2. 质押担保数量不少于债券持有人可交换股票数量，具体质押比例、维持担保比例以及追加担保由当事人协商约定；3. 换股价格不低于募集说明书披露日前20个交易日所可交换股票收盘价以及前一个交易日收盘价均价；4. 发行结束日起6个月后方可换股

续表

公司债券品种	发行主体要求	基本发行条件	募集资金用途	特殊审核政策
疫情防控公司债券（阶段性品种） 推出时间：2020年2月 相关指引：《上交所关于进一步明确疫情防控期间债券业务安排有关事项的通知》《深交所关于疫情防控业务有关事项的通知》《2022年疫情防控期间深市固收业务有关事项的通知》	1. 注册地或实际经营地在疫情严重地区的企业； 2. 批发和零售业、交通运输、仓储和邮政业、文化、体育和娱乐业、住宿和餐饮业等受疫情影响较大行业的企业； 3. 募集资金全部或部分用于疫情防控领域的企业，包括疫情防控的重点医疗物资和医药产品制造及采购、科研攻关、生活必需品支持、防疫物流、交通运输物流、公用基础设施建设、交通运输业服务等	与一般公司债券一致	1. 公司债券募集资金用途全部用于疫情防控相关领域的，可以申报或发行疫情防控公司债券； 2. 募集资金用于疫情防控相关金额占发行金额不低于50%的公司债券，可添加"（疫情防控）"标识； 3. 不得用于捐赠等公益性支出	重点关注募集资金用途

258

附表7 非金融企业债务融资工具品种大全

非金融企业债务融资工具品种	发行主体要求	基本发行条件	募集资金用途	特殊审核政策
DFI 推出时间：2016年2月 相关指引：《非金融企业债务融资工具发行规范指引》	第二类企业： 要求发行主体是成熟层企业，需要符合以下条件： ①生产经营符合国家宏观调控政策和产业政策，市场认可度高，行业地位显著，公司治理完善。 ②经营财务状况稳健，企业规模、资本结构、盈利能力满足相应要求： A.电信业务、公用事业、交通运输、能源行业：企业资产规模>1000亿元，资产负债率<85%，总资产报酬率>3%； B.IT、大型制造业、纺织服装与消费品、金属、汽车与汽车零部件、医药、原材料行业：企业资产规模>1000亿元，资产负债率<80%，总资产报酬率>3%； C.酒店、餐饮与休闲、媒体与文化、农、林、牧、渔、批发和零售贸易行业：企业资产规模>800亿元，资产负债率<75%，总资产报酬率>3%； D.土木建筑、基础设施建设、综合及其他类行业：企业资产规模>1200亿元，资产负债率<85%，总资产报酬率>3%。 ③公开发行信息披露成熟。最近36个月内，累计公开发行债务融资工具等公司信用类债券不少于3期，公开发行规模不少于100亿元。 ④最近36个月内，企业无债务融资工具公司信用类债券或者其他重大债务违约或者延迟支付本息的事实，控股子公司无债务融资工具等公司信用类债券违约或者延迟支付本息的事实。 ⑤最近36个月内，企业无重大违法违规行为，不存在国家法律或政策规定的限制直接债务融资的情形，未受到国家监管部门或权机关及以上自律处分；实际控制人不存在因涉嫌违法违规被有权机关调查或者受到重大行政、刑事处罚的情形。 ⑥交易商协会根据投资者保护需要规定的其他条件。	所募集资金拟用于偿还到期债务，补充流动资金和项目建设等，符合中国银行间市场交易商协会要求的用途，具有较大的灵活性		①统一注册模式下，企业在注册阶段可不设置注册额度，发行期限等要素，并可按定向发行要求进行信息披露；企业在该注册项下可定向每期发行相关产品，并可按注册有效期内仍符合成熟层企业条件的，可在注册有效期到期前3个月内再次报送统一注册文件

259

非金融企业债务融资工具品种	发行主体要求	基本发行条件	募集资金用途	特殊审核政策
TDFI 推出时间：2016年2月 相关指引：《非金融企业债务融资工具发行规范指引》	成熟企业中第一类企业：满足以下任一条件的第二类企业：①资产规模超过3000亿元，资产负债率低于75%，总资产报酬率高于3%；②最近36个月内，债务融资工具公开发行规模不少于500亿元；③资产规模超过8000亿元，在国民经济关键领域中发挥重要作用		同DFI的募集资金用途	同DFI的审核政策
短期融资券 推出时间：2005年5月 相关指引：《非金融企业短期融资券业务指引》（2021年版）	①发行人为非金融企业；②最近三年具有良好信用，不存在因发行债务融资工具延迟支付本息的情形；③申请发行短期融资券的企业必须具有稳定的偿债资金的来源，在最近的一个会计年度是盈利的状态；④最近的三年不存在违法违规的行为；⑤除了要符合上述的条件外，还应符合中国人民银行规定符合的其他条件	①对于城建组即即城投公司发行人全部债务融资工具余额（为已发行的、已注册但未发行的、注册过程中累计发行之和，不包含公司债、企业债）占最近一年末经审计的有息债务的比重不得超过60%；②累计债券余额不可以超过公司净资产的40%；③交易商协会对于城投公司的财务指标进行分类，触发高度关注类风险指标不超过2条，触发关注和一般关注两类风险指标合计须不超过4条	补充营运资金，偿还到期债务等交易商协会认可的用途，城投公司一般用于偿还债务	无具体限制，注册时需确定首期发行金额及全额注册额度使用明细

续表

非金融企业债务融资工具品种	发行主体要求	基本发行条件	募集资金用途	特殊审核政策
超短期融资券 推出时间：2015年10月 相关指引：《非金融企业超短期融资券业务指引（2021年版）》	同常规债务融资工具（短期融资券）	同常规债务融资工具（短期融资券）	同常规债务融资工具（短期融资券）	同常规债务融资工具（短期融资券）
中期票据 推出时间：2008年4月 相关指引：《非金融企业中期票据业务指引（2021年版）》	同常规债务融资工具（短期融资券）	同常规债务融资工具（短期融资券）	符合法律法规、国家政策的流动资金需要、偿还有息负债、项目建设资金、资产收购等，城投公司一般用于偿还债务	注册有效期两年，首期发行应在取得注册通知书后1年内完成，剩余额度可在两年有效期内发行
非公开定向债务融资工具 推出时间：2011年4月 相关指引：《银行间市场非金融企业债务融资工具非公开定向发行规则》	同常规债务融资工具（短期融资券）	①累计债券余额可以超过公司净资产的40%；②由于采取非公开方式发行，规模、利率、资金用途等条款可由发行人与投资者通过一对一的谈判协商确定	符合法律法规、国家政策的流动资金需要、偿还有息负债、项目建设资金、资产收购等，城投公司一般用于偿还债务	①企业可在注册阶段设立主承销商团，发行阶段再就每期发行指定一家或多家主承销商承销。需要组织承销团的，由主承销商组织承销团；②企业和主承销应当在注册文件中确定定向投资人范围
项目收益票据 推出时间：2014年7月 相关指引：《银行间市场项目收益票据业务指引》（中国银行间市场交易商协会公告〔2014〕10号）	企业可自行注册发行项目收益票据，也可通过成立专门发行项目收益票据的公司等方式注册发行项目收益票据	同常规债务融资工具（短期融资券）	①企业发行项目收益票据所募集资金应专项用于约定项目，且应符合法律法规和国家政策要求；②项目包括但不限于市政、交通、公用事业、教育、医疗等与城镇化建设相关的、能产生持续稳定经营性现金流的项目	①公开注册发行项目收益票据的，第一类、第二类、第三类无须向交易商协会备案，第四类企业需要向交易商协会备案；②由第三方专业机构出具项目收益预测情况，收费定价机制透明、有稳定现金流的项目运营收益或者纳入政府财政支出预算安排的项目回款、补贴等均可认定为项目收益来源；③募集资金可用于支付土地款及项目资本金，可使用不超过募集资金30%的部分用于项目建设或项目运营

261

续表

非金融企业债务融资工具品种	发行主体要求	基本发行条件	募集资金用途	特殊审核政策
创投企业债务融资工具 推出时间：2014年7月 相关指引：《关于进一步支持创投企业发行债务融资工具的通知》《创投债务融资工具信息披露表——MC.3表》	①纯创投企业：企业资质上，在主管部门备案过的合规企业（发行人自身具备相关资质）；收入结构上，创投类收入（支付给创投基金管理人的管理费和投资收益占营业收入50%及以上；主体评级AA及以上；有募资、投资和退出全流程经验。②非创投企业：涉及股权投资业务的AAA级优质央企、国企		①可直接用于补充企业营运资金、偿还银行借款、补充创投基金资本及股权投资；②募集资金只限于对非上市公司股权进行投资，不得用于上市公司二级市场股票投资（包括定向增发等）	用于股权投资、收购产权（股权）的，原则上累计投资金额不得超过该标的金额的60%（可分阶段投资使用，但任一阶段发行人自有资金的出资金至少应同比例提前到位）
永续票据 推出时间：2013年12月 相关指引：《永续票据信息披露表——MC.2表》和《注册文件清单——Y表》	同常规债务融资工具（短期融资券）	同常规债务融资工具（短期融资券）	①符合法律法规、国家政策的流动资金需要、偿还有息负债、项目建设资金、资产收购；②符合国家宏观调控和产业政策要求的股权投资、基金出资，计入权益的永续债可补充项目资本金	关于募集资金运用中如用于项目资本金，由律师就此是否符合法律法规及国家政策发表专业意见
并购票据 推出时间：2014年7月 相关指引：并购票据信息披露表（MC.11/D.19）跟随《公开发行注册文件格式体系和定向发行注册文件格式体系（2020年版）》	同常规债务融资工具（短期融资券）	同常规债务融资工具（短期融资券）	①包括直接支付并购价款，也包括偿还银行并购贷款、归还其他同类信托、并购基金退出等情形；②暂不支付并购价款的自有资金投入并购项目	①并购交易用途的占比不低于注册或当期发行金额的30%；②重点关注并购目的、并购标的的基本情况、并购双方关联关系、并购资金安排、自由资金与借贷资金的比例、并购所处阶段信息

续表

非金融企业债务融资工具品种	发行主体要求	基本发行条件	募集资金用途	特殊审核政策
绿色债务融资工具 推出时间：2017年3月 相关指引：《非金融企业绿色债务融资工具业务指引》及配套表格的公告（中国银行间市场交易商协会公告〔2017〕10号）	一般为承担节能减排、环境保护等领域项目建设运营的企业	同常规债务融资工具（短期融资券）	全部用于绿色项目的建设、运营及补充配套流动资金，或偿还绿色贷款（绿色贷款应是为绿色项目提供的银行贷款或其他金融机构借款）	①交易商协会将为绿色债务融资工具的注册提供评议开辟绿色通道，加强绿色债务融资工具注册、并对绿色债务融资工具接受注册通知书进行统一标识； ②鼓励第三方认证机构对企业发行的绿色债务融资工具进行评估，出具评估意见并披露相关信息； ③项目类型参考中国人民银行、国家发展改革委、证监会联合发布《关于印发〈绿色债券支持项目目录（2021年版）〉的通知》，随文发布《绿色债券支持项目目录（2021年版）》
双创专项债务融资工具 推出时间：2019年9月 相关指引：《双创专项债务融资工具信息披露表》（中国银行间市场交易商协会公告〔2019〕17号）	发行主体应为具备良好盈利能力及偿债能力的实体产业运营主体、国有资本投资、运营公司、园区经营企业等，向科技创新领域有股权投资需求的企业	同常规债务融资工具（短期融资券）	偿还银行贷款、补充企业经营运营资金、项目建设等用途，同时要求一定比例的资金以股权投资或基金出资等形式支持科技创新企业发展	①募集资金用于股权投资的部分，仅限于投资非上市公司股权，不用于上市公司二级市场股票投资（包括定增），且单笔股权投资金额不超过该企业总投资的60%； ②承诺募集资金用于基金出资的，仅限于投资产业投资基金或政府出资产业投资基金或备案的创业投资基金，且与所投基金管理行管理办法，备案的创业投资基金管理规模保持合理比例，不超过所投基金中发行人已认缴规模的60%； ③企业应综合考虑自身财务状况及偿债能力，合理设置募集资金用于股权投资或基金出资等用途的比例，原则上不超过注册金额的50%； ④拟投资企业是否符合国家创新科技及地方关于科创相关发展规划和政策要求发表发布意见

解构城投 | JIE GOU CHENG TOU

非金融企业债务融资工具品种	发行主体要求	基本发行条件	募集资金用途	特殊审核政策
乡村振兴票据 推出时间：2021年3月 相关指引：《债务融资工具注册发行业务问答（第8期）｜乡村振兴票据》	企业注册发行乡村振兴票据的，首先要满足债务融资工具的基础要求，并符合乡村振兴相关政策，有明确的乡村振兴资金需求	需满足所结合发行的债务融资工具发行条件的要求	①可以直接用于农村智慧能源建设、农村公路项目建设、现代农业物流产业园建设、农村污水管网和美丽乡村建设等项目建设以及支持已脱贫地区巩固脱贫攻坚成果；②可以补充无企业流动资金用于企业向农户采购农产品、农产品基地运营等相关领域；③还可以用于偿还银行贷款	①重点审核募集资金用途是否符合乡村振兴要求的相关依据、预期的乡村振兴效果及乡村振兴项目的投资收益情况，中央及地方政策支持情况，乡村振兴项目的投资收益模式；②乡村振兴票据注册发行应坚持乡村振兴防范风险和促进发展并重原则，在积极支持乡村振兴战略的同时也应符合行业（例如城投类企业、房地产企业等）监管政策，确保募集资金用途合法合规，符合政策要求
革命老区振兴发展债务融资工具 推出时间：2020年8月（NAFMII市场创新自律问答（第五期）——革命老区振兴发展债务融资工具）	资金用于革命老区区划范围内的建设发展，对发行人注册地无区域要求	同常规债务融资工具（短期融资券）	①募集资金可用于革命老区区划范围内的建设发展；②募集资金应投向符合条件的革命老区振兴发展领域，可用于经营性项目借款、项目运转或置换经营要符合国家法律法规规定，并具有市场化的投资收益机制	①发行革命老区振兴发展债务融资工具，募集资金用于的区域认定为革命老区，用于革命老区振兴发展的领域应符合《关于新时代支持革命老区振兴发展的意见》相关要求；②资金投向振兴发展领域的革命老区；③资金用于经营性项目的，应披露包括不限于合法合规用于文件取得情况，资金到位情况，投资收益模式，口径算，项目进度、预期振兴效果等

续表

非金融企业债务融资工具品种	发行主体要求	基本发行条件	募集资金用途	特殊审核政策
权益出资型票据 推出时间：2020年12月 相关指引：《权益出资型票据信息披露表（2020年版）》	同常规债务融资工具（短期融资券）	同常规债务融资工具（短期融资券）	①可用于股权投资和基金出资。股权投资具体用途可用于偿还并购贷款、支付价款、子公司增资和参股投资等。基金出资产业基金和创业投资基金； ②募集资金可以置换本期债务融资工具发行之日起一年以内发行人用于权益投资的自有资金或政府隐性债务规模，不得用于二级市场股票投资	①由于权益投资用途的中长期属性，企业原则上应发行中长期限债务融资工具品种，募集资金用于权益投资； ②用于偿还银行并购贷款的情况，重点审核产品期限的匹配度，拟偿还的银行贷款并购贷款期限应早于短期限产品的到期日； ③除国家重大战略出资外，募集资金用于权益出资不得超过出资总额的60%；若最终用途为项目资本金，不得超过发行人拟入出资本金总额的50%
可持续发展挂钩债券 推出时间：2021年4月 相关指引：《可持续发展挂钩债券（SLB）十问十答》	①注重重声誉，希望扩大ESG投资人基础，有信心和实力实现可持续发展目标的发行主体； ②尤其是暂无足够绿色债券项目而较难发行绿色债务融资工具的发行人和想参与可持续金融的传统行业发行人； ③发行主体还应符合行业政策要求，房地产等相关行业要求	同常规债务融资工具（短期融资券）	①用途无特殊要求，只要发行人符合城建、房地产等相关行业政策要求，确保募集资金用途合法合规即可； ②如与绿色债务融资工具、乡村振兴票据等创新产品相结合，募集资金用途应满足新产品的要求，用于绿色项目或乡村振兴领域	第三方机构应按照"可计算、可核查、可检验"的原则开展评估工作并出具评估报告，报告内容包括不限于评估声明与介绍、机构股票与定义与遴选依据、历史数据可得性与可靠性（相关性、稳定性、可靠性）、挂钩目标可评估频率等基准值选取依据、挂钩目标测算方法与评估频率等

续表

非金融企业债务融资工具品种	发行主体要求	基本发行条件	募集资金用途	特殊审核政策
城市更新专项债务融资工具 推出时间：2020年9月 相关指引：《债务融资工具注册发行业务问答（第11期）募集资金专项用于城市更新项目的债务融资工具》		同常规债务融资工具（短期融资券）	①专项用于城市更新项目建设所需资金或偿还因城市更新项目产生的有息债务等用途； ②需符合国家宏观调控政策及基础设施建设、房地产等行业政策要求，不得用作土地款，不得违规流入房地产领域，不得新增地方政府债务或地方政府隐性债务要求	①项目实施主体需取得项目所在地的城市更新有关政策文件或规定的批复或协议等合规性文件； ②其中城市更新有关政策文件（包括但不限于城市更新条例、办法、指导意见等地方性法规、地方政府规章或其他地方性规范性文件）需由地级及以上人民代表大会或其常务委员会，或者人民政府或其所属工作部门出台； ③城市基础设施建设企业、房地产企业注册发行募集资金专项用于城市更新项目的债务融资工具应符合国家宏观调控和产业政策要求

266

第五章

城投公司的转型攻略

世界上能够生存下来的物种，不是那些最强壮的，也不是那些最聪明的，而是那些应变迅速的。

——达尔文

城投公司历经三十多年发展到现在这个阶段，不管是对城投公司来说，还是对为城投公司服务的中介机构来说，转型是一个无可回避又无路可循的课题，却也总有一种病在腠理的感觉。不治吧？在转型被反复提及的政策压力下，有种不为之，命不久矣的危机感；治吧？在政府依赖和城投信仰的惯性下，要么拖延观望，要么不得其法。之前，笔者曾受邀做过不少有关城投公司转型的演讲，不过那时的目的很简单，希望自己的客户或者潜在客户能够顺应时代的要求越来越好，财务基础越来越坚实，融资规划越来越有章法，投行人员的本职所在。现在，城投公司转型的书籍和文章越来越多，城投公司转型的讲座和培训也越来越多，有关城投公司的转型，以及与城投公司转型相关的 PPP、产业基金、国企改制、战略咨询等，俨然一套与成功学相仿的产业链，笔者曾跟同事开玩笑说，可能办讲座的培训费比债券的承销费还要多。与市场上转型思路百花齐放的情形相呼应，城投公司转型的游戏套路也越来越多，因此在城投公司转型的问题上，笔者对于城投公司转型的疾呼反而不似从前，不过笔者对城投公司转型的笃定和坚持一直没有改变过，或许，它

比我们想象的更有生命力。

第一节　城投公司转型的原因与障碍

城投公司虽然还不至于面临生死存亡的关头，但也的确是到了经济新旧动能转换的关键节点，不过，转型并不是偏颇的突破融资约束和扩大融资渠道的被动响应，它其实是社会发展的逻辑变化对城投公司的适应性变革提出的客观要求。

一、经济增长对产业升级的内在要求

基础设施建设的快速推进夯实了城市化和工业化的基础，也赋予了社会和经济发展的动力，但大规模固定资产投资对经济高速增长的刺激作用因边际收益的收窄而逐渐走弱。在财税体制改革一节中我们提到了财权上收和事权下放，但事实是一个巴掌拍不响，如果没有地方政府对拉动地方经济发展的竞赛意识，事权也不是想放就能放得下的。为了响应中央的经济绩效考核，地方政府很自然地有过度放大固定资产投资的冲动，而在招商引资的内卷中和在扩宽税基的压力下，重复投资的行为造成产业结构趋同加剧产能过剩，并且使产业缺乏聚集效应，无法形成规模优势。重复投资加上过度投资使固定资产的投资率上升的同时，投资效率却在不断下降（如图 5-1 所示），这种偏粗放式的增长模式也差不多到了要调整的时候。

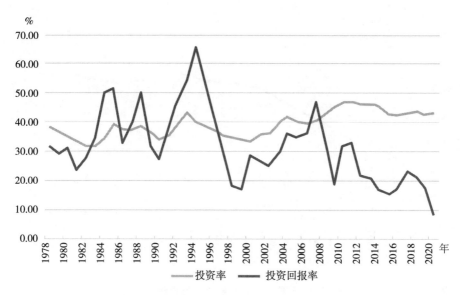

图 5-1　1978—2020 年中国的投资率与投资回报率

（数据来源：国家统计局、Wind）

我们再来看出口，在实施外向型经济发展战略的早期，我国采取的是"两头在外，大进大出"的发展模式，凭借劳动力的资源优势承接了经济全球化过程中的低端制造环节，并且国际贸易战中，"两头在外"很容易就变成"双重夹击"。虽然随着经济的快速发展和资本深化效应的提升，我国企业得以在国际产业转移的过程中参与附加值较高的环节，出口导向逐渐由劳动和资源密集型产业向技术和资本密集型产业转移（如图 5-2 所示），但是发达国家保护本国制造业和遏制我国产业升级的战略企图下，从"贸易大国"变成"贸易强国"并非易事，并且随着人口红利逐渐消失的客观现实下，只有形成新的规模经济，才有可能在国际贸易中获得比较优势。

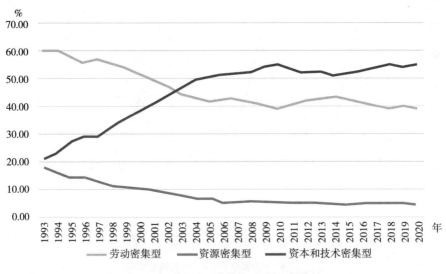

图 5-2　三类产业出口额占总出口额的比例

（数据来源：国家统计局、Wind）

　　我国的外贸依存度越高（如图 5-3 所示，外贸依存度近年已大幅下降，但仍高于发达国家的水平），越是反衬出内需动能的不足，虽然用中国与发达国家最终消费支出占 GDP 比重来去度量消费空间和判定消费水平有点太过简单粗暴（如图 5-4 所示，中国的最终消费支出占 GDP 比重为 50% 左右，而发达国家为 70%~80%），但不可否认的是消费转型是摆脱传统经济增长路径依赖的主要方式，也是构建"以国内大循环为主体、国内国际双循环相互促进"发展格局的要求。为了提升消费水平、挖掘消费潜力，供给侧改革作为调整供给结构满足消费转型需求的举措被提了出来。如果说实体经济发展的初始速度是被基础设施建设的大潮带起来的，那么实体经济的转型还是离不开基础设施对底层产业结构调整的引导，因此基础设施补短板①和新型基础设施建设②也几乎同时被提

①　2018 年 10 月，国务院办公厅发布的《关于保持基础设施领域补短板力度的指导意见》，对铁路、公路、水运、机场、水利、能源、农业农村、生态环保、社会民生几大领域提出新的建设要求。

②　2020 年 5 月 22 日，《2020 年国务院政府工作报告》提出，重点支持"两新一重"（新型基础设施建设，新型城镇化建设，交通、水利等重大工程建设）建设。

了出来。

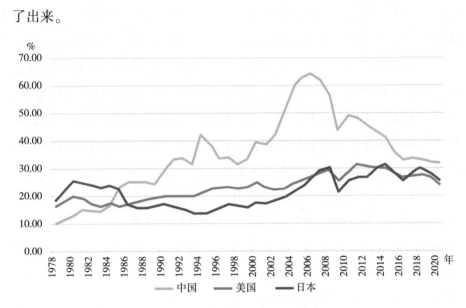

图 5-3 中国、美国、日本三国外贸依存度的对比

（数据来源：国家统计局、Wind）

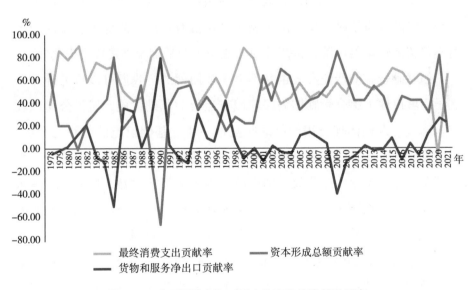

图 5-4 "三驾马车"对国内生产总值增长贡献率

（数据来源：国家统计局、Wind）

从投资、出口、消费这拉动经济的"三驾马车"遇到的问题都齐齐指向了产业升级和经济结构调整。我们可以理解为通过提供代表更高生产力和创新性的产品，去向投资者投放更高的生活质量和更好的消费体验，比如更强大的电子产品、更便捷的出行方式、更舒适的生活环境等。不过，因为公用产品的基础性、公益性和泛同质化特征，城投公司更多的是在考虑基础设施产业化带来的生产力提升或成本下降，通过供给端的调整和转型来提高经营效率，从底层供给支撑经济增长。

举个例子，以前地方政府招商引资是以低价出让工业用地、财政补贴、税收返还等直接激励手段为主，但是经常会出现引入后产值贡献不及预期的情形，或是以迁厂的名义坐等土地升值，甚至还有企业骗补的情况发生，这种拉动经济增长的方式损耗过大。而现在很多城投公司在对原有业务进行调整并重资产化，将直接激励变为间接激励，把原先用于出让的工业地进行加工，建设成标准厂房，用"以租代售"或"先租后售"的方式降低企业的初始成本，并用更科学的方式将企业的产值贡献和政府的政策激励挂钩。由于城投公司握有资产，防范了企业因为经营不善留下烂尾的风险，也能够使产业园区的基础设施发挥规模化效应。

但基础设施的产业升级也并不是一蹴而就的，我们可以看另外一个例子。城市地下综合管廊作为保障城市运行的基础设施，城投公司以收取入廊费的方式体现公用产品的收益性，通过基础设施的更新与升级，可以完成从纯委托代建到公用事业产业化的转型，即使在终端收费不变的情况下，也可以由运营效率的提高产生更多经济收益。然而在实际运行过程中会面临诸多问题，比如，拟入廊的管线大部分都由相关的职能部门管辖，也就是"条条"管理，管线入廊无法做到区域上的行政强制性，"块块"只能在辖域范围内请"线"入"廊"，条条块块的协调结果是管廊的公益性走向；除此之外，由于地下综合管廊不属于传统公用事业，因此不在物价局的定价范围之内，既然没有可参考的定价标准，管廊收费就会在纸面上以竞争性行业的收益获取更多项目融资，而实际上则会以准公益性行业示人以较低的入廊费换得入廊单位站台；还有，对于一些新区，修建城市地下综合管廊的目的其实更多是为了顺带修路，道路修着修着由于资金问题和管廊实用性问题，管廊就变成了管道，这就又回到了传统的代建业务。

二、土地财政对消费结构转型的制约

如果说产业结构升级是经济增长在供给端做出的回应，那么消费转型则是经济增长在需求端的内在调整。我们来做一个不那么严谨的逻辑推导，且不管消费不足的表象原因是来自财产性收入不足，还是居民储蓄意愿过强，其实居民不敢消费才是消费转型最大的障碍。教育、养老、医疗这让人心酸的新"三驾马车"与其说是拉动经济增长，还不如说是抑制消费，如果要想升级消费，那么解决居民的社会保障问题是核心。

然而社会保障首先是总量的问题，由于转移"税痛感"的需要，我国实行的是以间接税为主的税收体制，公民的显性税负并不高（如图5-5所示），其隐性税负并没有成为社会福利计提的基础，由于社会保障在总量覆盖上的不充分性，因此庞大的社会群体只能得到基本保障，国家也只能寄望于用未来经济增长的时间长度去熨平社会福利的巨大缺口。其次，是"不患寡而患不均"的问题，由于较低的显性税负和薅正外部性羊毛的便捷性，使得公民不像真正意义上的"纳税人"，城市基础设施的建设也就无法与纳税人直接对应，因此城市的公共服务和社会福利如何在公民之间合理分配就成了难题，而如果要想改变那就牵扯到税收体制的改革和户籍制度的改革，真可谓牵一发动全身。

本杰明·富兰克林曾说过这么一句话："世界上只有两件事是不可避免的，一是死亡；二是税收。"不过，税收不总是以直接的方式让我们负担，2020年全年财政四本账（一般公共预算收入+政府性基金收入+社会保险收入+国有资本经营收入）① 加起来差不多33万亿元，GDP为101.59万亿元，两者相除，也就是说广义宏观税负水平大致在33%左

---

① 还要扣除财政四本账之间重复计算的部分。

右，虽然"十三五"期间有所下降，但是依然处于较高水平（如图5-6所示）。在收支平衡下，你可以理解为宏观税负是整个社会运行的成本，这种成本最终是由居民所承担，这就是居民税痛感或许不重，但是价痛感却并不轻的原因。

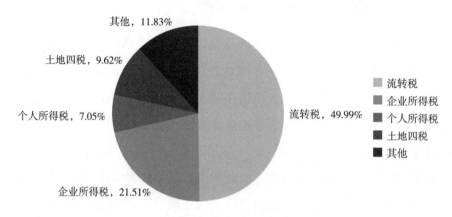

图5-5　2011—2020年主要税种的占比情况

（数据来源：国家统计局、Wind）

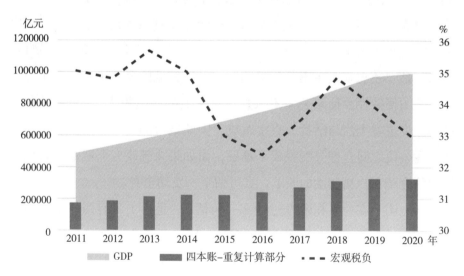

图5-6　2011—2020年宽口径宏观税负率

（数据来源：财政部、国家统计局、Wind）

从宏观税负的机构也能明显地看出，隐性税负主要体现在企业承担税收负担向居民的成本转嫁，和由于土地出让金不断升高而带来的房价上升。土地出让金对地方政府来说，是投资于经济发展的一种资金筹措方式，但是这种方式所隐含的强大信用力，使社会要素在资源分配上发生了扭曲，资金没有流入实体而是在土地财政的循环里空转。实体经济并没有因社融规模大幅提升而收获太多的超额增速，反而是投身房地产的 ROE 更高，这种"挤出效应"对实体经济的远期危害无须赘述。而基于土地流转的房地产在成为投资品之前，它对于居民来说首先是一种税负。因土地出让价格而不断拉高的房价，有点类似于递进的"富人税"，居民去购买经济能力能够承受范围之内的房产，以此主动去承担社会运行的隐性税务负担。在承担税负的同时，也因持有房产享受了"土地分红收益"和"土地增值收益"，不过从资金推动地产的发展结果来看，通过房地产主动负税，拉大贫富差距的影响要远大于调节贫富差距的作用。

由于房地产吸收了巨量的广义 M2，持有商品房的中产阶级虽然能够随着资产价格的上升而抵抗通胀的影响，但是也制约了现金流动水平；保障性住房的居民由于土地所有权的性质不能够完全享受资产价格上涨所带来的收益，反而使财富积累不断缩水；无房者虽然不负担太多隐性税负，却也失去了资产增值收益的机会，居民贫富差距随着房价越拉越大。由于无房者要努力成有房者，保障房持有者通过缴纳土地出让金成为商品房的持有者，N 环以外的居民有住房的改善型需求以享受更好的城市资源。房地产通过吸收不同层次的消费者剩余，使居民的消费转型空间被土地财政和房地产牢牢锁死在了一个较小的范围内，相比挖掘购买力，居民更愿意去享受城市所提供的免费的公共用品。

政府通过土地金融筹措的资金，不仅用于城市建设和经济发展，还要提供保障性住房向"穷人"转移支付，保持社会贫富的公益平衡，也就是说土地金融既要"促发展"，也要"保稳定"。地方政府只能依赖这种不太经济的方式，来保障城市社会福利和公共产品的供给，而城投公司虽然输出了正外部性，却很难享受正外部性的收益。也就是说，土地财政不仅限制了消费者转型的空间，也同样束缚了地方政府和城投公司转型的空间。在未来土地财政断奶的预期中，城投公司也有自下而上通过改变提供公用产品的结构逐渐调整消费模式的内在要求，使经济转型少些痛感。

三、债务规模扩张下的结构压力

我们来模拟一个小循环，小 A 想过上更好的生活，那就需要谋求一份更好的工作，他发现了这样一个机会，但是这份工作需要一台性能很高的电脑来完成，家境并不富裕的小 A 选择用信用卡来承担购买电脑的开销。当发工资的时候，小 A 发现虽然收入比之前高了，但是自己使用这台电脑的效率没有想象中那么高，当月的收入并不能覆盖信用卡的当月还款。小 A 非常清楚自己不能逾期，因为这份工作非常重视个人信用，因此他一方面将信用卡分期，另一方面靠着刚刚提高的收入证明去办了另外一张信用，在覆盖原有债务的同时，更换了一台显示器来试图继续提高工作效率，希望能够尽快地将收入与债务本息相匹配。然而，小 A 的希望再次落空了，因为再次提高的收入让他交到了女朋友，用钱的地方更多了，借钱吧，可以再办一张信用卡，再把鼠标和键盘换了，只要电脑落后的速度慢于工资增长的速度，收入在未来一定会覆盖债务，但愿可以。这就是经济发展与债务膨胀的个人版，本来举借债务是为了跨越发展的瓶颈，结果慢慢地债务成了解决债务的办法。

在上文，我们提到个人的显性税负不高，其实，地方政府的显性债务也不高（如图 5-7 所示），只不过由于地方政府发行政府债对隐性债务的替代，显性债务率才慢慢高了起来，截至 2020 年末，地方政府债务余额为 25.66 万亿元，中央政府债务余额为 20.89 万亿元，隐性债务粗略估计大约为 52.41 万亿元①，估计规模合计接近 100 万亿元，占社会融

---

① 隐性债务规模为根据 Wind 金融终端统计的城投公司短期借款、一年内到期的非流动负债、应付短期债券、其他流动负债、长期借款、应付债券、长期应付款等负债科目加总得出，为粗略估算。

资总规模的 1/3，负债率接近 100%，已经算是相当高的水平了。隐藏在冰山之下且越积越厚的隐性债务对于地方政府来说就像是悬在头上的达摩克利斯之剑，虽然靠着政府信用的隐性支撑能够维持债务滚动，但这并非长久之计，过高的债务隐患让地方政府干预的裕度越来越小，也使金融体系的韧性不断下降。

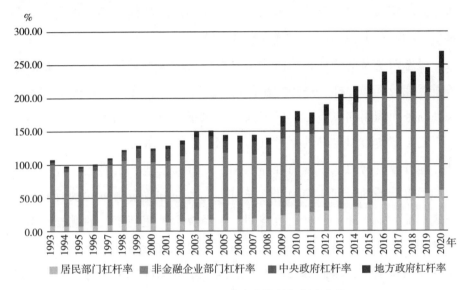

图 5-7　1993—2020 年各部门的杠杆率变化

（数据来源：国家资产负债表研究中心、Wind）

我们在第二章谈及城投信仰的时候提到过金融机构放任信贷膨胀的情况，所以，不管是风险事件还是监管政策，板子可能是打在地方政府身上，但其实是疼在金融机构心里，因为风险一直都积压在金融体系内。如果说银行能靠着庞大的体量和多种手段掩盖间接融资的风险，公开市场的标准化债务由于对信用市场的巨大冲击也绑定地方政府不得不保，那么非标准化的债务就没那么好运气了，最先受冲击的一定是这些"娘不亲、舅不爱"的融资工具。但是这些非标化融资渠道的资金也不是大风刮过来的，银行总有办法通过各种嵌套绕开监管成为放大债务规模的推手，因此资管新规就成为遏制"劣根性"的"紧箍咒"，但它的负面效应则是风险的持续下沉。

居民承担过消化过剩产能的任务，比如家电下乡；还被挖掘过储蓄和负债，比如房地产热潮和消费贷款；还有可能承担政府隐性债务的违约损失，比如非标融资。其实，地方政府的杠杆水平除了被城投公司的隐性债务分担了一部分，还有一部分转嫁到了居民头上，如何吃掉劳动收益及其积累，是很多经济问题的解决办法，并且在债务扩张过程中，居民的高储蓄变成高负债，未来可能变成高风险的情况下，消费不足和被稀释的购买力并无法支撑经济发展的转型。

凯恩斯主义下的债务陷阱无法支撑经济的长期繁荣，不断扩张的债务就像庞氏骗局一样，一边解决问题，一边产生更多问题，金融体系因隐性债务而积累的风险、居民因高负债水平而出现的消费降级、实体经济因资金空转难以提升的财务杠杆。因此，为了敲碎这种债务的负向循环，地方政府努力地在压降杠杆水平。一方面，地方政府通过政府债的长期限将债务的短期风险锁死，同时，代表地方政府信用的政府债使融资成本被大幅压降，用时间换空间，用经济增长速度超过的融资成本的那部分来逐渐消解债务存量；另一方面，地方政府积极地斩断跟城投公司的显性联系，在保证不把地方政府拽下水的情况之下，将城投公司的债务风险限定在一个政策允许的范围内爆破，就与曾经发生在广东国际信托上的故事类似。

但地方政府考虑事情还不止于此，我们在第二章提到的宏观杠杆率的公式（如图 2-7 所示），分子是债务，分母是 GDP。由于我国是由债务扩张在推动经济的快速增长，压降分子势必会对 GDP 产生影响，考虑到投资转化率的问题，很有可能在缩减债务规模的情况下，分母比分子下降还要快，结果可能杠杆率没降下去，反而经济先垮塌了。所以地方政府在保持缩减的债务规模对经济影响可控的情况下，开始增加股权融资占比，让企业一起承担经济发展的收益和损失，但理想是好的，地方政府几乎是在用一种霸王硬上弓的方式在推动国资委所下属的企业"能上尽上"，债权融资大潮还没完全褪去，股权融资大潮又来了，不过，从非竞争性地方国有企业的经营情况来看，很多效益都还停留在纸面上，另外，聪明的资本市场很有可能演变出将"股权融资债权化"的手段。所以，面对消费不足和产能过剩，"两个积极性"还不够，对于能不能把吸收了大量社会资金的城投公司衍生成为"第三个积极性"就显得非常重要，调整业务模式和提高收益质量就成了城投公司转型发展的要求。

四、政策内在逻辑与政府支持方式的变化

虽然城投公司转型有各种各样的必要性，并且国家在将近 10 年的时间里一直明里暗里地督促城投转型，但是既然能在监管政策的寻租空间里找到适合的融资办法，也能够享受货币放水和信用宽松带来的融资畅快，并且直接作用于城投公司的政策力量总能被莫名其妙地消解，因此城投公司的转型也因思维上的定式成了镜中花、水中月。在政策像钟摆一样交替调整的过程中，中央也慢慢捏住了城投公司的"七寸"。

在城投公司的发展历程一节中笔者用一幅大树插图描绘了影响城投公司生存逻辑的政策变化，这些政策对城投公司来说就像是"釜底抽薪"，不管是构筑资产，还是形成收入，其底层基础因政府职能部门的规范而产生根本性的影响。比如，土地权证的规范，使城投公司的资产注入方式从直接的土地作价注资变为土地出让后城投公司股东的现金注资；国地税合并和营改增，使城投公司的收入确认方式从全额法改为净额法，以规避高额的税金计提；新预算法的执行，使得城投公司账面上的补贴收入几乎为零；融资平台的认定规则和隐性债务的甄别办法，使得城投公司不管以被委托还是往来的名义与地方政府建立的经济业务联系，在融资端都会受到极大的限制。地方政府很难再像以前一样以相对直接的方式来对城投公司进行毫无顾忌的支持，这些支持在规则之下以相对隐性的方式使得两者继续保持相对紧密的纽带联系。比如，财政部门尽量定期保证对城投公司的回款安排以改善其现金流长期为负的状态；地方政府通过与当地银行的资源互换和在资本市场上亲力亲为来争取对城投公司债券销售上的支持。

城投公司现在所感受到的政策压力，其实是一个由松到紧，层层加

码的过程，只不过前半程在融资规模的上升和政策的间歇性调整的掩盖下并不那么明显。而在后城投时代，虽然中央对债务膨胀踩下刹车以降低增速，但是因为债务存量的规模和融资惯性的力量，使得控制债务总量所消耗的动能要比预料中更大，因此，当城投公司因为隐性债务一刀切的时候，方才感受到了监管政策的威力。

城投公司当前的处境就颇为微妙，一方面，庞大的存量债务要靠借新还旧滚动续命，而新任地方政府的领导班子又有着拉动经济建设的巨大压力，对于城投公司来说，新增的融资需求则是与地方政府捆绑旧账的重要纽带，即使在融资环境不利的情况下，融资任务依然没有丝毫减轻。另一方面，中央非常清楚预算软约束下的隐性债务继续扩张，无异于饮鸩止渴，只会让财政问题越发地积重难返。从预算软约束到硬约束，城投公司用债务滚动把"本"固化在报表上，用地区经济发展的增速偿还利息的融资思路，已经不太可能让债务雪球继续下去了。

城投公司在这两方面的压力之下要重构融资逻辑和业务模式。如果城投公司仅仅只打算在融资模式上做小发明，或者在融资品种碰瓷产业政策，亦或等待惯性思维下的政策奇迹，都不太可能适应当前整个政策内在逻辑的变化，因此，城投公司只能继续向前延伸，通过重构业务模式改变现有的融资困局，虽然可能路会绕得有点远，但也是能够从根本上解决现有问题的正确之匙。

五、小结

我们可能听了太多有关城投公司转型的话题，我们或许无须对城投公司转型的必要性多言，因为政策的力量此时此刻正在推动城投公司转型的进程，但笔者并不希望转型仅仅只是政策倒逼下的被动应对，也不希望转型在城投信仰的执念下流于表面形式，更多的是希望城投公司或者为城投公司服务的金融机构了解转型背后的内在逻辑，从而使城投公司能够更灵活和更有意识地自适应改革调整，实现真正意义上的可持续的发展。

当然，在多种限制条件的约束下，城投公司的转型让身在其中的人怎么看都像是一个伪命题，也就是说在沉重的债务负担和传统的投融资逻辑下，城投公司不具备转型的客观条件和信用基础。但事实是问题已经就在那里，不管是产业结构的历史成因，还是拉动经济的固有模式，抑或是土地财政对信用的透支，并不会随着债务的继续膨胀而消失，只是会越来越严重，就好像缠绕在一起的线头，用越大的力气撕扯就会越成为死扣。转型也从来就不是一件简单的事情，改变物体的运动状态是需要消耗足够多的能量，并且改变的还是运行了 30 多年的底层逻辑。

当我们试着去理解城投公司转型的背景和原因，或许能将城投公司转型的思路慢慢捋清楚，就好像我们玩过的"华容道"小游戏，在一环扣一环的障碍中，试着找出解开困局的途径，可能会牵一发而动全身，会很曲折，甚至出现反复，我们需要依靠思想上的转变找准那些关键的"滑块"。

第二节　城投公司转型的建议

因为城投公司的基础条件不一样，所在的区域情况不一样，所面对的政治环境和经济环境不一样，地方政府对城投公司支持的态度不一样，所以并没有什么放之四海而皆准的所谓模板一说。虽然城投公司的转型没有标准答案，但是并不意味着城投公司转型没有解题思路，那么本节就让我们看看其中的"心法"。

一、传统业务与市场经营相结合

完美的转型并不是华丽的转身，虽然城投公司的传统业务有其局限性，但并不意味着对土地整理业务和委托代建业务等传统业务的全盘否定。我们之前也提到过，这些传统业务是连接城投公司与地方政府的纽带，是通过业务联系所建立的隐性背书。在债券市场上的投资者会根据传统业务的多少来去判定狭义城投的成色，而狭义城投属性所隐含的城投信仰含量会使城投公司在降低融资成本上有额外加成。因此，笔者并不建议城投公司账面上的传统业务收入一次性抹净，而是需要有一个循序渐进的过程，也就是说不是为了市场化而市场化，在有市场化的条件和基础下，才能递进地去做业务的过渡和平滑。不光城投公司自身要去消化新业务，市场也要去适应城投公司的业务变化，让市场逐渐感受经营效益的提升和现金流的改善。

融资基础的稳定是城投公司转型的必要条件，而大开大合的转型方式会使还没做好准备的市场，因城投信仰的快速褪色影响城投公司的融资基础。笔者曾经接触过一个案例，在首发公司债的时候，是通过夹层代建的方式以规避交易所单50%的限制，但是因为嫌弃这种方式太过麻烦，就在纸面上断掉了与地方政府的委托代建业务，取而代之的是通过名义控股民营企业的方式摇身变成"经营性"收入，交易所的限制政府性收入的政策是规避了，但是幅度如此之大的调整，向市场传递出去的是地方政府要与城投公司割袍断义的信号，并不买账的市场加剧了融资难度，最终迫不得已又重新回到委托代建。

这种硬邦邦的转型方式并不是城投公司转型正确的打开方式，城投需要在传统业务和转型方向上去找到某种平衡。比如，从事代建业务的城投公司，最熟悉的可能无外乎就是与工程有关的项目管理，那么转型既可以向上游延伸，也可以向下游延伸。向上游延伸就是不把政府委托的项目转包或者分包出去，而是亲自下手从事工程建设，赚取施工利润，未来可以凭借地方政府的资源优势和业务的区域优势，成为当地优秀的建筑施工企业；向下游延伸是承接完工项目的经营和管理，比如成立物业公司，向保障性住房小区或标准厂房的产业园区提供物业服务，在管理经验和运营经验积累到一定程度后，进行辖区范围内的物业服务输出，成为当地优秀的物业服务公司。

也就是说城投公司不能想着只赚"简单"的钱，背靠地方政府拿到项目后，收益包装、项目融资、委托分包，这种模式甚至都谈不上赚钱，只能说从结果来看是把项目完成了。城投公司的转型是需要对传统业务进行扩延，找到适合自身特质的利润增长点，也许这些业务偏向市场化，利润水平与经营和管理能力直接挂钩，是属于"难"赚的钱，但别忘了地方政府依然可以赋予城投公司资源上的支持，在竞争性行业中拉宽护城河，围绕区域打造半垄断业务的优势。另外，城投公司也可以"因地制宜"，在区域的特色产业上做文章，将经营城市的理念和产业化思维相结合形成业务的差异化优势。

进一步地城投公司要完成从政府"付费"的基础设施代建业务，转为具有产业化特征的基础设施"自费"业务。通过提高经营和管理的能力，将资产的盈利性迭代到基础设施建设的债务循环里，降低政府"付费"的压力，在保证经济增速的同时，降低宏观杠杆率。同时，也可以把原来委托过程中易于产生腐败的风险转变为经营绩效的考核压力，降低社会运行的损耗。

二、自身优势与政府资源相结合

债券发行的募集说明书有专门让主承销商写发行人竞争优势的章节，笔者带过的行业新手都有这样的疑问，城投公司哪有什么竞争优势，只不过是地方政府的融资平台而已。其实，城投公司的优势并不在于其所提供的产品，也不在于其所属的区位，城投公司在基础设施建设领域摸爬滚打了 30 多年，深谙资本市场的运作和经济发展的规律，起码比地方政府的多数职能部门更懂得资本运作和项目管理，并且身处投融资一线对政策变化的敏感度更高，就业务综合性而言，城投公司具备转型成为城市经营者的经验基础。

不过，由于城投公司的优势是附着在地方政府上才能体现出来，因此与地方政府完全脱钩，用近乎自力更生的方式用力向外转型反而会使城投公司的转型之路异常艰难。笔者之前也提过，城投公司依赖于地方政府的输入，要么地方政府给业务，要么地方政府给资源。地方政府在融资平台上的运作逻辑是资源资产化、资产资本化、资本证券化，即资源→资产→资本→资金，如果去掉中间的过程，融资平台其实就是一个把资源"加工"成资金的车间，而资金又会反过来创造资源或者让资源变得更有价值。

在以前，大片未开发的土地和不健全的行政法规，使得资源变成资金的过程较为简单和粗放，但是当下地方政府的资源，包括土地、矿产资源、公用事业等已经陆陆续续划进了城投公司，地方政府表外的资源越来越少，笔者之前说过"没有一寸土地可以被浪费"，其含义也就是要将区域内的资源价值最大化，既然资源是信用的基础，那么资源价值最大化也就是信用基础最大化，也就能够为融资创造更大的空间。所以，不管这些资产是散落在区域内还是分属于不同城投公司，正所谓"合则立，分则豫"，以"聚合"的理念去践行借力转型，会使转型的思路更宽。

有收益的经营性资产，当然是城投公司最希望拿到的政府资源，不过，既然有经营性那就说明已经有部门或者公司在运营，对于大多数城投公司来说，这块资产只是形式划拨，是靠经营性业务创造的现金流装点门面，很少有能做到实质管理的，当然有时候因经营意愿是之不想，也有很多时候因管辖权属是之不能。但其实在城市经营的大构想中，城投公司在政府力量的庇佑下是要敢于去下手经营的，并且需要在经营上花心思、动脑筋，在经营中学会经营，尽量改变"条条块块"所造成的经营行为碎片化，通过统筹资产运营来提升经营效率。

收益性不强或者没有收益的资产，由于其融资价值不高所以并非是城投公司想要的资源，但是城投公司除了要考虑经济效益还要承担社会责任，其半公益的身份决定了城投公司不是简单且慵懒地去"抢夺"现成收益，而是要借助政府的力量在收益性不强或者没有收益的资产中通过经营模式的改变"创造"收益来源。退一步讲，就算这些资产确实不能产生收益，它所代表的政府资源依然能够充实报表。

三、投资与融资相结合

前文在讲述投融资制度的时候，笔者表达过城投公司投资与融资相结合的理念，但笔者也非常清楚身不由己的城投公司，并没有办法在投资端作太多选择，也没有办法在融资端作太多妥协，只能在投资与融资的夹缝中求得生存之机。比如，通过调整收益平衡方案扩大投资规模以增加融资额度，公益性项目作经营化处理取得融资可能，以"一女二嫁"的方式进行重复融资，这些操作方式或多或少都在打政策的擦边球，但都是为了能让债务的雪球滚动下去，从这个角度看也的确是有不得已而为之的主观理由。

不过，城投公司就算履行融资平台的职能，也别把自己仅仅只当作融资的载体。笔者曾经接触过北方的一些县域城投公司，其实体都可以忽略不计，财政局就好似城投公司的代账会计一样负责报表的打理和融资工作的安排。这种纯粹为融资而生的平台公司很难去认真地考虑投资行为和公司相对长远的发展，融资缺口会随着无效投资的增加不断被拉大，这种不以投资和建设作为经营基础的融资，会使城投公司随着负债的攀升和政策的管控而慢慢凋零。也正是因为这样的逻辑，债券投资者会以在建项目和待建项目来从侧面判断城投公司的经营情况。

城投公司的融资是以投资作为基础的，因此地方政府应该在足够宽的范围内把投资和融资看成一盘大棋。笔者曾经接触过某地级市的两个区级城投公司，其中一个是老城投，土地、公益性项目和部分项目形成的资产因此历史积淀都在这个老城投名下，但是因为政府性收入太高和缺少收益性项目，因此基本上融资都以银行间品种的借新还旧和非标工具为主；另一个是新城投，代表区域未来发展的趋势，因此诸如有轨电车、地下综合管廊、产业孵化园等投资规模较大的收益性项目就以新城投作为项目法人，但是地方政府无法给予新城投足够的有效资产，基本上无法推进直接融资。因为地方政府以割裂的眼光对待投资和融资的问题，造成了区域内的资源无法形成合力。

而项目投资又反映了城投公司的经营思路，城投公司需要清楚地知道在融资压力的重负之下所应该匹配的投资理念，以及在这样的投资理念下如何进行资源的整合，最终达到城投公司转型的目的。城投公司的融资负责人经常会提及有哪些项目非融资不可，以及融资难度所造成的心理劝退，其实换个角度来想，未必只能"退"，而是可以反过来往前大胆地"进"一步，以带有加附带条件的方式，承接融资难度较大且收益性较低的项目。城投公司用自己的主观能动性去延伸经营性业务，自己融资修的路自己来享受基础设施升级所带来的优势，变被动承接为主动投资。换句话说，不拘泥于政府给的待建项目清单，而是要在待建清单以外发现收益或者创造收益性的可能空间。

不过要强调的是，城投公司并不是只有房地产一条路来弥补基础设施建设，只不过这条路是在土地财政的逻辑下最容易实现的。能赚"简单"的钱，谁还会去想赚"困难"的钱。城投公司要是想把转型之路走得更远，就要尽量摆脱这种赚快钱的想法，在充分考虑投资和融资的合理性的同时，用"羊毛出在狗身上，猪来买单"的互联网思维提高资本运作和资产管理的水平，把项目的融资和投资从一种负向反噬的循环上拉到正向促进的循环上。

四、体制改革与模式创新相结合

虽然城投公司是以公司制在治理和运营，极尽可能地与地方政府在业务上规范，在信用上隔断，但从城投公司的主要负责人可以在城投公司和地方政府两个身份里自由切换这一点就可以看出，体制上的惯性并没有那么容易改变。就拿我们经常提到的平台公司整合来说，要考虑城投公司的辖属关系，公司领导的行政级别，组织构架被重构后各个层级的关系，区域融资去载体化后是权力收缩还是责任增大。不过，城投公司享受地方政府的资源，被地方政府的力量所影响也属正常，这就好像是硬币的两面，你接受它的正面，也要认识它有反面的概率，城投公司内部体制改革无外乎是为了让正面效应多一点，负面效应少一点。

在信用债券的买方年代，不少中小券商的同行比较喜欢做县域城投公司项目，原因很简单，县级地方政府虽然经济实力一般，但有较强的话语权和调配资源的能力，地方政府可谓是举全县之力供养一个孩子，地方政府的职能部门与城投公司以"兄弟齐心，其利断金"的态度，配合券商快速推进财务报表和募投项目的准备工作，这种体制的优势就被发挥得淋漓尽致。但是随着信用债供给过剩，同行们开始倾向于服务行政等级更高的客户，但行政级别越高意味着地方政府的选择就越多，需要平衡和顾及的关系也同样更多。由于城投公司并不是城市建设融资和经济发展的绝对核心，所以，城投公司资源整合的力度和关系协调的意愿并没有那么强烈，加上城投公司能够持续获得优质的资源，会使融资显得很"容易"。由于解决问题的强度不高，问题的难度也更容易被体制所积累。

笔者曾经半路接手过一个已经中标很长时间但却迟迟未动的项目，是一个地级市的城投公司要发行40亿元的企业债券，笔者奔赴现场后才发现万事皆有其内在原因。企业债最重要的当然是募投项目，而城投公司对此的态度是让主承销商"开动脑筋"，言外之意就是食材就在这里，加工就看券商的。换句话说，我们需要为城投公司提供"交钥匙工程"。在数月的沟通中，数个项目被择及，数个方案被提出，又因为数个原因被放弃，大多是牵扯和涉及的部门过多难以协调解决。地方政府难以解决的问题压在城投公司，而城投公司又把难以解决的问题压在乙方，问题就这么因为体制的问题而不停地传递。

虽然城投公司背靠政府，靠政府起家也靠政府发展，但体制思维太重会影响城投公司的战略决策和长远发展，丢不掉拐杖和依赖感就没法做出创新和突破。由于城投公司的双重属性，它既要承担社会责任，也要承担经济责任，那么城投公司需要在符合市场规律的前提下找到模式创新的空间。城投公司的发展基础应该是基于其自身，也就是说不管政府的领导如何变化，它的整体规划和经营思路都应保持相当的定力，它是在经营城市而不是服务政府。或许，我们有朝一日可以看到独立于地方政府行政体系的董事会构架，来为公司的持续经营做出基于市场理念和兼顾政府利益的决策。城投公司要有相对长久的经济期望，地方政府可以把经济收益（并非 GDP）作为城投公司的考核指标，也可以同时把公益性基础设施的建设任务完成作为附加考核指标，在公司自身发展和为履行政府职能之间找到平衡点。现在，我们看到了越来越多的城投公司招聘融资部负责人或者财务部负责人采用市场化的方式，并且待遇也接近市场化的水平，这是体制逐渐变革的良好信号。

五、小结

城投公司的转型虽然没有绝对标准，但是有因经验而生的参考建议。城投公司做出转型的决策，首先是要认识变化，经济环境和市场需求的变化，预算约束方式和债务管理模式的变化，地方政府提供公共服务方式和内容的变化，城投公司自身竞争力和市场适应性的变化等。其次，是要琢磨如何去适应这些变化，如何对经济收益的来源进行长期规划，如何用市场化的手段经营好政府的垄断性和半垄断性资源，如何根据监管政策调整城投公司的运作模式和组织职能等。

笔者认为城投公司的转型不只是物理结构上的，主要的还是意识形态上的；转型更不是外在表现形式的改变，而是内在核心的调整；转型不应该完全是被动的要求，也应该有主动求变的想法；转型不是对过去的完全否定，而是基于传统下理想与现实的结合；转型也不是单单靠城投公司自身就可以独立完成的，其出身就决定了转型也需要在政府力量的支持下才能完成；转型并非是仅为融资服务的线性单一解，而是多种约束条件下实现公司经济目标的最优化解集；最重要的是转型并未一蹴而就，而是需要较长时间的消化和打磨。

第三节　城投公司转型的误区

笔者在上节也提到了，城投公司转型没有标准模板，地方政府和城投公司也都是理念框架下做经验上的摸索和试错，也有很多转型流于形式，是为了突破融资的限制而对城投公司做的微创手术，虽然不解决城投公司的根本性问题，但是确实可以延长寿命，也是在这个过程当中，转型的理解和操作开始分化。

一、转型 ≠ 资产整合

目前大多数城投公司所做的资产整合，"合"为多"整"为少，基本上就是简单的加法，像是"铁索连船"，用铁索将在江面上摇晃的木舟连在一起抵御风浪侵袭。这种操作方式可以使连接在一起的新城投公司获得更高的主体评级，在市场不发生重大不利变化的前提下更高的主体评级意味着更低的发行利率和更宽的融资渠道，这样就给了城投公司用时间换空间更大的裕度；新的城投公司因其更大的体量，更容易掩盖潜在的风险，就算有风险，因为可调配资源的范围更大，"拆东墙补西墙"的空间就越大，在"大而不倒"的逻辑支撑下，不管是评级公司，还是银行和券商，因为信仰的存在都会对潜在的风险选择性忽视。

如果是在债券投行实习或者工作过一段时间的同行，应该都会有一种主体评级越高，尽职调查底稿越难收集的直观感受，经常会碰到这个数据没有，那个材料无法提供的情况。排除掉城投公司自己掩盖风险的情况，很多时候也确实是因为公司规模过大，单一个职能部门无法掌握全部信息。城投公司内部的人都无法一览全貌，那么距离城投公司更远的投资者，更无法从银行或者券商提供的可观测信息中，洞悉城投公司的风险。这种"合而不整"的方式，其实是在公司内部没有把松散的连接变成严密的组织，信息况且如此，在业务开展上想必遇到的问题会更多。也就是说公司只是变大了，并不是变强了，问题会更难以被察觉。

在这种思维框架下，很多地区以行政级别、经济规模等指标为据，开启了轰轰烈烈的城投公司大整合工作。当然，城投公司的这种整合并非完全是为了转型，很大程度上是地方政府出于方便项目管理和债务管理的考量，因为在信用收缩的大背景下，地方政府不是要去多头融资，而是要做好存量债券的滚动和还本付息，所以城投公司的大整合是用抱团取暖来抵御风险。但是这种大整合也不是能解决所有问题，比如，沪深交易所开始用集团口径来限制总的融资规模；评级公司对整合后单纯规模变大而提升评级的诉求也较为慎重；有了永煤和华汽的案例在先，投资者对于大而不倒的信仰根基也开始松动（如图5-8所示），并重新调整了信评体系；券商也因为监管处罚力度的增加而很难再去做大尺度的妥协，笔者曾在疫情期间接触过的某地级市最大的城投公司，因无法提供账面上的土地权证，大多数券商都谢绝了为其发行公司债券的邀请。

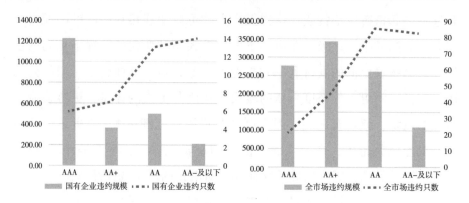

图5-8　全市场与国有企业的违约规模和违约数量

（数据来源：Wind、公开资料）

因此，城投公司在意图转型的过程中要做的除了"合"之外还要"整"，地方政府要做的也不是单纯的收权或者放权，而是在要帮助城投公司更能像一个整体。城投公司除了要防范债务风险的底线任务之外，还要做好战略规划，推进业务梳理和内部改革，提高经营效率，在发展中去解决问题，而不是在解决问题中停滞发展，力量穷竭之后城投公司可能会错过转型发展的最好机会。

二、转型≠资产收购

虽然收购和划转对于城投公司来说都是增加了资产，但性质却截然不同。资产划转被动的成分更多一些，可以理解为政府把左口袋的资产倒腾到右口袋去，城投公司无须为自己账上多出的资产支付费用，不过这并不代表城投公司没有成本，它的隐性成本就是为地方政府的基础设施项目进行融资。资产收购主动的成分多一些，虽然这主动里面也代表地方政府的行政意志，但至少城投公司是在经营性转型的路上往前走出了一步，并且资产收购是要支付真金白银的，大概率会形成金额不小的账面商誉。

资产收购是能够使城投公司拥有市场化的经营性业务的最快手段，没有之一。因此，有些城投公司为了市场化转型，就走起了资产收购的捷径。这样的好处有很多，在 2021 年以前交易所采用"单 50"来鉴别融资平台的时候，被收购公司的主营业务收入可以把不在一个量级的委托代建收入冲到 50% 以下，传统城投公司摇身一变具有经营性业务的地方国企，瞬间就满足发行公司债券的条件。当然收购资产可不仅仅只是为了打通交易所的融资渠道，地方政府的金融办每年都有考核任务，比如，扶持了多少中小企业，有多少企业报 IPO 的辅导，有多少企业上市。IPO 的难度可想而知，但是资产收购就相对容易，城投公司可以在改善报表结构的同时帮助地方政府完成招商引资的任务，两全其美。所以我们有时候会说，城投公司不仅是"第二财政"，还是"第二招商"。

2018 年是上市公司比较困难的一年，没有最低只有更低的股票价格使得不少上市公司大股东的股票质押爆仓，城投公司就在地方政府的授意下，大举收购大股东有出售意愿且产业类型与当地经济发展有相关关系的上市公司。虽然之前也有过城投公司收上市公司的案例，但是 2018 年以后这种玩法才逐渐多了起来（如图 5-9 所示）。甚至还有的城投公司（大多为金控平台）融资进行杠杆收购，监管机构随后禁止了这种以纾困资金之名谋求上市公司控制权的行为。以并表为目的的收购，在上市公司经营情况良好的情况下确实可以让合并报表更好看，不过就算是财务投资者，也可以追求分红收益增加收入来源，资本运作较为成熟的城投公司，还可以通过低买高卖实现资本利得。

能够实现股权增值收益可不仅仅只有上市公司，2020 年以后，一级市场的股权投资逐渐热起来，城投公司当然也嗅到了财富的味道。但是城投公司的实际控制人毕竟是地方政府，必须考量潜在风险造成国有资产流失的可能性，以及可能会承担的决策责任。因此，城投公司在选择投资标的上就更为慎重，在狂热的资本市场面前，很难跟得上敏锐的社会资本。

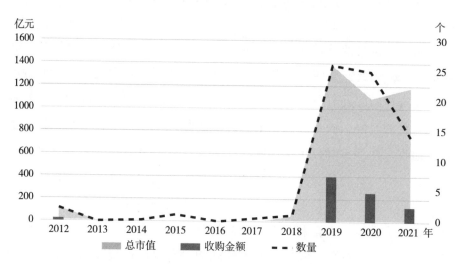

图 5-9　2012—2021 年城投公司收购上市公司的情况

（数据来源：Wind、公开资料）

城投公司的优势在于可以"背靠政府，面向市场"，因此对于资产收购来说，城投公司最终投资的标的应该是实业，借助政府资源培育优质的项目，股权只是投资实业的附属品。笔者认为这种基于当地产业优势以资产运营为目的的收购是城投公司更好的模式选择，但是这对于专业性的要求就比较高。笔者曾经服务过的某家地级市城投公司，就曾经目睹过他们为了更好地运作产业基金而邀请券商的行业研究员讲课，恶补与所投行业相关的知识。

城投公司收购资产的目的其实是为了能够实质结合，创造税收基础，提升地区的影响力。但是在城投公司与被收购资产之间的联姻也有不少是形婚，也就是说城投公司只是名义上的大股东，并无法实际控制被收购公司，只是图形式上好看的报表。而被收购公司也仅仅只是想找个"靠山"，并不希望城投公司参与实际经营，虽然说专业的事交给专业的人是对的，但是城投公司如果不把自己变成"专业的人"，那么这种转型的基础就非常不稳。俗话说，"买的没有卖的精"，有不少城投公司收购上市公司之后，就出现了亏损，所以收购上市公司还是要对并购标的有充分的研究和价值判断，不能仅仅为了转型而收购。

三、转型 ≠ 过度市场化

在转型的问题上，有些城投公司在坚定的城投信仰下消极应对，在地方政府行政指令的等待中慢慢衰退，而有些城投公司则走向了与之相反的另一个极端，下意识地斩断与地方政府的联系，着急脱离地方政府的束缚去做市场化转型的弄潮儿。这种市场化的转型并不完全是城投公司的自发行为，它更多的是受到来自地方政府体系内部的影响。比如，地方财政局无法在纸面上确认城投公司对其的应收账款和还款安排，地方国资委无法协调其他法人单位的国有资产向城投公司注入，地方国土局因为政策监管收回了原先注入城投公司的土地，地方建设局没有办法再配合城投公司拟构委托代建业务等。之所以会有这样的情况，我们在第一章也提到过，政策是从外到内在规范城投公司的运作，不同的地区政策执行的力度不同，城投公司所面临的环境也自不相同。既然城投公司生存的土壤受到了影响，那还不如不破不立，彻底进行市场化转型靠多元化的经营性业务生存下去，然而大多数有这种想法的城投公司最终还是干起了最熟悉也更好赚钱的房地产业务。

城投公司既然背靠政府，那么它的行为决策就必然会受到政府思维的影响，比如，用群体决策来分担决策责任以应对可能出现的资产损失，在这样的思维模式下，就注定了城投公司只能去做大概率的事情或者有先例的事情。但不管是成功概率大还是有案例参考，就意味着市场已经相对成熟，或者说盈利模式已经相对清晰，这种市场基本上要么已经成为红海，要么正在成为红海。然而在这样的市场里，民营企业是用无数失败的经验堆出的一条血路，一直处于政府襁褓里的城投公司很难说已经做好了充足的准备去迎接完全竞争性的挑战。

并不是说所有的地方政府都有魄力去做更具冒险的商业决策和更超前的市场判断，即便有也不会所有的地方政府都能够像合肥市和安徽省那样赌对了方向，武汉弘芯的造芯计划就可以当作是新能源汽车的反面的案例。因此，有些成功并不能够完全复制，城投公司的转型路径也是亦然，尤其在市场面前做风险投资，就对地方政府和城投公司提出更高的要求，需要有足够的市场经验和专业技能。所以，城投公司应该比地方政府更靠近市场，不是躲在地方政府背后恐于做出行为改变，也不是单纯的以短平快的赚钱手段提高收益。

城投公司的业务核心其实就是项目承包和项目管理，而融资则是贯穿在其中的生命线。因此城投公司可能最重要的两个部门就是财务融资部和工程项目部，前者负责资本运作，筹集资金并让资金在城投公司的内部运转起来，后者负责工程建设，督导施工方不掉链子让资金变成目力所及的城市变化。对于基础设施的建设来说，城投公司左手融资，右手花钱，与工程施工有关的各种游戏规则了然于胸，但是对于产业经营市场经验却知之甚少。但是在基础设施以外的市场化业务可就不能只依靠分包和融资的经验了。因此，城投公司应该循序渐进，通过转型以自己更熟悉的角度去接触业务管理和市场经营，把依靠政府的半垄断业务作为试水转型的阵地。

况且，过度市场化或盲目多元化的城投公司，投资者也不会认可，起码在当下在价值基础没有完全转换之前不会太认可。在本章第二节我们已经举过了一个试图绕开公司债负面清单而"市场化"的例子，这个例子其实都不能说它是在从事市场化业务，充其量是借由市场化之名对报表做的优化处理。我们当时为了打消投资者对其城投属性的疑虑，专门解释了这家城投公司并没有真正地进行市场化转型。我们也可以从另外一个角度来看，以投资类业务为主的城投公司，与同级别同期限同品种在相近的时间段内的传统城投公司相比，发行利率要高出 30~80BP，站在投资者的角度上，地方政府欠的钱怎么样都要还，可要是在二级市场上做投资的亏损又如何去找补。所以，在缺乏基础的前提下，城投公司做完全的市场化转型，反而使得未来融资难度加大，转型的空间被压缩。

四、转型 ≠ 突破融资限制

城投公司的习惯性思维是，举借债务，尤其是突破各种融资限制的举借债务，虽然涉嫌走了政策监管的空子，但不管是为基础设施的新建融资，还是为存续的老债续命，都是为了地方的经济发展和居民的民生保障，所以在突破融资限制放大债务规模的过程中，总有一种逆势而行的无奈和成就感。

之所以现在城投公司感觉融资到了难以为继的地步，那是透支了太多的信用额度和拖了太多的历史欠账。自 2014 年开始，政策就自上而下地要求城投公司适应新的经济发展形势，做转型的研究和探索。但是不管是地方政府也好，还是城投公司也好，一直存有上有政策下有对策的心态，既然是由人制定的政策就有突破的办法和空间。就算暂时找不到办法，也可以采取观望的态度看看其他地区、其他同行是怎么应对的，一是可以借鉴，二是可以比较。"借鉴"是由于城投公司面临的形势都是一样的，解决办法具有一定的普适性；"比较"是只要最先出风险的不是自己，只要自己能抗的时间比其他兄弟公司长，就大概率可以等来政策放水，再次获得喘息之机。

之所以城投公司在转型这个问题上没有太过于着急，主要是因为融资还能跌跌撞撞的持续下去，毕竟曾经经历了那么多次政策的调整变迁也都安然度过。20 世纪 90 年代，商业银行的无序放贷被整顿后，城投公司以平台的模式承接了芜湖模式下打捆贷款；2006 年以后，寅吃卯粮的信贷业务被规范后，城投公司又以类似实体企业的形态打开了直接融资的道路；2015 年，受《关于加强地方政府性债务管理的意见》的影响，城投公司用技术手段绕开"单 50%"核查，以非地方政府融资平台的方式在交易所市场融资。

即便是目前隐性债务的问题，城投公司最先考虑的策略也是在不同监管机构的政策之间寻租，但当监管政策逐渐趋同，并且银行受《银行保险机构进一步做好地方政府隐性债务风险防范化解工作的指导意见》的影响开始资金断供，城投公司才开始真正坐立不安，因为水源被封住之后通道就失去了意义，这才把化解隐性债务放在更重要的位置。比如用没有隐性债务的子公司作为融资主体，用存有隐性债务的集团公司进行担保，争取贷款或者发行债券；也有剥离负有隐性债务的狭义城投公司，以资产重组的方式重开一个融资账号；也有用债务置换的方式在形式上消除隐性债务。但这种方式的副作用也很明显，原来政府负责偿还义务的隐性债务就彻底变成了公司的"自主"融资行为，也就是说城投公司与地方政府之间的债务联系从"隐性"变成了"隐形"，债务的违约责任只会隔断在城投公司这一层，不会蔓延到地方政府。当然这并不是说地方政府会放任城投公司债务违约，因为地方政府也不愿意失去这样的融资渠道，毕竟这样的代价是巨大的，只是城投公司和地方政府在台面的义务联系又更淡了一层。

不管是交易所对区域债务率的参考，还是财政部对隐性债务的甄别，都是以过滤城投公司的方式来给不断膨胀的债务规模降速，但真正想降低的是宏观杠杆率，是能通过引入城投转型这个变量来让经济发展换挡提速。也就是说，城投公司转型的目的不是突破融资限制，隐性债务被化解后融资渠道被打开只是转型后的附属品。可以理解为，公司要求员工打卡，是为了通过考核工作时长来提高工作产出，但是员工却为了打卡而想出各种增加打卡时间的办法，造成工作忙碌的内卷表象但其实对工作产出没有任何帮助。

五、转型 ≠ 城投信仰消失

有种观点认为，如果城投公司完成市场化转型，那也就意味着地方政府会对城投公司的未来发展和债务偿还撒手不管，城投公司转变为自负盈亏的地方经营性国企，失去纯粹城投信仰的支撑。即便是在市场化转型当中的城投公司，长期与市场脱节的经营短板会被无限放大，城投信仰的基础也会受到冲击。所以，城投公司更愿意继续维持着这种与地方政府若即若离的关系，转型也就变成了应对政策的一种拖延。

城投信仰是否消失，主要还是看在新的形势下，城投公司如何与地方政府构建一种新的关系。像上文提及的案例，城投公司借由市场化转型把自己变成房地产公司，那这就不是简单的是否能够得到地方政府托底的问题了，时代和市场都不太可能会接受这样转型后的城投公司。如果说在以前地方政府是通过土地等实物资产与城投公司建立的纽带关联，那么未来很有可能是以特许经营权等无形资产来构建新的联系。当然前提是这种无形资产是要有价值的，而是否能够产生价值就有赖于城投公司如何将地方政府的资源收益化，并能够产生足以支撑城投公司运营的现金流。

不过，城投信仰基础改变的需要一个过渡的过程，之前土地财政是支撑城投公司信仰的核心逻辑，土地财政的副作用也是明显的，实体经济被土地财政的资金循环不断压缩，宽松的货币政策也仅有小溪般的水流进入中小企业，如果试图改变国家经济的增长方式，土地财政这口药还是要慢慢戒掉，而一旦土地财政的逻辑发生变化，市场就会去重新锚定信仰。而城投公司与地方政府未来所能构造的新型关系就会接力土地财政成为城投信仰的来源。

笔者有时候也在思考，为什么城投信仰一定来自地方政府，城投公司不能反作用于地方政府使其成为城投信仰的自增强方式么？看过评级报告的读者应该不会对证券市场的资信评级体系感到陌生，虽然被评的是城投公司，但很大一部分分数权重都会落在城投公司背后的地方政府上。而地方政府会因行政级别、财政收入、债务率等量化指标分出层次，也就是说地方政府的也是有信用边界的，那么也正是地方政府的信用边界缔造了城投信仰的基础，当然这是双向的，城投公司也会被地方政府的信用边界所束缚。以城投公司转型所带动经营上的变革与发展，是可以拓宽这种边界的，也就是说地方政府能够受益于城投公司与区域资源相结合的业务突破。虽然这样的突破在现实条件下有较大的难度，但既然是转型就总要有人先走出第一步，慢慢成为扭转传统信仰的巨大力量。

六、小结

城投公司的转型既不能太左也不能太右，摆烂等待政府救济的思想要不得，过度市场化的转型反而让风险更大，明修栈道暗度陈仓的转型会使问题积重难返，取巧的转型捷径只是聪明反被聪明误。城投公司这么多年的历史积习，实质转型肯定是会面临重重的阻力，有债务负担上的，有体制架构上的，有思想意识上的，正是因为面临诸多困难，所以大多数城投公司在解决转型这个问题上，不求神往，但求形似。不过，也不能说形似就不可取，形似也是在转型路上的摸索和尝试，是在多重压力之下的一种折中行为。

城投公司面临的情况是复杂的，因此实质转型才需要结合区域的实际情况进行推进，比如东部沿海城市的城投公司去做完全市场化转型的基础就好过中西部。不过，有些成功可以借鉴，但不能复制，尤其是国内行业竞争的激烈程度超乎想象，任何一个风口上的市场都会迅速变为红海，这种产业复制的行为很有可能就会促发下一轮的产能过剩，可以说，每家城投公司的转型都是定制化产品。因此，城投公司应该按捺住投资冲动，把理想拉回现实，临渊羡鱼不如退而结网，通过专业能力的提高来识别风险和防范风险，用实际经验来走出一条属于自己区域特色的转型之路。

第四节　城投公司转型的案例分析

城投公司由于其历史出身和特殊使命，在被烙上了深深的时代印记的同时，也一直保持基于政府信用的独特内涵，但其外延随着社会发展被赋予了不同的形式和要求。城投公司在新常态下的众生相则各有不同，有的在"自谋出路"，有的则"消退摆烂"，笔者经常开玩笑说，城投公司的转型就像是"123木头人"，也许能靠一次又一次的宽松救命，但是落在后面的终将被时代淘汰，因此，在这一节我们看看城投公司在当下所做的延展之措。

一、从狭义城投到广义城投

随着城投公司自身的转型发展以及国家财政及债务政策的变迁，城投公司业务范围已不仅仅局限于基础设施建设等公益性或者准公益性项目。基于自身国有企业的属性，背靠当地政府资源，多地特别是发达地区城投公司已转型成为兼具国有资产、资本运营的综合投融资公司，其基础功能也有了不同程度的演进。

1. 投融类城投公司：这类城投公司是狭义上的城投公司，它们是为了持续投资建设大类基础设施而不断在市场上融资，不论是"城"投，还是"交"投，抑或"产"投，只是地方政府的职能部门因分管领域不同而投资建设不同类别的基础设施，在经营模式上并不会有太大差别，收入来源基本上是委托代建收入，委托人是政府、政府职能部门，或政府所控制的其他公司，经营上是以"施工转包"为主，从事的是项目管理，实际建设一般都委托给施工类企业，这类企业具有很明显的特征：公司人数较少，政府领导兼任公司的高级管理人员，缺乏过硬的业务资质，在报表上委托代建收入或土地整理收入占比较高。这类城投公司是最受投资者欢迎的，因为其背后隐含的是政府信用，其逻辑也很简单，公司从事的是政府应该下手做的事，那么公司欠的钱政府就应该帮着一起还。

2. 一般经营类城投公司：这类城投公司虽然以当地政府的作为唯一或主要股东，但其所从事的领域/行业基本以市场化的业务为主，明显的特征或判断的依据是市场上是否有大量民营企业的参与。笔者所接触比较典型的例子是某市级城投公司，其收入来源 80% 以上都来自其下属子公司市政建筑公司，虽然为从外部整体来看是一家以建筑为主业的市属国有企业，但是公司治理和资产结构的内在来看，它又很明显具有城投公司的典型特征。这类城投公司就有别于传统的地方政府融资平台，拥有产业思维导向兼具政府投资职能，其优势在于股东的背景，使其能获得较多政府在政策上的支持和金融机构在资金的支持，但其面对的市场依然是一个竞争相对充分的市场，使得需要面对市场化经营的压力，其违约风险非常依赖于公司所处行业的变化和经营策略，但相对于完全市场化的国有企业又多了政府信用的隐性支持。属于既能获得监管部门非融资平台的认定，其城投属性又能获得投资者认可的一类。

3. 专项运营类城投公司：这类城投公司依赖于以已经形成的资产而进行持续收费。比如，自来水、天然气、轨道交通、公有租房的出租、产业园区内标准厂房的租售等。这类企业在资产的形成可以比喻成对政府的"继承"，这类资产具有较好的现金流，且由于其经营的特性，使其具有很强的垄断性，虽然也有民营或者外资从事上述业务，但占比相对有限，优质的资产依然在政府手中。纯运营类的城投公司市场还不太多，更多的是作为增添平台公司收入的组成部分，用来提高经营性收入占比。这类城投公司的优势在于：享受着政府以注资方式形成的现金流类资产，账面上形成的是非政府性营业收入，属于债券承做人员非常喜欢的类型。但缺点是：若这些资产是政府是以划拨的方式进来的，那么很有可能对这些资产缺乏实际管理职能，是一种松散的"控制"关系。而若实际从事运营，那么又将背上沉重的人力成本负担（包括退休职工）。

4. 金融类城投公司：如果说投融类城投公司是靠施工的分包和转包推动基础设施建设的蓬勃发展，那么目前金融类城投公司是从资金上推动当地业务的发展，这类公司从事的资产负债表右边的业务，即股权和债券。股权涵盖的面很宽，有产业基金类的——最终流向的是基建，做地方政府的生意；也有创投基金类的——做财务投资者，做民营企业的生意。前者可以推动就业，后者可以招商引资。但是这类企业目前还不被投资者认可，因为"投资有风险"。债权类大致以小贷和担保居多，这类业务是公司承载扶持当地民营企业或其他较弱平台公司的业务表现形式之一。这类城投公司或者说从事这块业务的城投公司越来越多，因为除了房地产，用钱赚钱是盈利最快的方式。

不过这种分类，只是笔者硬性地对城投公司做的大致区分，实际情况比这个要复杂得多，很难说有非常明显的界限。比如，在清理隐性债务的大背景下，城投公司负责融资建设，地方政府纳入预算日后回购的方式就行不通了，因此，具有较好的经济效益，能获得稳定的现金流的项目放在城投公司建设的同时也会放在城投公司运营，这类项目只需要城投公司保证资本金的初始投入，由于其较好的回款特性，资金缺口可以通过政策性银行发放的中长期贷款全部解决，并且项目建成后运营产生的收益除了可以覆盖融资成本外，还可以增厚城投公司的利润，使城投公司在债务总额上时间换空间成为可能；其次，政府的公益性项目或者收益性不足的准公益性项目缺乏市场化运作的条件，而这些项目又跟改善城市居民生活质量，提升投资营商环境息息相关，因此，政府将项目"肥瘦搭配"后向城投公司下放，并且给予一定的财政资金支持，毕竟城投公司能持续下蛋的前提是要有个好身体，纯粹的融资平台尤其是公益属性较强的平台在新形势下举步维艰；另外，在多年以前为了放大杠杆倍数和增大融资面积，专注于特定领域或者行业的单一性质的城投公司比较普遍，但随着融资环境发生变化，越来越多的城投公司开始集团化，无论是区县级城投公司向地市级城投公司整合，还是以资本为纽带对所属不同产业进行混合，航母级城投公司越来越多，其业务范围就包含了上述所有描述的特征（见表5-1）。

表5-1 广义城投公司的分类

类别	职能及特点	优势	风险点
投融类	狭义的平台公司概念，接受政府的授权或委托，承担特定领域的投融资职能，担任项目建设的代融资者、项目实施的执行者、项目资金运用的管理者和项目完工后的评估者，市场化程度低，以完成战略任务或重大投融资项目为主要目标	政府信誉和企业信誉绑定较强，政府的优质资产和资源通常会优先支持	自身造血能力较弱，风险更多与当地的财政实力、债务情况相挂钩；项目的回款情况多依赖政府的资金安排，公司主动性较小
一般经营类	以从事市场化业务为主业的国有企业，按照市场规则进行商业化运作，行业充分竞争	背靠政府，在信息获取、资金融通、业务开展等方面享受一定的福利与支持	业务市场化程度较高，需要有较强的产业发展实力，或者区域资源禀赋要求较好；政府信誉和企业信誉绑定较弱
专项运营类	主要从事保障民生和公共服务运营，多为当地的公用事业，市场化程度较低，相关行业受政府管控的力度较大	一般有显著的规模效应、稳定的现金流和较高的准入门槛；关系民生、意义重大，政府通常会给予支持如贴息和补贴	需要城投有较强的成本管控能力，所在城市规模较大，公用事业服务具有潜在盈利能力；公司对所运营资产多缺乏有效控制，或因完全控制该项资产而背上沉重的人力、运营等成本
金融类	主要为整合地方金融资源，服务区域实体产业发展，更好地实现产融结合，承担以资金投资进行招商引资、孵化产业上下游、扶持中小企业等职能	政府和城投在传统基础设施建设运营业务中，积累了丰富的投融资经验和能力，对各类金融业态及金融工具具有较高的熟悉度；推动产融结合、扶持区域发展的重要抓手，资金实力较强	政府通常对资金的投放有地域和产业要求，投资方向更多体现当地政策导向，自主性受限；对于资金丰裕程度、投资能力要求高；未来现金回流面临较大的不确定性，且面临较大的亏损风险

二、城投公司转型政策梳理

所谓城投公司转型，既是政策不利变动的改革倒逼，同时也是在国有资产改革背景下平台朝着市场化、可持续发展的自我救赎。随着地方投融资平台的快速发展，政府部门日益认识到加强监管的重要性。从2010年起，国务院、银监会、财政部等相继出台多个重要文件，以此规范地方政府投融资平台的运作管理。中央层面发文多次强调"分类推进融资平台公司市场化转型""支持转型中的融资平台实行市场化经营、自负盈亏""严禁安排财政资金为融资平台公司市场化融资买单，通过司法程序对违约的融资平台公司市场化债务进行处置"，同时"严禁新设融资平台公司""市场化转型尚未完成、存量隐性债务尚未化解完毕的融资平台公司不得作为项目单位"。总体来看，中央层面的政策更多是表态性、纲领性的政策要求，可分成"正反"两个维度去看，正面来看，鼓励支持城投公司加快推进市场化转型，同时明确了城投公司继续参与公益性项目的合规路径；反面来看，一方面严禁新增地方政府融资平台，另一方面对未完成转型的平台实施一定的项目准入限制。

而地方政府所出台的城投转型政策，则是在纲领性文件下提出了一些具体的操作方案，这些转型政策主要围绕在整体布局、政企关系、业务导向、财务及评级目标等方面。

整体布局方面，部分省份对于区域内的城投公司数量加以规范和限制，以行政级别、经济规模等指标为据，湖南省提出融资平台公司"市级控制在3个以内，县级不得超过2个，乡镇一律不得设立融资平台公司"；江西省提出"每个设区市融资平台不超过3家、县（市、区）融资平台不超过2家"；陕西省提出"除西安市、西咸新区外，原则上市级平台不超过4家，国家级开发区平台不超过3家，省级开发区和县（区）级平台不超过2家，2019年一般公共预算收入少于2亿元的区县原则上只保留1家平台"；云南省提出"原则上国有资产规模2000亿元以上、介于300亿元到2000亿元、在300亿元以下，分别保留不超过8

户、5户、3户企业，县（市、区）除确有必要不再保留企业"。而对于城投公司功能布局方面，安徽省提出"根据平台公司自身的资产布局和业务结构，在明确功能定位、加强功能建设的基础上，改革转型为以城市基础设施投资、战略性新兴产业投资等为主业的国有资本投资运营公司，提升国有资产的规模集聚效应和资源利用效率。鼓励有条件的融资平台公司实行多板块业务经营，增强造血功能"，支持和鼓励城投公司在明确自身资源禀赋的前提下，明确自身的发展方向，或向着承担地方基础设施建设做深做强，或伴随着区域的整体战略布局调整方向，以投资平台、运营平台等为转型方向，与区域的整体战略规划为依据，实现自身发展的一次转身和跳跃。

政企关系方面，城投公司成立初期时，"一套班子，两块牌子"下的地方政府和城投公司之间的界限十分模糊，地方政府对于城投公司的支持亦是不加区分的一股脑的资产注入，同样对于城投公司的要求则是以融资为核心导向。地方政府所提出的转型政策承继中央的政策要求，中央要求更加具体的政企分开，重庆市提出"融资平台公司不再具备政府融资职能，不得再新增政府债务。政府及其所属部门和单位不得为融资平台公司融资提供任何形式的担保和承诺，不得安排任何单位为融资平台公司'借壳'融资。"而在地方政府对城投公司的支持方面，政府加以进一步的规范和限制，重庆市政府要求"要规范注资行为，严禁将公益性资产注入融资平台公司。融资平台公司不得利用公益性资产作为抵押物进行贷款、发行债券或资产证券化产品等融资"；江苏省要求"各地政府应当通过增加资本金、注入优质经营性资产、整合重组融资平台公司等方式，提升融资平台公司市场主体评级和资本营运能力"；浙江省要求"加快推进投融资平台转型发展，充实省国资运营公司、省交通集团、省能源集团等省属国有企业资本实力，组建若干千亿元级专业化融资平台，鼓励各地通过依法注入优质资产、引入战略投资者等措施，加快完成地方融资平台重组整合为国有资本运营集团，推动投融资平台存量资产证券化"。整体来看，地方政府从更加细化的角度提出了地方政府应该与城投公司分清边界,对于城投公司要在加强支持的基础上,更多地强调"授之以渔",将优质资产和优质项目合法合规的注入城投公司。

业务导向方面,地方政府的转型政策大多提出了要对城投公司根据业务结构的不同分类监管,山东省提出"对主要承担公益性项目融资功能、依靠财政性资金偿还债务的'空壳类'融资平台公司,应在妥善处置存量债务、资产和人员等基础上,依法清理注销。对兼有政府融资和公益性项目建设运营职能的'复合类'融资平台公司,剥离其政府融资功能,通过兼并重组等方式整合同类业务,推动融资平台公司转型为公益性事业领域市场化运作的公益类国有企业。对具有相关专业资质、市场竞争性较强、规模较大、管理规范的'市场类'融资平台公司,在妥善处置存量债务的基础上,支持其转型为商业类国有企业",此外四川、湖北、陕西、甘肃等省份也有类似的表态发布。甘肃省提出"通过划分类型、整合资源、注入资产、清理撤销、归并整合、'以市带县'等方式,来推动现有市县政府融资平台公司转型成为权属清晰、多元经营、自负盈亏的市场化综合性国有资产运营(集团)公司"。浙江省提出"支持有条件的企业打造融、投、建、管一体化产业链供应链运营平台。支持有条件的企业围绕城市建设整合房地产、交通、水务、市政、文化旅游、农业等相关产业资源,打造城市综合运营服务商。支持规模较大、能力较强的地方投融资平台公司整合金融牌照,逐步向综合性金融控股集团发展。鼓励有条件的市县投融资平台加快上市"。地方政府的转型政策聚焦于对不同类型的城投公司给予不同的业务导向,通过合并重组等方式将城投公司分整成几个业务平台,引导城投公司或称为有市场竞争力的商业类国有企业,或称为市场化运作的公益类国有企业。

财务及评级目标方面,甘肃省提出"力争2024年底前在市(不含兰州市、兰州新区)、区(市)、一般公共预算收入3亿元以上的县和一般公共预算收入2亿多元的县分别打造一个总资产300亿元以上、150亿元以上、50亿元以上和20亿元以上的综合性国有资产运营公司,兰州

市和兰州新区、其他 11 个市、县（市、区）分别打造 1 家 AAA 级、2
家 AA+级平台公司、5 家 AA 级平台公司"。江西省提出"支持省高投、
省铁投、省水投、省投资集团等产业投资集团公司强化投融资能力，发
挥好产业平台功能，支持实体经济发展；支持省国控公司、上饶城投、
赣发投等省、市属国有资本运营公司进一步提升资产规模、整合优质业
务板块，巩固提升融资优势，主导或参与市场资本运作；推动大成公司、
建工集团、旅游集团等企业进一步增强信用意识、提升信用评级，提升
直接融资规模增强企业发展实力。同时，重点鼓励南昌、九江、赣州、
宜春、上饶等市县政府及国资监管机构，重组整合现有政府投融资平台，
优化资产质量、增强资本实力、提升信用等级，借助直接融资推动地方
经济社会加快发展。在财务及评级目标方面，各省的政策更多的聚焦于
将城投公司做大做强，通过提升信用评级、做大资产规模，享受更多的
融资便利，推动直接融资等对于地区的经济发展的带动作用（见表 5-
2）。

表 5-2　地方政府支持鼓励城投公司转型文件梳理

省市	时间	文件	主要内容
河南	2015 年 1 月	《河南省人民政府办公厅关于促进政府投融资公司改革创新转型发展的指导意见》（豫政办〔2015〕9 号）	明确功能定位，在政府投融资公司资产存量盘活、增量突破方面发挥带动作用，在积极开展公私合作、资产证券化方面发挥引领作用。加快法人治理结构改革，赋予政府投融资公司充分的决策自主权；加快推进监管体制改革，完善考核激励机制、风险管控和约束机制。加快运营模式、融资模式、公私合作模式创新，加快资产证券化运用创新
吉林	2016 年 1 月	吉林省人民政府关于进一步加强政府性债务管理的实施意见（吉政发〔2016〕2 号）	对 2014 年存量债务清理甄别后的融资平台公司，各级政府要按照"只减不增"的原则，通过关闭合并、转型等方式妥善处置。加快推进融资平台公司市场化转型和融资，将融资平台公司逐步转型为主要承担公益性项目建设和运营的公益类国有企业，通过加大国有资本投入、引入社会资本、建立多元化的投资回报体系等措施，支持公益类国有企业自主经营和市场化融资。增强其提供公共产品和服务的能力，继续发挥其对经济社会发展的积极作用

续表

省市	时间	文件	主要内容
安徽	2016 年 8 月	《关于财政支持政府融资平台公司转型发展的意见》（财债〔2016〕1301 号）	融资平台公司不再承担政府融资职能，政府债务不得通过融资平台公司举借。鼓励融资平台公司拓宽融资渠道，除银行贷款外，通过发展混合所有制经济、发行债券、实行债转股、引入私募基金等方式进行市场化融资；鼓励转型后的融资平台公司作为社会资本参与当地政府和社会资本合作项目，通过与政府签订合同方式，明确权利关系；支持融资平台公司利用政府购买服务预期收益权向银行等金融机构进行质押，实现项目融资
广东	2017 年 1 月	广东省财政厅《关于严格执行地方政府和融资平台融资行为有关规定的通知》（粤财金函〔2017〕12 号）	取消融资平台公司的政府融资职能，推动有经营收益和现金流的融资平台公司市场化转型改制
四川	2017 年 2 月	《四川省人民政府关于进一步加强政府债务和融资管理的通知》（川府发〔2017〕10 号）	对于兼有政府融资和公益性项目建设运营职能的融资平台公司，剥离其政府融资功能，通过兼并重组等方式整合同类业务，推动融资平台公司转型为公益性事业领域市场化运作的国有企业
天津	2017 年 4 月	天津市人民政府办公厅关于加强政府性债务风险防控工作方案（天津办发〔2017〕64 号）	稳步推进融资平台转型。厘清政府和企业债务边界，合理划分政府与企业偿债责任。统筹区域资源资产，优化重组，做实做强 1 家至 2 家融资平台，出清低效资源、空壳企业，积极通过政府与社会资本合作（PPP）模式、股权融资、项目出租等途径，吸引社会资本建设和运营、推进融资平台市场化转型，实现企业可持续发展
青海	2017 年 5 月	青海省财政厅关于进一步规范地方政府举债融资行为的通知（青财绩字〔2017〕844 号）	各地要进一步厘清政府与市场的关系。加快政府职能转变，进一步规范融资平台公司融资行为管理，推动融资平台公司尽快转型为市场化运营的国有企业、依法合规开展市场化融资，地方政府及其所属部门不得干预融资平台公司日常运营和市场化融资。 各地要剥离融资平台政府融资职能，推动融资平台转型发展、平台公司转型后应按照市场化原则实施运作，自主经营、自负盈亏，政府在出资范围内承担有限责任，实现平台公司债务风险内部化。对于已经建立现代企业制度、实现市场化运营的融资平台公司，在其将承担的地方政府债务妥善处置，并不再承担政府融资职能的前提下，可作为 PPP 项目社会资本参与方和购买服务的实施主体

省市	时间	文件	主要内容
重庆	2017年6月	《重庆市人民政府办公厅关于加强融资平台公司管理有关工作的通知》（渝府办发〔2017〕74号）	对兼有政府融资和公益性项目建设、运营职能的"实体类"城投平台，要剥离其政府融资职能，通过兼并重组、整合归并同类业务等方式，转型为公益类国有单位，承接政府委托实施的基础设施、公用事业、土地开发等公益性项目建设。要加强公益性项目建设管理，明确承接政府委托实施基础设施、公用事业、土地开发等公益性项目建设的单位，锁定单位名单，实行目录管理。纳入目录名单的公益性项目建设单位应是具有独立法人资格、实行独立核算的国有单位。每个区县（自治县）确定的公益性项目建设单位最多不超过3家
湖北	2017年8月	湖北省政府《关于规范政府举债行为防范和化解债务风险的实施意见》（鄂政发〔2017〕38号）	加快推进融资平台公司转型。各级政府及其所属部门要加快政府职能转变，处理好政府和市场的关系，不得干预融资平台公司的日常运营，加快推动融资平台公司转型为市场化运营的国有企业。除国家另有政策规定外，主要承担公益性项目融资功能，没有实质性经营活动的融资平台公司，应在妥善处置存量债务、资产和人员等基础上依法清理注销；对于兼有政府融资和公益性项目建设运营职能的融资平台公司，应在剥离其政府融资功能并妥善处置存量债务的基础上，通过兼并重组方式整合同类业务，转型为公益性事业领域市场化运作的国有企业；对于具有相关专业资质、市场竞争力较强、规模较大、管理规范的融资平台公司，在剥离其政府融资功能并妥善处置存量债务的基础上，转型为一般企业
山东	2017年9月	山东省人民政府办公厅《关于规范政府举债行为防范政府性债务风险的意见》（鲁政办字〔2017〕154号）	加快推进政府融资平台公司市场化转型。严格依法剥离其政府融资职能和违规注入的公益性资产，彻底厘清企业债务与政府债务的边界，阻断企业债务偿还责任向政府转移的通道。对主要依靠财政性资金偿还债务的融资平台公司，应在妥善处置存量债务、资产和人员等基础上依法清理注销；对于兼有政府融资和公益性项目建设运营职能的融资平台公司，剥离其政府融资功能，通过兼并重组等方式整合同类业务，推动融资平台公司转型为公益性事业领域市场化运作的国有企业；对于具有相关专业资质、市场竞争力较强、规模较大、管理规范的融资平台公司，剥离其政府融资功能，在妥善处置存量债务的基础上，转型为一般企业

省市	时间	文件	主要内容
广西	2018 年 1 月	广西壮族自治区人民政府办公厅（桂政办发〔2018〕6 号）	厘清政府与企业的关系，加快融资平台公司从单纯的融资工具向市场经营主体的转型。对兼有公益性项目建设和商业化运营职能的融资平台公司，应通过兼并重组等方式整合归并业务，积极推进融资平台公司市场化转型。依法开展市场化融资。各级人民政府依法履行出资人职责，不得干预其日常市场化经营
湖南	2018 年 2 月	《中共湖南省委湖南省人民政府关于严控政府性债务增长切实防范债务风险的若干意见》（湘发〔2018〕5 号）	剥离融资平台公司政府融资职能，根据有无实质性经营活动和市场竞争能力采取注销一批、整合一批、转型一批的方式进行处置，市级控制在 3 个以内，县级不得超过 2 个，乡镇一律不得设立融资平台公司，并实行名录管理。未纳入名录范围的公司，不得承担棚户区改造、易地扶贫搬迁相关融资，各级政府不得对其项目投资和建设安排资本金
陕西	2018 年 7 月	陕西省财政厅《关于推进陕西省融资平台公司转型发展的意见》的通知（陕财政办预〔2018〕66 号）	分类推进融资平台公司市场化转型。对现有融资平台公司依法分类实施市场化转型，对只承担公益性项目融资任务的"空壳类"融资平台公司予以清理撤销；对兼有政府融资和公益性项目建设、运营职能的"实体类"融资平台公司，转型为公益类国有企业，承接政府委托实施的基础设施、公用事业、土地开发等公益性项目建设；对按市场化方式承担一定政府融资职能的"商业类"国有企业，鼓励其继续为地方经济发挥积极主动作用
云南	2018 年 11 月	《云南省深化国有企业改革三年行动方案（2018—2020 年）》	州市、县（市、区）企业整合，促进国有资产向州市投资、运营公司集中。原则上国有资产规模 2000 亿元以上的州市，保留不超过 8 户企业；国有资产规模介于 300 亿元到 2000 亿元的州市，保留不超过 5 户企业；国有资产规模在 300 亿元以下的州市，保留不超过 3 户企业；县（市、区）不再保留企业，确有必要可保留 1 户企业
贵州	2019 年 12 月	《贵州省人民政府办公厅关于促进贵州资本市场健康发展的意见》（黔府办发〔2019〕32 号）	优化政府债务期限结构，适当增加中长期政府债务比例，降低短期债务比例，完善政府债券市场化定价机制；积极推进兼并重组提高国有资本运行效率，分类分层推进国有企业混合所有制经济双向改革重组。优化资源配置提升政府投融资平台公司债权融资资信，探索建立合理的非公有资本退出机制，激发社会资本活力
江西	2020 年 1 月	《政府工作报告》	加快地方融资平台转型，每个设区市融资平台不超过 3 家、县（市、区）融资平台不超过 2 家

续表

省市	时间	文件	主要内容
山东	2020年2月	《关于推进政府融资平台公司市场化转型发展的意见》（鲁财债〔2020〕17号）	对主要承担公益性项目融资功能、依靠财政性资金偿还债务的"空壳类"融资平台公司，应在妥善处置存量债务、资产和人员等基础上，依法清理注销。对兼有政府融资和公益性项目建设运营职能的"复合类"融资平台公司，剥离其政府融资功能，通过兼并重组等方式整合同类业务，推动融资平台公司转型为公益性事业领域市场化运作的公益类国有企业。对具有相关专业资质、市场竞争性较强、规模较大、管理规范的"市场类"融资平台公司，在妥善处置存量债务的基础上，支持其转型为商业类国有企业
江西	2020年6月	江西省企业上市工作联席会议办公室关于印发《江西省进一步推进企业直接融资行动方案》的通知（赣府厅字〔2018〕39号）	支持省高投、省铁投、省水投、省投资集团等产业投资集团公司强化投融资能力，发挥好产业平台功能，支持实体经济发展；支持省国控公司、上饶城投、赣发投等省、市属国有资本运营公司进一步提升资产规模、整合优质业务板块，巩固提升融资优势，主导或参与市场资本运作；推动大成公司、建工集团、旅游集团等企业进一步增强信用意识、提升信用评级，提升直接融资规模增强企业发展实力。同时，重点鼓励南昌、九江、赣州、宜春、上饶等市县政府及国资监管机构，重组整合现有政府投融资平台，优化资产质量、增强资本实力、提升信用等级，借助直接融资推动地方经济社会加快发展
陕西	2020年10月	《关于加快市县融资平台公司整合升级推动市场化投融资的意见》（陕发改投资〔2020〕1441号）	除西安市、西咸新区外，原则上市级平台不超过4家，国家级开发区平台不超过3家，省级开发区和县（区）级平台不超过2家。2019年一般公共预算收入少于2亿元的区县原则上只保留1家平台
陕西	2021年4月	陕西发改委关于印发《2021年推动关中平原城市群和新型城镇化发展重点工作任务》的通知（陕发改规划〔2021〕535号）	推动西安—咸阳一体化，培育建设西安都市圈。推动县域经济和城镇建设高质量发展措施，分类推进县域经济发展，积极构建差异化、指导性强的"一县一策"政策体系。指导各县（市）因地制宜选择1~2个主导产业，高标准建设功能齐备的县域产业园区，支持县域内符合条件的园区向经济技术开发区和高新区升级。分类采取县域内整合或"以市带县"模式（西安市、西咸新区除外），推动县域融资平台整合升级。健全政银企对接机制，引导大型骨干企业参与县域城镇化建设

续表

省市	时间	文件	主要内容
江苏	2021年5月	《江苏省政府办公厅关于规范融资平台公司投融资行为的指导意见》（苏政传发〔2021〕94号）	规范地方政府行为，不得以行政决议方式违规将政府出资建设项目交由融资平台公司筹资承建，不得在未履行投资合规程序前决策融资平台公司投资，严控地方财政向融资平台公司拨款，对地方政府采取委托代建等方式交由融资平台公司建设的项目，地方财政应按有关规定足额拨款。规范平台公司行为，不得投资收益不能覆盖市场化融资成本的项目，不得违规为其他企业提供借款、担保
浙江	2021年6月	浙江省人民政府办公厅《关于印发浙江省国资国企改革发展"十四五"规划的通知》（浙政办发〔2021〕33号）	推进地方融资平台市场化转型。稳妥化解以企业债务形式形成的地方政府存量隐性债务。加快平台重组整合，调整优化股权结构，扩大经营性现金流，提高信用评级和融资能力。积极打造经营性板块。盘活沉淀的国有资产，提升自身造血能力。支持有条件的企业打造融、投、建、管一体化产业链供应链运营平台。支持有条件的企业围绕城市建设整合房地产、交通、水务、市政、文化旅游、农业等相关产业资源，打造城市综合运营服务商，支持规模较大、能力较强的地方投融资平台公司整合金融牌照，逐步向综合性金融控股集团发展、鼓励有条件的市县融资平台加快上市
甘肃	2021年9月	《甘肃省发展和改革委员会等七部门关于推进市县政府融资平台公司整合升级加快市场化转型发展的指导意见》（甘发改财金〔2021〕609号）	通过划分类型、整合资源、注入资产、清理撤销、归并整合、"以市带县"等方式，来推动现有市县政府融资平台公司转型成为权属清晰、多元经营、自负盈亏的市场化综合性国有资产运营（集团）公司，实现融资平台公司存量债务有效化解等目标。要求兰州市本级平台不超过4家，兰州新区和其他市级区级平台不超过2家，其他县级平台只保留1家

三、城投公司转型案例集

案例1：芜湖宜居投资（集团）有限公司——将房地产业务转向城市运营商

● 2004年11月	经芜湖市人民政府批准设立芜湖市益安项目建设有限公司
● 2009年4月	芜湖市益安项目建设有限公司名称变更为芜湖市益安置业投资发展有限公司
● 2010年11月	芜湖市益安置业投资发展有限公司、芜湖市宜居投资有限公司合并成立芜湖宜居置业发展有限公司

续表

• 2011 年 11 月	在芜湖宜居置业发展有限公司基础上吸收芜湖各市、区、县 11 家建设投资公司代替芜湖市政府出资组建为芜湖宜居投资（集团）有限公司，控股股东为芜湖市建设投资有限公司
• 2013 年 6 月	芜湖市建设投资有限公司将其持有的芜湖宜居投资（集团）有限公司 37.50%的股权全部无偿划转至芜湖市公用事业运营有限责任公司
• 2020 年 12 月	芜湖市公用事业运营有限责任公司将其持有的芜湖宜居投资（集团）有限公司股权无偿划转至芜湖市国资委，同时芜湖市国资委对公司增资 29.7 亿元，变更后芜湖市国资委为第一大股东，股权比例为 26.63%。

芜湖宜居投资（集团）有限公司（以下简称芜湖宜居）的前身是芜湖市益安项目建设有限公司，2004 年成立之初是作为芜湖市建设投资有限公司的全资子公司，专司公益性项目和拆迁安置房建设，当时的注册资本仅有 1 亿元。2011 年，芜湖宜居组建后，明确了以公益性、保障性住房为主营业务的职能，承担全市保障性住房（公租房和廉租房）项目的融资、建设及运营。

看点 1：聚合资源

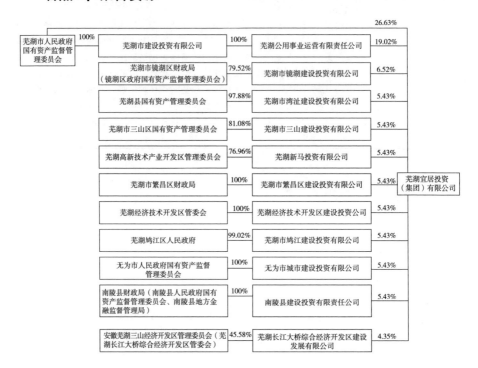

资料来源：2018 年第一期芜湖宜居投资（集团）有限公司养老产业专项债券募集说明书。

经过集团化的资产整合，芜湖宜居的净资产从 2011 年的 37.33 亿元迅速提升至 2012 年的 163.95 亿元，接近芜湖市 2011 年全年的财政预算收入水平，可以在城投公司快速发展的阶段争取较高的主体评级和较大的融资空间。在安徽有不少地级市是通过聚合资源的方式来打造城投，以"人人为我，我为人人"的理念，不仅能把市本级的融资成本降低，还能帮助下辖区县在融资额度范围之内解决筹资难的问题。

看点 2：代建→自建

公司 2011 年及以前建设的项目主要采用代建模式。代建模式的运作方式为：政府发布保障房项目规划之后，公司与承建商签订合同，由承建方全面负责项目前期手续办理、土地及房产权证办理及项目建设。公司按进度支付资金，回购保障房项目及相关土地和房产权证。保障房建成，经公司验收之后，公司支付剩余回购款，承建商正式向公司移交项目。

公司 2011 年以后新建项目全部采取自建模式。自建模式的具体运作模式为：芜湖市政府征收完项目用地之后，将项目用地划拨给公司，由公司作为项目法人承担建设；项目建设完成之后，公司向国土部门补交项目土地出让金并获得项目出让土地使用权证和房地产产权证；公司按建设进度向承建商拨付建设资金直至保障房竣工之后交付使用。

自建模式下主要的相关收益包括：

保障性住房回购收入：部分项目与各地政府签订了委托建设和回购协议，根据协议安排将在项目建设完成后按期分年度回购，公司获取投资收益。

保障性住房销售收入：保障房按照完全产权模式或共有产权模式对外销售。完全产权模式，是指由公司投资建设，保障房建设完成竣工验收完毕后，公司按照市场定价原则对外出售保障房全部产权，购买方购买全部产权后享有房屋所有权，无须再缴纳租金。共有产权模式，是指首次购买不低于产权比例的 30%，剩余比例可以每年继续购买，剩余产权比例由承租人继续承租，并交纳对应租金。

租金收入：对政府未予回购的保障房和政府注入的公租房收取租金收入。芜湖市保障性住房管理目前实行"两房并轨、租补结合、分类申请、阳光分配"政策，即公租房、廉租房统一房源使用、统一租金标准，由符合条件的城镇居民家庭在社区、街道申请，新就业职工和进城务工人员由用人单位向

住房保障机构申请，同时财政对符合廉租房承租户再予以租金补贴。

部分商业设施和保障房项目公建配套设施出让收益：保障性住房项目中一定比例的配套设施列为商业配套设施，项目建成后，公司可以通过租售该部分商业配套设施，以平衡保障房的建设资金。

物业管理费：下属公司芜湖市宜居物业管理有限公司负责对所有保障房项目的物业进行管理，通过物业费、代收代缴分成、小区公共设施收费等方式实现收益。

资料来源：2014年芜湖宜居投资（集团）有限公司公司债券评级报告 &2018年第一期芜湖宜居投资（集团）有限公司养老产业专项债券募集说明书。

在2011年之前，芜湖宜居其实只是项目的过手方，承担的是纯粹融资平台的职能，替地方政府融资推动项目建设，并拉长地方政府的付款周期，降低地方政府因项目短时间大量交付而带来的偿付压力。但是2011年之后，为了明晰产权，规范保障房项目的建设，保障房项目从代建变为自建，也就是说芜湖宜居成了项目的业主方，对项目介入得更深，也成为把控项目的管理者，并且采用租售并举、公建配套和附属商业设施出让、物业管理等收益方式实现资金平衡。

看点3：商业地产+保障房建设

公司承接了芜湖市部分商业地产的开发和运作业务。公司经营的商业地产金融服务区项目，是芜湖市政府规划的芜湖市城东新区核心项目。该区域以现代金融功能服务区为功能定位和现代金融产品和资本概念的研发、创意、拓展、衍生为支撑。金融服务区项目以区域性金融高端人才、区域银行非银行金融机构的汇集聚融为载体，以围绕给商务白领人士提供全方位服务为补充，打造以金融（含银行和非银行金融机构）办公为主，融合设计咨询、行政办公、文化创意、经济鉴证类咨询等现代高端服务办公功能，兼具配套服务功能的现代服务业高地，办公功能要求达到5A级甲级写字楼标准。

资料来源：2014年芜湖宜居投资（集团）有限公司公司债券评级报告。

虽然有多种实现收益的方式来平衡项目的成本支出，但是在实际当中，收益覆盖的压力依然很大，因此，除了保障房自身及可衍生的收入以外，商业地产开发和运作也是公司整体性收益覆盖的重要手段，这也是芜湖宜居有占比不低的商业物业及配套设施销售收入的原因。商业地产+保障房建设模式是很多相对成熟的城投公司所采取的收益平衡的方式。

看点4：城市建设和综合运营商

公司以"美丽城市建设和综合运营商"为愿景，将房地产业、会议展览、卫生和社会工作作为核心主业，商务服务业为培育主业，业务范围涵盖投融资、项目开发、资产运营、养老服务、会展运营、物业管理等领域。

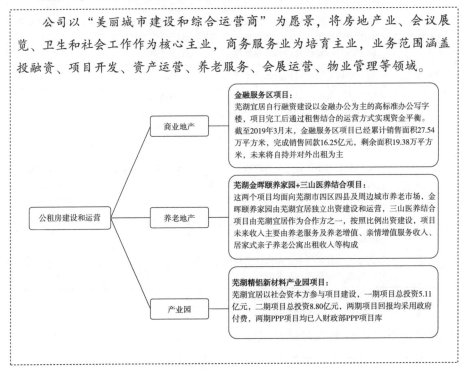

资料来源：芜湖宜居官网 & 公司发展规划。

2020年之后，公司调整了单纯以保障性住房作为公司主要经营方向的模式，公司以保障房为基础将房地产经营边界外扩，从一般商业住宅向泛商业地产、养老地产和产业园延伸，并将物业服务和商业运行作为未来提高业务附加值的突破口。沿着经营城市的思路打造房地产业务以及所衍生出的其他业务机会。

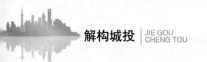

案例 2：北京市基础设施投资有限公司——城市轨道交通运营商和专业能力的输出者

1976 年 3 月	北京市地下铁道管理处正式成立
1981 年 2 月	由于实行政企分离，北京市地下铁道管理处变更为北京市地下铁道管理处公司
1986 年 7 月	北京市地下铁道管理处公司变更为北京市地下铁道公司
1989 年 7 月	经北京市人民政府办公厅、北京市市政管理委员会批准，北京市地下铁道公司名称变更为北京市地下铁道总公司。
2001 年 12 月	经北京市人民政府批准，北京市地下铁道总公司重组改制，变更为北京地铁集团有限责任公司。同时，北京地铁集团有限责任公司以投资的形式设立北京地铁建设管理有限责任公司和北京地铁运营有限责任公司
2004 年 3 月	北京地铁集团有限责任公司更名为北京市基础设施投资有限公司
2011 年 1 月	根据北京国资委《关于协调解决北京市基础设施投资有限公司融资问题的通知》（京国资〔2012〕53 号），北京市基础设施投资有限公司将北京市地铁运营有限公司纳入合并范围。北京市地铁运营有限公司出资人变更为北京市基础设施投资有限公司
2016 年 4 月	北京市交通委代表北京市政府与北京市基础设施投资有限公司正式签署《北京市轨道交通授权经营协议》，由北京市基础设施投资有限公司履行北京市轨道交通业主职责，整合各类市场主体资源，提供城市轨道交通项目的全产业链整体服务
2016 年 10 月	北京市基础设施投资有限公司取得北京轨道交通技术装备集团有限公司 100% 股权
2020 年 8 月	北京市国资委将北京市轨道交通建设管理有限公司 100.00% 股权无偿划转至北京市基础设施投资有限公司

　　北京市基础设施投资有限公司（以下简称京投公司）的前身是铁道兵北京地下铁道运营管理处，成立于"大三线"建设以及"工改兵"的历史背景下，其职能随着时代的发展也在不断变化，从 20 世纪 70 年代的以战备为主，兼顾交通，到 80 年代的新线建设和投融资，再到 90 年代的加速北京地铁的建设和发展，公司逐步形成了轨道交通基础设施投融资与管理、轨道交通建设管理服务、轨道交通运营、轨道交通装备制造，以及相关资源经营与服务的五大业务板块。

看点 1：从基本的投融资职能向后端延伸到运营和服务

　　公司 2011 年将北京市地铁运营有限公司纳入合并报表范围，公司在地铁线路建成后将其经营权委托给北京市地铁运营有限公司，由北京市地铁运营有限公司执行轨道交通线路的实际运营。北京市地铁运营有限公司作为国有独资的特大型专门经营城市轨道交通运营线网的专业运营商，其提供的票款收入成为公司营业收入的重要来源之一。

在地铁运营的基础上，北京地铁运营有限公司依托北京庞大的地铁网络，整合与开发文化传媒产业，为广大地铁乘客提供丰富的信息服务和文化服务，从而改善和提高地铁的服务水平。同时，北京地铁运营有限公司开发北京地铁车站月台灯箱广告、车厢A、B位广告、车站通道看板、电梯侧墙广告等2万余块高品质广告媒体。

2016年，北京市轨道交通领域进行投融资机制创新，实施了政府授权经营的ABO模式，由市政府授权交通委与公司签署《授权经营协议》，授权公司提供轨道交通投融资、建设、运营等一系列综合服务。ABO模式厘清了政企关系，将原有的政府支持"政策"转变为授权经营"协议"，将投融资公司转变为市场资源的整合者与轨道交通产业链相关服务的提供者。

公司2020年与北京市轨道交通建设管理有限公司合并重组后，迅速将同类业务和职责进行重新整合和归口管理，初步形成了集轨道交通的规划设计、建设管理、运营管理服务、路网管理、高端装备制造、资源开发经营、科技创新管理等工作于一体的全产业链布局。

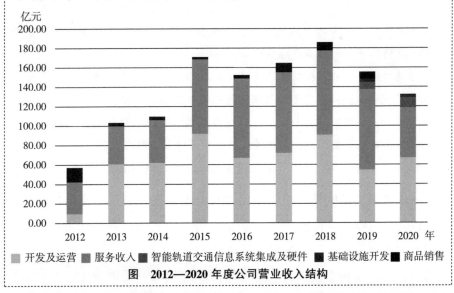

图 2012—2020年度公司营业收入结构

资料来源：北京市基础设施投资有限公司2022年度第一期超短期融资券募集说明书＆北京市基础设施投资有限公司官网。

京投公司在相继将北京地铁建设管理有限责任公司、北京市轨道交通建设管理有限公司股权纳入旗下后，完善了地铁线路轨道交通的投融资、建设、运营的产业链格局，并以此为基础，向轨道交通装备制造与信息技术服务延展，逐步从单一的交通基础设施投融资公司向轨道交通全产业综合服务商转型。

看点 2：用轨道交通沿线的资源开发弥补收益

公司依托北京市轨道交通等基础设施项目的投融资、资本运营，将政府项目投资和产业经营相结合，逐步形成以轨道交通沿线土地一级开发为突破、带动房地产开发和地下空间开发等经营业务的发展格局。

土地一级开发：公司通过北京市政府授权获取某地块的土地一级开发权，而后由公司垫付资金进行土地平整开发，待土地开发完成并通过"招拍挂"成功上市交易后，北京市政府向公司返还全部土地开发成本，并按照土地开发成本的 8%~12% 向公司支付管理费。

轨道交通车辆段综合利用：公司利用地铁车辆段维修、停靠以及线路地上土地平整开发，并采用公开招标或直接出售给下属子公司建设及销售。

管道业务：公司下属子公司北京信息基础设施建设股份有限公司负责对北京市城市信息管道的建设及维护，为通信运营商、ISP 运营商、党政军等专网和其他用户提供产品与服务。

房地产开发：公司控股子公司京投发展股份有限公司坚持"以北京地区为业务发展中心，以轨道交通为依托"的发展战略，积极推进"轨道+土地"的运作模式，按照轨道引导城市、轨道与沿线土地协同发展的原则推进轨道交通沿线土地的开发工作，实现房地产板块反哺城市轨道交通。

资料来源：北京市基础设施投资有限公司 2020 年度第一期超短期融资券募集说明书。

由于轨道交通的投资回收期比较长，那么综合利用轨道沿线的土地资源就是项目收益平衡的关键，京投公司充分利用自身在北京市轨道交通领域的垄断优势，在已建成的轨道交通线路投入正式运营或试运营的基础上，通过布局土地开发、管道管理、房地产开发等业务，丰富收益来源的同时，实现城市轨道交通与土地开发的协同发展。

看点3：学习→转化→输出→核心竞争力

公司按照市政府要求参与制定北京地区基础设施发展规划，作为业主承担基础设施项目的立项、可行性研究、方案设计等前期工作并通过委托代建进行工程建设。此外，公司创新性地采用引入社会资本方式进行工程建设，运作了国内轨道交通领域第一个PPP项目，即采取特许经营方式进行市场化运作的基础设施项目，通过引入香港铁路有限公司投资，合作成立特许经营公司，由特许经营公司负责投资建设和30年特许经营期内的运营管理。通过PPP模式，公司实现了较低成本的融资，目前，公司先后中标乌鲁木齐、大连、绍兴地铁等PPP项目，公司在项目投融资模式上不断探索新的轨道交通投融资模式。

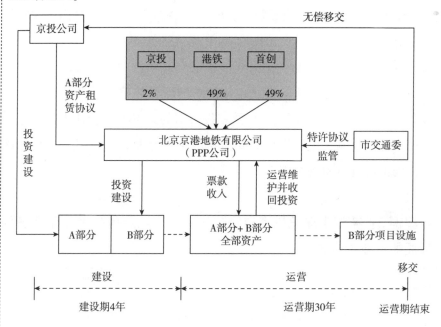

公司2016年收购北京轨道交通技术装备集团有限公司进一步促进了北京市高端轨道交通装备产业的集群发展。北京轨道交通技术装备集团有限公司面向城市轨道交通和城际铁路市场，以轮轨和磁浮交通整车装备产业关键系统产品研发、制造与维修服务项目的投资、经营管理业务和磁浮交通线路建设总包业务为龙头，带动通信、信号等轨道交通核心配套装备项目的投资发展。公司绝对控股的港股上市公司——京投轨道交通科技控股有限公司，集投融资、技术研发、智慧轨道交通建设及运营维护于一体，核心业务包括城

市轨道交通建设的投融资、建设及运营维护，构建了为城市轨道交通建设提供全生命周期服务的产业模式。公司在积累大量轨道交通建设运营技术和经验的基础之上，逐步拓展到轨道交通技术装备产业，逐步集成轨道交通全产业链，形成核心技术输出能力。

资料来源：北京市基础设施投资有限公司 2022 年度第一期超短期融资券募集说明书 & 北京市基础设施投资有限公司官网 & 北京轨道交通技术装备集团有限公司官网。

2004 年，京投公司在北京地铁 4 号线的建设过程中率先尝试了 PPP 模式，这在国内轨道交通领域尚属首次，在项目建设与运营过程中，京投公司默默学习着港铁在轨道交通运营上的先进经验，经过时间的沉淀，北京地铁 14 号线建设之际港铁已经很难通过技术能力的不对称再在京投公司身上占到便宜。并且，2016 年 PPP 模式开始兴起时，京投公司可以作为"社会"资本方参与到国内众多轨道交通项目中，以技术和管理输出自己的竞争性优势。业务模式也从简单的联合体建设，到轨道交通系统服务，再到 TOD 建设模式。虽然京投公司的天然禀赋会让人觉得这种发展模式无法复制，但我们更需要借鉴的是在专业领域学习和消化的能力，找到塑造竞争力的突破口。

案例 3：芜湖市建设投资有限公司——传统业务向多元化业务转型发展的产业投资者

1998 年 2 月	经芜湖市人民政府批准设立芜湖市建设投资有限公司，由芜湖市国资委代表市政府履行出资人职责
2014 年 12 月	芜湖奇瑞科技有限公司将持有的埃夫特智能装备股份有限公司 6553 万元股份转让给芜湖市建设投资有限公司子公司芜湖远大创业投资有限公司
2015 年 12 月	芜湖市建设投资有限公司出资设立安徽省江海通供应链管理有限公司，从事国内外木材贸易
2016 年 1 月	芜湖市建设投资有限公司与奇瑞商用车（安徽）有限公司形成一致行动人关系，成为芜湖凯翼汽车有限公司（以下简称"凯翼汽车"）实际控制人
2017 年 11 月	芜湖市建设投资有限公司出售凯翼汽车股权，并收购芜湖莫森泰克汽车科技股份有限公司、安徽泓毅汽车技术股份有限公司、芜湖永达科技有限公司及其附属子公司

2020 年 4 月	芜湖市建设投资有限公司设立芜湖市产教融合发展有限公司，参与芜湖市高等教育建设项目
2021 年 8 月	芜湖市国资委将所持有的芜湖市建设投资有限公司股权划转给安徽省财政厅，划转后，芜湖市国资委持有 95.59%股权，安徽省财政厅持有 4.41%股权

芜湖市建设投资有限公司（以下简称芜湖建投）就是大名鼎鼎芜湖模式的载体，是为承接国家开发银行打捆贷款而生，后因城投公司的经营模式调整，成为芜湖市基础设施的建设主体和土地整理的开发主体，后又契合芜湖市产业结构升级的政策导向，通过设立、投资等方式控股合并了多家实业子公司，实现了向智能装备、汽车及汽车零部件、木材贸易等多元领域的跨越发展。

看点 1：以城投公司的可塑性契合经济发展的需求

公司 2016 年以前是芜湖市市区经营性土地实施收储前整理开发的唯一主体。2010 年起芜湖市土地收储中心、芜湖市财政局与公司签订《芜湖市土地收储前期整理开发业务委托经营合同》，委托公司进行芜湖市市区范围内所有经营性土地整理开发，包括"自主土地平整"和"委托土地平整"两大模式。

自主土地平整：包括因芜湖市国有企业改制、事业单位土地回收或划拨置换对应的土地。公司与改制（或划拨置换）单位或改制（或划拨置换）单位上级主管部门签署《土地收储协议》，由公司负责土地收购工作，支付土地收购费用。公司完成改制（或划拨置换）单位土地收购工作后，按照约定补缴出让金，办妥土地证，取得对应土地的所有权。

委托土地平整：根据芜湖市土地平整计划，芜湖市土地收储中心、芜湖市财政局与公司签订《芜湖市土地收储前期整理开发业务委托经营合同》。公司与相关区建投签订合作开发协议，由公司预付土地平整资金，与各区建投共同完成土地平整工作，待土地完成上市后双方进行结算，并根据芜湖市土地出让计划和市场需求状况通过"招拍挂"形式出让此类土地。

公司 2016 年起不再承接传统的土地平整业务。2016 年 1 月 1 日，公司与芜湖市政府签订棚户区改造政府购买服务合同，芜湖市市区范围内的棚户区改造统一由公司办理，包括棚改前期的土地征迁、平整等业务。同时，为助力芜湖市政府进行产业升级，公司逐步通过设立、吸收合并等方式，向智能装备制造、汽车及汽车零部件销售及木材贸易等行业发展。

表 2012—2020 年度公司营业收入结构

	2020 年	2019 年	2018 年	2017 年	2016 年	2015 年	2014 年	2013 年	2012 年
汽车销售业务	17.51	18.08	19.25	—	—	—	—	—	—
智能设备销售	11.16	12.50	12.87	8.03	5.28	—	—	—	—
木材贸易	0.49	1.33	2.62	4.50	3.08	—	—	—	—
政府购买服务	0.15	—	0.00	0.41	3.26	—	—	—	—
车辆销售	—	—	—	14.26	19.66	—	—	—	—
汽车零部件	—	—	—	2.69	—	—	—	—	—
土地平整	—	—	—	—	—	26.68	31.65	52.64	51.10
房产销售收入	—	—	—	—	—	—	—	—	3.22
其他业务	—	—	—	—	—	2.75	0.01	0.16	0.09
合计	29.31	31.91	34.74	29.89	31.28	29.43	31.66	52.80	54.41

资料来源：芜湖市建设投资有限公司 2015 年度第一期中期票据募集说明书 & 芜湖市建设投资有限公司 2017 年度第一期超短期融资券募集说明书。

在 2010 年以前，芜湖建投是一个标准的融资平台，没有任何经营性业务，账面的利润总额几乎全部来自政府补贴，2010 年城投公司规范后，将芜湖建投与芜湖市政府的补贴关系，转成土地开发整理和市政工程代建的业务关系，2016 年后，又褪去了传统基建类城投的色彩，成为具有汽车产业链、智能设备制造的产业类城投。虽说芜湖建投是融资平台的鼻祖，但是它没有在城投公司的舒适圈停滞不前，而是一直在根据政策要求和市场形势不断调整着自己的经营模式。

看点 2：与当地优势产业相结合，做产业发展的辅助者

汽车及零部件产业是芜湖市的支柱产业之一，奇瑞控股集团有限公司作为芜湖市汽车及零部件产业的龙头企业受到政府大力支持。

经芜湖奇瑞科技有限公司转让股份，公司于 2014 年 12 月 31 日开始将埃

夫特公司纳入合并范围，开启公司智能装备业务板块。埃夫特公司专门从事工业机器人整机及其核心零部件、系统集成的研发、生产、销售，是中国工业机器人行业第一梯队企业，是目前唯一一家凭借工业机器人全产业链登陆科创板的企业，埃夫特公司依托"自主创新"和"海外并购"并行的双引擎模式，通过兼并引进和吸收海外工业自动化领域的先进技术和经验，形成从核心零部件到机器人整机再到高端系统集成领域的全产业链协同发展格局。

为支持公司进行城投转型，经政府批准，公司 2016 年作为奇瑞商用车（安徽）有限公司的一致行动人，具有了对芜湖凯翼汽车有限公司的控制权。2017 年，芜湖市政府决定对汽车及零部件产业进行优化整合，并定位奇瑞控股集团有限公司专注发展整机业务。同时批准公司承接奇瑞系内优质零部件企业：公司以 7.07 亿元价格出售现持有的凯翼汽车 35% 股权，并以 14.30 亿元价格从芜湖奇瑞科技有限公司收购芜湖莫森泰克汽车科技股份有限公司45% 的股权、安徽泓毅汽车技术股份有限公司 60% 的股权及芜湖永达科技有限公司 51% 的股权。依托上述三家公司及其附属子公司业务形成公司汽车及汽车零部件业务板块。

资料来源：埃夫特智能装备股份有限公司官网 & 芜湖市建设投资有限公司 2017 年度第一期超短期融资券募集说明书 &2019 年芜湖市建设投资有限公司战略性新兴产业专项债券（第一期）募集说明书。

芜湖建投的转型并没有盲目的开辟新战场，在城镇化进程中，城投公司是为城市的基础设施建设服务，而在高质量发展阶段，城投公司尝试着为当地产业发展助力。一方面，利用城投公司在资源上的禀赋，与当地的优势产业配合；另一方面，在城投公司自身业务多元化的基础上，通过经营和管理的深入完成市场化转型的能力储备。

看点 3：被动投资+主动投资

公司股权投资板块主要是根据芜湖市政府产业发展政策，积极拓展多种投资业务，推进城市支柱产业、主导产业、战略性新兴产业发展，现已构建以实体产业投资、金融服务业投资、平台投资三大领域为主线的投资格局。近年来，公司投资规模不断壮大，截至 2020 年末，公司对外股权投资企业共 135 家，总投资金额 204.52 亿元，2018—2020 年，公司投资收益分别为 4.56 亿元、5.67 亿元、5.36 亿元，资产投资与运营收益已成为公司最主要的利润来源。

投资类型	投资家数	投资规模（亿元）	投资收益（亿元）	重点投资行业
产业类	80	91.68	2.33	汽车及零部件产业
				机器人及智能装备产业
				第三代半导体产业
				通用航空产业
金融类	38	46.44	1.80	投资领域涵盖银行、金融租赁、担保、小贷及产业投资基金等
平台类	17	66.40	1.10	通过设立平台公司，引入社会资本，持续加大城市基础设施、高等教育等重点项目建设投入
合计	135	204.52	5.36	—

公司产业类投资主要是为支持城市支柱产业、主导产业及支撑战略新兴产业发展；金融类投资主要是为了构建多层次、多元化金融服务体系，通过设立企业种子期、初创期、成长期、成熟期等各发展阶段的基金集群建设，助推芜湖市中小企业扩大直接融资规模；平台类投资是通过参股平台公司，与社会资本合作参与城市基础设施、高等教育等重点项目建设投入。

股权投资业务紧抓芜湖市战略性新兴产业发展机遇，加大投入并持续布局汽车及零部件、机器人及智能装备、通用航空、微电子四大战略性核心新兴产业，稳健发展金融类、平台类两大支撑产业，前瞻关注并择时探索教育、新型显示、产业互联网及共享经济等待培育产业，构建"4+2+N"产业投资体系，依托重点扶持、梯度培育的龙头企业及国企投融资平台优势，构建"大项目—产业链—产业集群—产业基地"发展模式，打造具有国内竞争力的产业生态圈。同时，通过由具有投资资质、具备较强行业及企业研究能力、投资管理能力等专业人员的公司作为主要承担者，统筹股权投资全流程业务，监管投资决策、管理、运营和评价等过程，达到实现择时退出提升投资回报的目的。

资料来源：芜湖市建设投资有限公司公开发行 2022 年公司债券（第一期）募集说明书。

如果说芜湖建投承接的奇瑞系的汽车产业链是作为地方政府对当地龙头产业的抓手，带有一点"被动投资"的色彩，那么芜湖建投在被动投资的经验基础之上所衍生出的其他投资行为，则有更多"主动"作为的成分，通过资本市场直接或间接作用于当地产业的培育和引导。

案例 4：宜春市创业投资有限公司——园区发展的深度运营商

2002 年 8 月	公司前身"宜春市工业区资产经营有限公司"正式成立，注册资本 1000 万元，宜春市工业区管理委员会持股 80%，宜春市国有资产管理局持股 20%
2003 年 6 月	因公司控股股东宜春市工业区管理委员会更名为江西省宜春经济技术开发区管理委员会，公司更名为"宜春经济技术开发区资产经营有限公司"，同时，根据公司股东会会议决议，公司股东对公司同比例增值至 5000 万元。
2003 年 9 月	公司更名为"宜春市创业投资有限公司"
2009 年 1 月	根据公司股东会决议，就公司股东股份变更达成一致，江西宜春经济技术开发区管理占比 96%，江西省宜春市国有资产管理局占比 4%
2015 年 1 月	宜春市国资委将持有的宜春市创业投资有限公司 4%股权，无偿划给宜春经济技术开发区管理委员会，变更后，宜春经济技术开发区管理委员会持有公司 100%股份
2017 年 10 月	宜春市人民政府将宜春经济技术开发区管理委员会持有的公司 100%股份无偿划转至宜春发展投资集团有限公司

宜春市创业投资有限公司（以下简称"宜春创投"）成立于 2002 年，股东为宜春发展投资集团有限公司，是《中共宜春市委、宜春市人民政府关于宜春市市本级政府投融资企业转型发展的实施意见》（宜发〔2017〕29 号）构建的"1+5"的市级重点国有企业运营框架的重要一环，立足于宜春经济技术开发区，担负着区域内主要的基础设施建设任务，具有很强的区域垄断性。近年来，宜春创投不断开展贸易、股权投资、资产运营等多种业务，已逐步发展成为区域内的综合性骨干企业。

看点 1：守好主业，"代建+自建"参与建设重大项目

公司作为宜春经开区唯一的基础设施建设运营主体，承担了经开区内众多道路、桥梁、学校、产业园等工程项目的施工建设，在不断地转型发展后，始终坚持以委托代建业务为核心板块，承担当地的重点项目建设任务。

2019 年之后，公司对部分收益性可预测、运营性较强、市场化较好的项目逐渐采用自建自营的方式，截至 2021 年末，公司已经开拓了多类资产运营业务：

（1）房屋租赁业务：公司对外租赁的物业资产主要由公司子公司宜春市创益资产管理有限公司持有并负责运营，主要出租资产为宜春经开区管委会大楼、中龙花园等。

（2）污水处理厂运营业务：公司的污水处理厂主要由公司本部负责建设及运营，公司响应国家政策号召及区域规划安排，组织建设污水处理厂项目。建成后公司可以获取稳定的污水处理费收入。

（3）标准化厂房运营业务：公司通过建设一批标准厂房，吸引中小微企业入驻发展，形成一批布局合理、规模适度、功能配套、产业集群的"产业综合体"，真正实现产城融合发展。主要建设内容包括厂房、仓库、综合办公楼及其他配套设施。建成后公司可以实现稳定的标准化厂房运营业务。

资料来源：2015 年宜春市创业投资有限公司债券募集说明书 & 宜春市创业投资有限公司 2022 年面向专业投资者非公开发行公司债券募集说明书。

与抛开主业的转型相比，宜春创投的转型之路相对更加平稳。宜春创投坚持代建业务的核心地位，在承担区域内重大项目的建设过程中，与当地政府可以保持较为紧密的联系，同时，较强的"城投属性"可以在融资方面给予投资者更多的信心，有利于降低融资成本，避免盲目转型所造成的"主业丢失、新业难展"的尴尬局面。相比于代建业务仅是收取管理费，自建业务形成的资产既可以为公司带来稳定的现金流，又可以减小招商引资失败的风险。

看点 2：为园区发展提供深度服务

目前，公司计划为入驻园区内的企业提供包括场地服务—辅导服务—培训服务—融资对接服务—申报服务—共享技术服务—人才引进服务等全方位的一条龙式服务：

（1）场地服务：为入驻中小微企业提供办公、生产、技术研发场地、会议室及设备租赁等公共服务设施；提供房屋、仓储、网络、水电暖管理、保安清洁等服务。

（2）辅导服务：提供工商、财税、专利申报、成果转化、政策法规咨询服务，协助企业办理工商注册、项目立项、税务登记等事宜；聘请创业导师，为入驻中小微企业提供创业辅导、管理咨询、企业诊断等服务。

（3）培训服务：通过讲座、沙龙、研讨、交流等多种形式，开展企业管理、项目申报、资金融通、文化建设、人力资源管理等培训，提升入驻中小微企业创业能力，帮助企业引进、培训各类专业人才。

（4）融资对接服务：对接银行及投融资服务机构，为入驻中小微企业开展贷款、信用担保及抵押登记、创投评估、融资咨询、财税咨询、会计代理等服务。

（5）申报服务：为入驻中小微企业申报国家、省、市、区各类政府扶持资金提供政策咨询和项目咨询；组织企业申报创新基金等各类国家、省、市产业发展计划和基金；协助企业进行高新技术企业认定，开展科技成果鉴定和专利项目申报工作。

（6）共享技术服务：依托新能源、锂电池等研究中心，为入驻中小微企业的技术创新提供平台服务。

（7）人才引进服务：为高技术科研人员创业提供场地、服务设施，给予一定面积的房屋租金减免优惠，按孵化企业管理，提供相应的创业服务。

资料来源：宜春市创业投资有限公司发展规划。

经开区定位为宜春市招商引资和产业发展的孵化器和培育地，宜春创投作为经开区的重要平台公司，在深度参与经开区的基础设施和重点项目的建设外，逐步提供附属周边服务，一方面拉长为入驻园区企业服务的链条；另一方面，深度参与区域的发展、丰富自身的业务结构、提高自身的造血能力。通过整合政府及社会化服务资源和提升企业服务效能，推动区内中小企业快速成长。

看点3：配合招商引资，积极参与园区重点企业投资

公司主要通过股权投资的形式，采取直接股权投资和私募股权投资基金投资两种形式投资于标的企业：直接股权投资即由公司直接投资被投资企业、占有其相应份额股权并相应股东权益；私募股权投资基金投资即公司先以有限合伙形式参股基金管理公司，由基金管理公司以普通合伙人身份发起设立基金后，公司再以自有资金并以有限合伙形式参与基金投资。公司主要通过长期持有股权获得投资收益或通过转让股权退出等方式实现收益。

> 另外，公司积极与市场化投资机构、招商引资重点企业合作设立基金，支持园区内企业的发展，截至目前，已经与宁德时代、北汽等合作成立基金，投资对象多为园区内的创新型企业，或者是拟招商引资入宜春市的重点企业。

资料来源：宜春市创业投资有限公司 2022 年面向专业投资者非公开发行公司债券募集说明书 & 宜春市创业投资有限公司发展规划。

近年来，宜春市大力推进锂电新能源产业发展，致力于打造先进的锂电新能源产业基地，先后引进了一大批锂电新能源企业。宜春创投作为当地重要的投资平台，承担着对区域内龙头企业、拟重点扶持企业、新入驻园区创新企业等的投资任务，通过债券投资、股权投资等多种形式支持区域内企业的发展。宜春创投结合区域的资源禀赋，在吸引优质企业落户宜春的同时，与金融机构或招商引资企业合作，加强与区域整体战略规划的绑定程度，与深度服务园区发展相结合。

案例 5：株洲市国有资产投资控股集团有限公司——投资带动区域和自身的"转型与跨越"

1998 年 9 月	公司前身为株洲市国有资产投资经营有限公司，株洲市国资委持股 100%，注册资本为 23111.20 万元
2009 年 9 月	公司更名为株洲市国有资产投资控股集团有限公司，并增加注册资本 76888.80 万元，变更后的注册资本为 10 亿元
2019 年 12 月	株洲市国资委对公司进行增资，注册资本增至 40 亿元
2021 年 7 月	公司股东由株洲市国资委变更为株洲市国资委和湖南省国有投资经营有限公司。其中，株洲市国资委持股 90% 湖南省国有投资经营有限公司持股 10%

株洲市国有资产投资控股集团有限公司（以下简称株洲国投）自成立以来，从最初创立天桥起重并完成公开上市，到培育千金药业，再到医药贸易和妇女卫生用品行业的同轴多元化发展，为其运营管理国有大型工业企业积累了丰富经验。株洲国投承担着实现国有资产保值增值的任务目标，通过对区域内重点企业的前期培育，转型为投资控股型企业的株洲国投，实现着对于区域的助力和自身的跨越。

看点 1：以投资支持区域招商引资

早在 2018 年 3 月，宜安科技在报告书中表明，株洲国投通过非公开发行股票的方式以 8.6 元/股的价格认购了上市公司 5000 万股，认购总额为 4.3 亿元。认购完成后，株洲国投从"局外人"一跃成为宜安科技的第二大股东，持股比例为 10.86%，仅次于当时的控股股东宜安实业。紧接着，时任控股股东的宜安实业表示，拟将手中占上市公司 9.78% 的股权转让给株洲国投，作价 4.36 亿元。同时，宜安实业还将另外 7.33% 股份对应的表决权委托给株洲国投行使。上述交易完成后，株洲国投正式掌握了上市公司的控制权，公司控股股东变更为株洲国投，实际控制人也随之变更为株洲市国资委。

株洲国投的入主给宜安科技带来了巨大的资金支持，其可以利用资金投向主营业务，巩固现有的竞争优势。粗略计算来看，株洲国投三次交易的总额约为 12.12 亿元。此外，其可借助株洲国投控股优势，充分利用株洲国投旗下涵盖航空、汽车、新能源、轨道交通装备等多个领域的制造业公司，继续加大液态金属、新能源汽车轻量化等的研发力度，促进双方业务更好的整合，增强上市公司的市场竞争力。

资料来源：株洲市国有资产投资控股集团有限公司审计报告及公开资料。

我们前文不止一次提到过，城投公司不仅承担着"第二财政"的职能，还承担着"第二招商"的职能，地方政府通过基础设施建设充分保障民生的情况下，仍然需要通过拉动产业发展来给予地区经济活力。因此各地政府对招商引资工作尤为重视，在传统模式下，城投公司为招商引资所做的贡献是工业土地的整理，以及配套基础设施的修建；再到后来通过重资产运营，进行标准厂房的建设和出租，产业园区的管理和服务来为引入企业解决后顾之忧；再进一步，就是通过资本运作，以搬迁或者新设工厂的方式进行产业引进。株洲国投就是通过筛选与地方产业转型发展目标相契合的产业，以合资公司的方式，带动当地的上下游产业链发展。

看点 2：作区域经济发展的"孵育者"

公司目前已经明确定位于围绕机械制造业、医药行业和金融服务业为主的业务运营，进一步拓展其他工业和服务业潜力企业的发展目标。在新业务方面，公司初始以参股运营的方式，遴选培育一批与公司业务战略相符合的企业，作为未来公司进一步拓展主营业务的储备资源。株洲市政府已经明确由公司作为主要经营主体，对于株洲市政府计划参与或控制的工业和服务业企业进行前期培育和进一步整合，并为公司配合株洲市国资委实现国有资产保值增值的目标，完成公司进一步发展为具备强大资本实力和运营能力的大型工业和服务业企业控股集团的重要使命提供了强大助力。

同时，公司作为株洲市重要的城市基础设施投资建设主体之一，自成立以来先后承担了芦淞区等地区的土地整理，重大项目建设等，积累了丰富的项目建设及管理经验，不断得到株洲市在政策、资金、项目获取等方面的大力支持，具有明显的区域垄断性。

资料来源：株洲市国有资产投资控股集团有限公司发展规划。

引入成熟的产业可能是加快经济增长最为快捷的方式，但其所消耗的成本也是巨大的，如果一旦引入的产业经营不善，地方政府就会面临较大的债务风险，这在地方政府招商引资的历史中不是没有出现过。以地方的优势产业作为延伸的基础，而推进延伸的过程则离不开对中小企业的孵化，这种小而众多的税收基础，也是地方政府不可忽视的潜在力量，恰恰城投公司在产业运营或投资管理上的经验使其有能力作为产业的孵育者。

看点3：以股权投资突破地域发展的限制

公司产业投资业务主要由下属子公司株洲市国投创新创业投资有限公司（以下简称国投创投）负责，作为公司旗下市场化投资战略支撑平台，国投创投主要从事股权投资、基金管理、资本运作、金融创新等业务。国投创投聚焦中国动力谷"3+2"产业体系及电子信息、人工智能、军民融合、新材料、生物科技等优势产业开展投资。截至2020年末，国投创投自主管理、参与管理和财务性投资的基金共26只，总规模达145.99亿元：自主管理的基金16只，规模共106.3亿元；参与管理的基金9只，总规模约28.69亿元；财务性投资的基金1只，为市场化基金，基金规模11亿元，国投创投投资1亿元。

2020年度公司双创收入为16804.94万元，其大幅增长主要系株洲时代华鑫新材料技术有限公司的高分子材料、橡胶制品业、金属制品及环保新型复合材料的研发、生产、检测、销售及相关技术咨询、技术服务、售后服务等的收入。

资料来源：株洲市国有资产投资控股集团有限公司发展规划及公开资料。

如果把产业的引入比作战略投资，那么对于不在本地的优质企业，株洲国投采取了财务投资的方式。株洲国投通过设立专业化的投资子公司，与多家专业化投资机构合作成立基金，投资于区域内或区域外发展前景较好的公司。同时，通过在资本市场上积累的经验，充分利用债务工具撬动股权投资业务发展的杠杆。

案例 6：佛山市公用事业控股有限公司——公用事业产业化运作的代表

2004 年 8 月	经佛山市人民政府及佛山市国资委整合成立佛山市公用事业控股有限公司，成立时注册资本为 6 亿元
2016 年 3 月	佛山市国资委以货币资金的形式对佛山公控增资 10 亿元，注册资本增至 16 亿元
2019 年 3 月	佛山市国资委以货币资金的形式对佛山公控增资 6 亿元，注册资本增至 22 亿元
2020 年 8 月	佛山市国资委以货币资金的形式对佛山公控增资 4.37 亿元，注册资本增至 26.37 亿元
2021 年 5 月	佛山市国资委分别于 2020 年 8 月、9 月及 12 月以货币资金的形式累计对佛山公控增资 3.25 亿元，注册资本增至 29.63 亿元
2021 年 5 月	佛山市国资委将其持有的佛山公控 10% 的股权划转至广东省财政厅

佛山市公用事业控股有限公司（以下简称佛山公控）成立于 2006 年，是佛山市首家信用评级达 AAA 的国有企业。目前，佛山公控有 7000 多名员工，属下有 100 多家子公司，其中上市公司（佛燃能源、福能东方）两家，形成了聚焦水、电、气、环保（固废）、智能制造五大核心主业，涵盖综合能源、大数据服务和供应链贸易的产业发展格局，是佛山市国资委控股的当地最大的公用事业经营实体。

看点 1：实质整合，以准垄断性的公用事业构造发展基础

电力业务是佛山公控早期主营业务收入的最大构成部分，主要由佛山电建集团有限公司（以下简称电建集团）负责经营，电建集团前身为佛山市电力建设总公司，是佛山市政府直属发电企业，旗下拥有福能发电厂及恒益发电厂。电建集团在佛山市电力供应领域规模优势明显，未来佛山市新增发电资产将主要纳入电建集团管理范围。佛山公控未来将在稳定的电力板块基础上寻找新的利润增长点如供热业务和机柜租赁业务。

水业板块是佛山公控主营业务收入的稳定组成部分，主要由子公司佛山市水业集团有限公司（以下简称水业集团）负责运营，主要业务为自来水供应和污水与污泥处理服务，2018年拓宽业务范围新增了生活垃圾处理业务。经过多年的发展，水业集团的日供水能力由成立之初的139.3万立方米到现在的203.8万立方米，供水管网总长度也由2100公里增至5094.24公里，服务人口268.58万，约占佛山市总人口的32%，水业集团是国内最早实行"供水污水一体化经营"的试点企业，目前已积累了具有跨区域建设、运营多种不同工艺技术污水处理厂的雄厚实力和丰富经验。

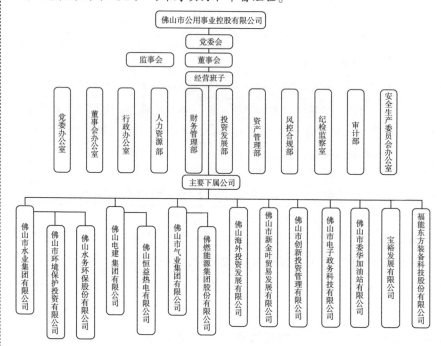

气业板块主要由子公司佛山市气业集团有限公司（以下简称气业集团）负责经营，其收入自公司成立后总体呈现稳步增长态势。气业集团拥有统一接收所有进入佛山市地域范围内管道天然气的独家特许经营权和禅城区、三水区、高明区和顺德区的管道燃气独家特许经营权，与中石油、中海油气电和广东大鹏等上游企业签订中长期的天然气采购合同作为长期气源保障，同时还会根据具体的市场供需变化情况适时采购零担气作为短期气源以确保天然气供应的持续稳定。2020年面对新冠疫情的冲击，佛山公控在深耕佛山市本土管道燃气业务的同时，积极开拓异地管道燃气业务，扩大公司经营区域；在做强燃气供应业务的同时，积极开展燃气工程与设计、综合能源、储气调峰等业务，优化公司业务布局。2020年，公司天然气供应量29.33亿立方米，

同比增长 30.24%。

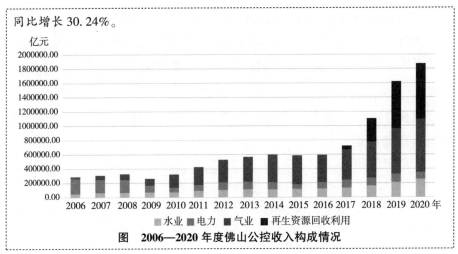

图 2006—2020 年度佛山公控收入构成情况

资料来源：佛山市公用事业控股有限公司 2022 年度第一期中期票据募集说明书。

城投公司整合的案例虽然有很多，但是与大多数城投公司形合而神不合的股权划转不同，佛山公控同样作为投资控股型公司，在财务、业务和管理层任命上制定了相关政策并严格履行，通过对子公司的穿透式管理来保持电力、水业、气业等方面的专营优势。佛山公控一直围绕主业稳扎稳打，不断拓宽业务范围和专业水平，收入和利润规模稳步上升，已成为当地最重要的公用事业运营主体。

看点 2：围绕民生保障培育新兴产业

2017 年公司成立宝裕发展，开辟了再生资源回收再利用这一业务板块，宝裕发展主要经营废钢回收加工配送业务。在佛山市委市政府的支持下，宝裕发展充分整合各方的资金、市场与运营优势，搭建集回收、仓储、运输、加工配送、交易资讯等一体化的综合服务合作新平台。2017—2020 年，该板块的营业收入从 52415.69 万元增至 777920.55 万元，增长迅速，已成为佛山公控营业收入的最大组成部分，是公司在坚持做大做强主营业务的同时对"新兴产业培育"的战略的一次成功尝试。

资料来源：佛山市公用事业控股有限公司 2022 年度第一期中期票据募集说明书。

除了传统的水、电、气等基础公用事业，佛山公控也在积极发展新兴产业，寻找新的业务增长点，再生资源回收板块从 2017 年起步，到

2020 年末已经成为收入占比最高的业务。佛山公控围绕着与民生保障相关的公用事业业务，深入开展资本运作，并将其进行多元化的延伸，这种城市管理者的角色也是未来城投转型的重要方向之一。

案例 7：建安投资控股集团有限公司——塑造核心平台地位，助推当地优势产业

2002 年 9 月	亳州市财政局和安徽古井集团有限责任公司分别出资 1.5 亿元和 8.5 亿元设立亳州城市建设投资有限责任公司
2005 年 9 月	亳州市国资委受让安徽古井集团有限责任公司持有的公司 85% 股权，公司股东变更为亳州市国资委和亳州市财政局，分别持有公司 85% 和 15% 的股权，公司注册资本保持不变
2007 年 8 月	亳州市财政局将其持有的 15% 股权划转给亳州市国资委，划转后公司由亳州市国资委 100% 控股
2012 年 12 月	经亳州市工商行政管理局核准，公司更名为"亳州建设投资集团有限公司"
2014 年 6 月	亳州建设投资集团有限公司名称变更为"建安投资控股集团有限公司"，增资 20 亿元，增资后注册资本为 30 亿元

建安投资控股集团有限公司（以下简称建安集团）成立于 2002 年，属于较早成立的城投公司。2014 年 6 月，亳州市政府整合除安徽古井集团有限责任公司外的所有市属国有企业，形成拥有全资子公司 11 家、控股子公司 12 家、有限合伙 2 家、参股子公司 10 家、三级子公司 37 家的国有投资控股集团公司。目前公司注册资本 30 亿元，员工近两千人。经营范围涉及土地整理、保障房建设、房地产开发、公用事业经营和类金融业务等多个重要领域。

看点 1：在政府的支持下的资源整合

2007 年到 2012 年是建安集团的重组壮大阶段。在企业经营发展的管理实践中，确定了市政府融资平台与市场化经营发展"两条腿走路"的战略模式，承接市政府存量土地资产、房产、基础设施以及南部新区建设过程中的新增土地资产等资源注入，开始逐步培育土地一级开发、房地产、担保、典当、小贷等经营性业务，并参股国元农保、药都银行等农商行投资领域，实现了融资平台战略和市场化发展战略同步共赢。在这6年里，资产规模不断扩大，经营业绩稳步提升，拥有全资子公司12家，从6.3亿元增长到316.70亿元，增长50余倍，综合实力和区域影响力明显增强。

2013年到2017年是建安集团的整合提升阶段。面对国家金融政策趋紧、地方政府融资逐步规范等诸多变化，根据市委市政府"三清三集中"决策战略，建安集团承接市属优质资产及涡阳县、蒙城县、利辛县建投公司51%股权，接收药都地产、交投公司等公司的股权增资，将资源、资产、资金进行全面梳理整合，组建了建安投资控股集团，资产规模突破千亿元大关，为进一步大规模融资奠定了坚实基础。

资料来源：公司官网＆历年审计报告。

笔者前文提到过，不管是整合还是转型都离不开地方政府的支持，建安集团就是地方政府大力支持的典型。亳州市位于安徽西北部，是安徽省成立最晚的地级市，长期以来在安徽省经济排名位次较为靠后，但在打造平台方面思路清晰明确。2012—2014年，当地政府举全市之力进行资产注入，壮大公司的资本实力，一是从市级层面，划入一千多亩国有土地使用权和亳州市属国有企业股权；二是从下属区县层面，将"三县一区"的城投公司股权进行注入，总资产三年增长3.35倍至715.49亿，主体评级从AA–提高至AA，为后续AA+评级提升奠定了坚实基础。

看点2：围绕地区优势产业进行金融扶持

公司类金融板块主要由子公司安徽安诚金融控股集团有限公司运营，业务主要涉及租赁业务、担保业务、典当业务、小额贷款业务、咨询管理和创新创投业务等方面。重点布局中医药大健康、冷链冷库、文化教育领域，涵盖融资租赁、商业保理、融资担保、小额贷款、典当借款、金融科技等业务板块。公司先后在亳州、合肥、天津、深圳设立了经营机构，在中国经济最活跃的长三角、京津冀、珠三角地区实现战略布局。

为打造全省乃至全国有影响力的产业投资集团，服务区域经济发展和产业升级，公司于2018年1月22日，设立了安徽安诚资本有限公司（以下简称安诚资本）。截至2021年3月末，安诚资本旗下管理8只基金，认缴管理资产规模约125.35亿元，已到位管理资产规模约48亿元，投资金额约43.18

亿元，其中下属的两只综合性的母基金分别为安徽建安投资基金（以下简称建安基金）和安徽安诚中医药健康产业发展基金（以下简称安诚健康基金）：建安基金与诺亚财富、基石资本、深圳达晨、歌斐、金石投资、创新工场和 IDG 等知名创投机构、PE 机构均建立了深厚合作关系；安诚健康基金的管理人为亳州建安投资基金管理有限公司，基金通过与上市公司、知名药企和医疗行业专业投资机构合作建立子基金或直接投资落户亳州项目的方式，将优质的中医药产业资源引入亳州，基金致力于医疗健康领域内投资，通过收购、兼并、重组等方式，服务于亳州中医药健康产业发展。

资料来源：2021 年度建安投资控股集团有限公司信用评级报告 & 建安投资控股集团有限公司 2022 年度第二期短期融资券募集说明书。

亳州是全球最大的中药材交易中心、价格形成中心和全国最大的中药饮片、中药提取物、中药健康饮品的生产基地，中医药相关产业也是亳州市的核心产业。建安集团明确了深度聚焦中医药大健康领域的职能定位，多个板块的业务布局均围绕该产业领域展开，立足资本和金融市场，通过对产业链上下游的实体企业进行债权和股权投资，以支持和引导当地特色中医药产业发展，在将药都名片做大做强的同时，也能够获取可观的收益回报。

案例 8：武汉生态环境投资发展集团有限公司——以建筑施工业务作为转型基础

2015 年 4 月	根据《武汉市国资委关于组建武汉航空港发展集团有限公司实施方案》，由武汉市级财政资金出资 10 亿元并整体划入武汉市市政工程总公司组建武汉航空港发展集团有限公司
2016 年 8 月	武汉航空港发展集团有限公司以协议方式收购了武汉机场路发展公司 100%的股权和武汉天河机场路投资发展有限责任公司 51%的股权
2020 年 9 月	按照武汉市政府的通知，武汉航空港发展集团有限公司直接更名为武汉生态环境投资发展集团有限公司，武汉碧水集团有限公司、武汉环境投资开发集团有限公司整体划入生态投资集团，注册资本扩大至 50 亿元

武汉生态环境投资发展集团有限公司（以下简称生态集团）是在武汉航空港发展集团有限公司（以下简称航发集团）的基础上吸收武汉碧

水集团有限公司、武汉环境投资开发集团有限公司组建的，是武汉市国资委直属企业。重组前的航发集团是一个以城市基础设施投融资为外表、以建筑施工企业为内核的非典型城投公司，重组后公司拥有生态环境保护、城市基础设施建设、设计咨询服务、城市投资运营等主业以及房地产开发等业务板块。

看点 1：在建筑产业基础上组建的城投公司

为加快推进武汉市临空经济区建设，航发集团以市政总公司为基础设立，围绕临空经济区承接基础设施项目建设任务，是武汉市属负责临空经济区基础设施投资、融资和建设的主体，承担机场核心区和临空经济区基础设施项目投资、融资、建设、经营和相关债务清偿等任务，同时择机投资临空产业相关企业和开发经营相关产品，扩大延伸临空产业链，是集建筑施工与临空产业建设运营为一体的地方国有企业。

市政集团系武汉市国资委下属唯一专业化的市政公用工程施工企业，施工经验丰富，相关资质较为齐全，拥有市政公用工程施工总承包特级资质，房建、公路、桥梁、公路路面、公路路基、环保等 13 项一级及以上资质，隧道、河湖整治、机电安装等 20 余项二级和三级资质，以及风景园林工程专项乙级资质，技术与施工力量雄厚。自成立以来，承建的 30 余项工程荣获中国市政金杯示范工程奖、中国建筑工程鲁班奖、中国土木工程詹天佑大奖、中国人居环境奖，连续 5 年被评为湖北省建筑企业综合实力 20 强，在区域内具有较强的竞争力。

资料来源：武汉航空港发展集团有限公司 2019 年第二期中期票据募集说明书。

与传统的城投公司注入土地扩大资产规模，然后构造营业收入不同的是，航发集团通过借力，以武汉市市政工程总公司为基础，借助其全资子公司武汉市市政建设集团有限公司（以下简称武汉市政）长期经营积累下来的资产规模和工程施工领域业务优势，迅速构建了工程施工和临空产业两大业务板块。在其本部临空产业板块仍以投资建设为主，短期内难有大额的经营收入及现金流的情况下，利用武汉市政形成了以工程施工为主的收入结构，优化了财务报表，有效缓解审核机构对平台公司无实质经营、单 50 收入结构等政策要求，在 2018 年即取得了 AA+ 主

体评级，打开了债券发行渠道。

看点 2：以工程项目为突破口，向全周期建设运营转型

踩准市委市政府赋予的"生态环境综合开发主力军"发展定位，全新重组的武汉生态环境投资发展集团起锚远航：

——谋划改革顶层设计。擂响改革战鼓，制定国企改革"一方案、三清单"（国企改革行动实施方案、改革任务责任清单、改革任务推进计划清单、改革重难点问题清单），集团管理层高位推进，绘就了改革"时间表""路线图""施工图"。

——优化产业资本布局。制定"十四五"发展规划，确定生态环境、施工设计、产业投资、片区开发四大核心业务板块。对内通过专业化整合，大力推进业务重构，对 4 家同质化设计咨询企业重组为生态设计院，整合市政环境公司等 9 家产业关联企业成为集团头部企业，加快同类业务横向整合、产业链上下游纵向整合。对外通过战略性重组和并购，推进数字产业化、产业数字化，与 16 家央企和地方头部企业签订战略合作协议，推进 3 家企业混改，探索上市路径，全力推进天河航空城、中法生态新城"两城"建设，形成从设计研发到运营管理的全产业链优势。

——创新引领企业赋能。坚持以技术创新为动力，构建院士工作站、博士后工作站，省级企业技术中心、企业培训中心和工程 BIM 中心的"两站三中心"创新矩阵，走出了湖北省地方国企首位院士，下属 5 家单位获批国家高新技术企业，建立工程医院华中分院，申报政府科技计划项目 45 项，11 项科研成果达到国际领先或先进水平，4 项科研成果达到国内领先水平，形成 400 余项具有自主知识产权、有影响力的科技创新成果，荣获国际桥梁大会"古斯塔夫·林德萨尔"奖 1 项、鲁班奖 1 项、詹天佑奖 1 项、国家优质工程奖 5 项，国家科技进步二等奖 1 项、省科技进步二等奖 2 项，企业综合实力、市场竞争力和可持续发展能力显著增强。

资料来源：武汉市人民政府国有资产监督管理委员会网站。

航发集团原定位于市属唯一负责武汉临空经济区基础设施投资、融资和建设主体，并入碧水集团和环投集团后，新增市内水治理基础设施建设及生态环境治理职能，加之市政集团的工程施工领域优势，成了城投公司中少有的同时具备投融资能力和施工建设能力的企业，一方面，借助集团力量，市政集团在承接基础设施项目建设上会更具有优势，有望实现业务规模的进一步提升；另一方面，公司也可以市政集团的工程施工业务为突破口，打通上下游，从单一施工向集规划设计、投资融资、工程建设、运营管理于一体的全建设运营综合服务商转型。

参考文献

［1］沈志方．上海城建投融资体制改革之路［J］．上海综合经济，1998（5）．

［2］王绍光．坚守方向、探索道路：中国社会主义实践六十年［J］．中国社会科学，2009（5）．

［3］曾牧野，罗福群．试论利改税［J］．南方经济，1986（4）．

［4］沈重英．上海城建资金运行机制研究［J］．上海综合经济，1995（5）．

［5］赵蕊．打捆贷款问题研究［D］．中国社会科学院研究生院，2009．

［6］陈洪博．略论我国土地制度的改革［J］．华中师范大学学报（人文社会科学版），1987（6）．

［7］尤文郁．关于承包土地有偿转让问题的探讨［C］．中国土地学会第二次代表大会暨学术讨论会论文选编，中国土地学会，1985．

［8］谭玲．论土地承包权的性质［J］．社会科学研究，1986（8）．

［9］郑振源．土地商品化和社会主义土地市场［J］．中国农村经济，1988（11）．

［10］戚名琛．对土地批租制度批评意见的批判［J］．中国房地信息，2006（2）．

［11］王涵霏，焦长权．中国土地财政20年：构成与规模（1998—2017）［J］．北京工业大学学报，2021（3）．

［12］张驰，冯利红．改革开放四十年政府预算制度改革回顾与展

望［J］. 财政科学，2018（8）.

［13］程振华. 关于征收市政公用设施建设配套费的研究与建议［J］. 基建优化，1998（3）.

［14］谢平. 重点建设债券的发行及其问题［J］. 金融与经济，1990（6）.

［15］李孟然. 海南：以史为鉴话调控［J］. 中国土地，2010（2）.

［16］潘亚柳. 中国投资回报率研究——基于经济增长动能转换的视角［J］. 金融发展评论，2017（10）.

［17］高振娟，赵景峰. 双循环战略下中国的对外贸易动能转换［J］. 开发研究，2022（3）.

［18］张玉萍，温欣. 当前我国工程项目代建制度发展分析［J］. 山西建筑，2010，36（18）.

［19］陈全才，张启良. 双循环背景下我国对外贸易依存度的变化［J］. 中国统计，2020（12）.

［20］潘亚柳. 中国投资回报率研究——基于经济增长动能转换的视角［J］. 金融发展评论，2017（10）.

［21］周飞舟. 以利为利：财政关系与地方政府行为［M］. 上海：上海三联书店，2012.

［22］兰小欢. 置身事内：中国政府与经济发展［M］. 上海：上海人民出版社，2021.

［23］温铁军. 八次危机——中国的真实经验 1949—2009［M］. 北京：东方出版社，2013.

［24］王秀云. 城市基础设施投融资体制改革比较研究［M］. 北京：中国金融出版社，2020.

结束语

笔者用另外一个下属的故事来做结尾。他是个很努力且勤奋的员工，有一天他很突然地提出了要转岗到股权业务岗的请求。笔者询问个中缘由，他说债券实在太过乏味，城投的报表是做出来的，项目都是包装出来的，看不到城投公司的未来，也看不到以城投公司客户为基础的债券投行业务的未来，每天大部分时间都在抄募集和刷报告中度过，债券承做业务的技术含量堪忧。

笔者当然尽力挽留，提及债券业务以及城投公司，我们还有很多需要了解的东西，涉及的面也非常宽，从很"虚"的城投公司能否去了解本质性的东西，才是债券业务人员需要去思考的，不要被事务性工作的表象和具体操作所束缚，通过城投公司及其所衍生的业务去了解世界、周边和生活才是这份公司所赋予我们此时此刻从事这项工作的意义。当然，笔者以失败告终。

虽然笔者的挽留失败了，但笔者由衷地希望能够以微薄的言语给读者开拓思路，厘清脉络。不管你是对这个债券投行跃跃欲试准备求职的实习生，还是刚刚步入职场对未来有些迷茫的债券业务员工，抑或是在业务条线上奋战多年的债券老兵，甚至是城投公司负责融资的甲方爸爸，希望你们看到本书后，看待城投能有一个不一样的视角，看到不一样的世界，能找属于自己充满希望且奔放自由的人生。

后记

本书是笔者关于债券投行业务白话系列的第一部，笔者计划再推出三部与之有关的书籍，第二部是债券承销业务实用手册，全书是围绕着"尽调≠收底稿"来展开的，希望能够在理念上给予债券投行新员工帮助，度过职业之初的迷茫期，让年轻员工即便没有一个好的带教老师也能够从书中找到自己想要的答案。第三部是证券公司的职业攻略，给想要入职证券公司或者刚进入证券公司的年轻人职业发展上的建议，如何根据自身特点选择职业，如何攀技能树，如何进修与转职，如何在证券公司显现个人价值。第四部是一本与证券公司和债券投行有关的职场小说，书中内容将取材于笔者的经历和身边发生的事情，当然会有艺术加工的成分存在，但你们要相信职场上发生的事可能远比书中更加精彩。

读者如果有什么想在书中看到的内容，或是交流个人的想法都可以与笔者联系，笔者也欢迎你们加入团队一起为我们有所期望的行业留下些属于我们的痕迹。